JN288103

絵画土器から復元された弥生楼閣（奈良県田原本町　唐古・鍵遺跡）

1994（平成６）年６月、奈良盆地中央部の唐古池に中国風楼閣が登場した。これは、唐古・鍵遺跡から出土した土器片に描かれていた建物絵画をもとに復元されたものである。高さ12.5m。弥生集落のなかに、この渦巻を持つ巨大な聖なる建物がはたしてあったのであろうか。　　　　　　　　　　　　　（田原本町教育委員会提供）

火災住居全景 ▶

◀ 散乱する炭化材

火災にあった竪穴住居（兵庫県神戸市　山田・中遺跡）

つくり付けのベッドを持つ四本柱の住居跡のなかに、火災で黒こげになった丸太や板が散乱していた。住居の面積は約12畳（4.8m×4.2m）。古墳時代早期（３世紀）の住居跡から、火災前の上屋構造が鮮やかによみがえる。　（神戸市教育委員会提供）

◀ 平屋のカマドと土器類

発掘復元された村全景 ▼

復元された古代の村と住居

（群馬県渋川市　中筋遺跡）

いまから1500年ほど前のある秋、榛名山は突然大噴火をおこし、火砕流や泥流で古代の村は一瞬のうちに埋没した。中筋遺跡の発掘調査結果から、穴屋（竪穴住居）の屋根が、藁や草で土をはさんだサンドイッチ構造であったことなど、これまで分からなかった古代住居の姿がつぎつぎに明らかにされた。（渋川市教育委員会提供）

▲ 平屋（平地住居）外観

▲ 2軒ならぶ平屋跡

吊り棚から落ちた土器類 ▶

▲ カマドに残されていた「ナベ」

火山灰に埋もれた家

（群馬県子持村　黒井峯遺跡）

6世紀の榛名山の大噴火で降った厚さ2mの軽石の下に、ある日の村の瞬間の姿が埋もれている。2軒ならんだ平屋（平地住居）をみると（写真上）、中は土間（地面）と土座（地面に敷物）で、カマドの上には吊り棚があり（写真中）、カマドには「ナベ」が置かれたままになっていた（写真下）。

（子持村教育委員会提供）

古代住居のはなし

歴史文化セレクション

石野博信

吉川弘文館

目次

III　古代建築と対外交流　181

序　古代建築の移りかわり

東京や大阪の地下には、道に迷うほどの大きな商店街があり、交通網がはりめぐらされている。そこで働く人びとは、陽に当たることもなく、雨にぬれることもなく、一日中、いや三六五日を過ごす。古代にも大地に刻まれた住居がある。しかし、住居はネグラであり、生活は太陽と大気と大地に根づく。

二万年前から今日まで、人びとはさまざまな建物をつくり続けた。建物の床面の位置を基準にすると、地表面より低い穴屋（竪穴建物）、地表面と等しい平屋（平地建物）、地表面より高い高屋（高床建物）の三つに分類できる。現代の建物のほとんどは高屋であるが、高層建築の各階層を基準にすると平屋が多い。それに対し、原始・古代には穴屋が主流であった。穴屋は、大地に刻まれた建物であり、床面が残っているので生活のにおいが伝わる。他方、平屋・高屋もまた、大地に穴を掘り、柱を埋めこんだ。三万年前からの大地への彫刻をたどってみよう。

二万年前―カレー皿のような凹みと円錐形の屋根―

大阪府羽曳野《はびきの》市はさみ山遺跡で、二万年前の石器が多量に散らばっているカレー皿のような円形の凹《くぼ》みが見つかった。凹みのまわりには径一〇《セン》《チ》前後の柱穴が弧を描くように並んでおり、柱穴の傾斜から円錐《えんすい》形の屋根があったことが分かった。近畿地方ではじめての旧石器時代住居の発見となった。これより前は、けものを追い求めて転々と移動する生活が中心であるため、住居はいっときのキャンプのような仮小屋であったが、このころから地面を掘り凹めて、しばらくは住み続ける定住的要素が加わってきた。「いっとき住居」から「しばらく住居」への移行である（ノーバート・ショウナワー・三村浩史監訳『先都市時代の住居』彰国社、一九八五年）。「しばらく住居」は二万年前＝後期旧石器時代には日本列島の各地に現れ、食料獲得技術の進歩と共に約一万年前から穴屋の時代＝縄文時代へと発展する。

八〇〇〇年前―主柱をもつ穴屋―

縄文時代早期になると、大地を五〇《セン》《チ》から一《メー》《トル》掘り下げ、屋根を支えるために四本以上の主柱《しゅちゅう》をもつ穴屋が一般的になった。主柱によって屋根は頑丈になり、寒さを防ぐために屋根の上に土をのせることもできたし、屋根裏にモノを貯えることもできるようになった。穴屋の形には、丸と四角があり、時期により地域によって差があるけれども、多主柱穴屋は縄文住居の主流であった。

六〇〇〇年前―縄文高屋とロングハウスの出現―

縄文時代前期になると、柱穴が直径・深さとも一《メー》《トル》をこえる大型建物が現れる。長野県茅野市阿久《あきゅう》遺跡をはじめとして、中部・北陸・関東・東北などの東日本各地にあり、いまのところ西日本にはない。永い間、縄文時代には高屋はないと考えられていたが、それは間違いで、少なくとも東日本にはかなり普及していたことが分かってきた。富山県小矢部《おやべ》市桜町遺跡には、縄文後期の径二〇センチの丸材に横木を通すための穴をあけた柱があり、技術的には中国浙江《せっこう》省河姆渡《かぼと》遺跡（六〇〇〇年前）の柱材と共通しているらしい。山形県高畠町押出《おんだし》遺跡には中国系の文様をもった土器があるなど、東日本の縄文人の国際交流を考えなければならない。

これら大型建物のなかには、長さが二〇〜三〇メートル余のロングハウスがある。富山県朝日町不動堂遺跡はその最初の発見であり、秋田県協和町上山II遺跡は広場を囲むロングハウスを中心とするムラである。縄文ロングハウスは、従来、冬期の共同作業場とか若者宿など特殊な用途の建物と考えられていた。かつて、東京大学の山内清男氏が主張された縄文文化とアメリカ先住民文化の共通性を参考にすると、ロングハウスは血縁につながる人びとの共同住宅かもしれない（L・H・モーガン『アメリカ先住民のすまい』岩波文庫、一九九〇年）。アメリカ先住民の一つ、セネカ・イロクオイ族のロングハウスは、長さ二八・八メートル、幅五・一メートルあって、二四の部屋に仕切られている。

二二〇〇年前—方形四本柱住居の普及—

部屋が四角で四本柱の住居は、縄文時代にも数は少ないが存在した。紀元前三世紀ごろ、弥生時代前期後半、倭人《わじん》＝日本人が進んでコメをつくり、食べはじめたころ、方形四本柱住居が広まった。それでも、弥生時代全体を通じて丸い家が主流であった。一、二世紀の近畿地方では、大きい住居は丸形で、小さい住居は四角形だった。しかし、数千年間続いた縄文系の多主柱住居（主柱五本以上の住居）の流れから四本柱住居が普及してくるのは、規格性のある建物が生まれる契機として重要である。四本柱構造は、近代建築の原型であり、ここに誕生した。

一世紀—弥生楼閣—

弥生時代中期後半、中国でいう楼閣《ろうかく》も含めて九州と近畿に大型高屋が現れる。奈良県田原本町唐《から》古《こ》・鍵《かぎ》遺跡の一世紀の「楼閣絵画」は、中国漢代の楼閣を倭人が知っていた証《あかし》であり、列島内に建っていた可能性を考えさせた。これを契機として、弥生時代の一辺一メートルをこえる柱穴や径三〇センチをこえる柱根が報告されはじめ、弥生高屋が複雑さを増した。福岡市江辻遺跡では紀元前五世紀の大型建物が現れ、日本列島に水稲農耕が伝えられると共に大型建物が建設されたことが明らかとなった。

三世紀—女王・卑弥呼の居館と円形住居の廃止—

二世紀末から三世紀中葉にかけて倭国には女王・卑弥呼《ひみこ》が君臨していた。卑弥呼の「宮室は楼観・城柵を厳《おごそ》かに設け」、男弟が政治をたすけ、婢《はしため》一〇〇〇人がかしづき、兵が守護していた（『魏志』倭人伝）。

一世紀後半以降、弥生社会には静岡市汐入《しおいり》遺跡をはじめとして、道路に囲まれた四〇〜五〇メートル四方の屋敷が成立していた。これは、従来の弥生集落のイメージからは考えられないことであるが事実であり、三、四世紀の前方後円墳《ぜんぽうこうえんふん》被葬者の居館へと展開していく。倭人伝に描かれている卑弥呼の居館は、この延長上に存在する。卑弥呼の宮室は建物群を城柵で囲み、城柵のところどころに楼観＝やぐらを設ける。三世紀の居館構成は、さきにみたように卑弥呼だけではなく、クニグニの王も同様の屋敷構えをしていたに違いない。

このころ、縄文時代以来、数千年間続いた円形住居が消滅し、現代に続く方形住居に統一される。住居は、政治の動きとは直接に関係しない生活の場であるが、二世紀末・三世紀の社会変革を敏感に反映している。

五世紀後半—ワカタケル大王の「大蔵」—

倭国は、五世紀の「倭の五王」時代の戦乱を経て統一へと向かった。ワカタケル大王＝倭王武＝雄《ゆう》略《りゃく》天皇の居館には「大蔵《おおくら》」があり、大王の死後に大王位を奪取しようとした吉備《きび》出身の星川皇子は「大蔵」にたてこもって焼き殺された。五世紀の高倉群は、大阪市法円坂《ほうえんざか》遺跡や和歌山市鳴滝《なるたき》遺跡で整然とした配置で建てられており、文献の記載を裏付けている。倉＝蔵は、モノを収納する施設であり、それが整然と建っているということは、収納物を計画的に取り立て、計画的に納め、計画的に使用する体制が存在したことをしめしている。五世紀後半の倭国は収税体制を整備したクニであり、そのことを大地に刻まれた高倉の柱穴群がしめす。

六　世　紀—左右対称の居館はあるか—

七、八世紀＝飛鳥・奈良時代には、天皇の大極殿《だいごくでん》を中心とする左右対称の建物群が宮殿の一つの特色である。律令体制の整備によって成立した天皇を中心とする政治体制が、まさに大極殿を中心とする建物配置に象徴されている。

それでは、六世紀以前に左右対称の建物配置はあるのだろうか。『古事記』『日本書紀』に記載されている五、六世紀の大王居館は、ほとんど未調査に近い。仁徳《にんとく》天皇の高津宮《たかつのみや》推定地である法円坂遺跡は高倉群だけであり、雄略天皇の初瀬朝倉宮《はっせあさくらのみや》推定地の奈良県桜井市脇本遺跡は小面積の調査による建物二棟だけである。

静岡県浅羽町古新田《こしんでん》遺跡は、現在のところ五、六世紀を通じて唯一の左右対称に近い建物群である。建物はすべて平屋か高屋で二群に分かれる。西群は北側の主屋を中心として東西に副屋をもち、東群には高倉群と管理棟と思われる高屋がある。つまり、西群は政治空間で東群は経済空間となる。いま、全国で知られている古墳時代の豪族居館には古新田遺跡に匹敵する整然とした建設配置はないが、今後の発見は期待できる。

穴屋の消滅

いま、日本列島で穴屋に住んでいる人はほとんどいない。それでは、いつ穴屋から平屋・高屋に変わったのだろうか。さきにも述べたように、縄文時代にも高屋はあり、弥生時代の一世紀以降平屋・高屋だけのムラがあることも確かである。しかし、二万年前から六世紀まで、穴屋がつくり続けられていたことも事実である。

西日本では七世紀以降、東日本では十二世紀以降に穴屋に代わって平屋・高屋が主流になるように言われているが必ずしも正確ではない。九州には七、八世紀の穴屋は多いし、関東では穴屋が小型化する九世紀以降に平屋・高屋の普及が推測できる。日本列島全体の傾向としては、九世紀＝平安時代以降に穴屋の減少、平屋・高屋が盛行したのであろう。

いま、高層ビルは、大地にパイルを打ち込み、基礎を固めて天にのびる。他方、低層の木造建物や軽量鉄骨の建物は、簡単な基礎の上にのるだけである。〝大地に刻まれる〟とは言いがたい。大地に足をつけた生活が自然であれば、建物もまた、大地に帰らなければならない。

(原題「大地に刻まれた日本古代の建物」『つち』一八―三、労働基準調査会、一九九四年)

Ⅰ　古代の家と村

一　住居の構造とくらし

1　竪穴住居のくらし

「住居の構造とくらし」というテーマで話をさせていただきます。実際に、発掘調査をやっていまして、日本中でたくさん出てきますのは、日常の建築です。それを、いまの生活とできるだけ結びつけながら、古代の住居のなかでどのような暮らしぶりをしていたか、ということを考えてみたいと思います。

いまの農家を考える　実際に、私どもが発掘して出てきますのは住居の跡だけです。古代の住居を考える場合に、いまの農家に何があるだろうかということを考えてみれば、同じ人間ですから、古代にも人間にとって必要なものは必ずあるのではないかと考えられます。

まず、家には屋根がないと住めません。それから、壁がないと雨・風が吹き込みますから、壁もいるでしょう。窓がなければ真っ暗ですから、窓もあるでしょう。当然、出入口も必要です。部屋の中

図１　古代建築の種類(復元)

1　穴　屋(竪穴住居)　2　壁のある穴屋　3　高　屋(高床住居)
4　平　屋(平地住居)

へ入れば、いまは応接間みたいなものもあるでしょうし、あるいは台所もありますし、仏壇や神棚もどこかにあります。ベッドなどを置いているところもあるでしょうし、居間なり、寝間なりがあります。また、いまはほとんどないですけれども、冬にはいろりなど、暖をとるものがあっただろうと思うのです。

これらは、農家の母屋《おもや》にあたるのですが、その近くに納屋《なや》とか馬小屋とか、あるいはトイレだけが外にあるということもあるわけです。古代の人たちにもこういうものは必要なはずで、それをどんなふうにつくっていたのだろうかと考えてみたいと思います。

竪穴式・高床式・平地式　まず、古代の住居には大きく二通りありまして、まずは地面を一メートルないし七〇〜八〇センチ、丸なり四角の形に掘りくぼめて、そこに柱を立てて屋根をふいてつくるという竪穴《たてあな》式住居、それから、床を高く上げた高床《たかゆか》式住居、という大きくこの二通りの建物があります。

そのほか、平地《へいち》式住居といったりすることもありますけれども、平地にそのまま屋根をふきおろすというものもあります。そして、高床式住居にも床下が人間の背の高さぐらいあるような建物もありますし、あるいはいまの建物と同じように、ひざぐらいの低い床をつくって住まいをするというのも、どうもありそうです。

実際、発掘調査をしまして、竪穴式と高床式と両方とも出てきますが、どちらかというと高床式の住居のほうはわかりにくいのです。その理由は、古代の人は水平な面に柱の穴を掘って柱を立てたりするわけですけれども、そういう水平な面は、あとで畑地を造成するためとか、新しい村がその場所にできるというようなことがありますと削られてしまって、せっかくそのとき使っていたお茶碗とか、そういう類の容器類があったとしましても、なくなってしまっています。

しかし、竪穴式住居の場合は、仮に上が二〇センチぐらい削られましても一メートルぐらい掘り込んでいますから、その深い部分にいろんなものが残っています。ですから、材料としては竪穴式住居の中の暮らしぶりが復元できるような情報が多いのです。

竪穴に屋根をふく　竪穴式住居は、大きくは、上から見て、丸い形をした住居と四角い形をした住居があります。

いまは、仮に四角い形をした住居を考えていきますと、地面に四角い穴を掘り込んでその上に屋根をかけるわけですが、真上から見た形にしますと、四角にその地面を掘りくぼめまして四本の柱を立てます。これが六本の場合もあります。それで柱の上に、横に木を渡して屋根をかけます。だから、屋根は地面に直接ふきおろす形でつくっている、というのがいまの住居との大きな違いです。

これはやはり生活の知恵でして、もう一五、六年前ですか、実際に材木を組みカヤをふいて竪穴式住居をつくりまして、中学生一〇人ぐらいとそこへ一晩寝たことがあるのですが、かなり暖かいのです。冬でも暖かいし夏は涼しいという、非常に暮らしやすい住居です。地面にふきおろしてありましても、真っ暗という印象はありませんでした。実際に中で火を焚きますと、新しいカヤぶきだったせいもあるのでしょうが、煙はどんどんそのカヤの間からみんな抜けていって、中に煙が充満するということもなかったのです。

現代の住居との違いとしては、壁がないということです。古墳《こふん》時代の終わりから後、飛鳥《あすか》時代、奈良時代という時期になりますと竪穴式の住居でも壁が出てくるものがありますけれども、大多数が壁をつくっていないというのが特色です。

意外に深い竪穴　いま、壁がないと言いましたけれども、それは外から見た場合に壁がないのであって、中から見ますと自然の地面を掘り込んでいるわけですから土の壁があります。

図2　平屋（平地住居）の中（群馬県中筋遺跡）

大分県の住居では、一番深いもので一メートル七〇〜八〇センチ掘り込んでいるのがありました。だから、人間の背丈《せたけ》ほどの穴を掘っているわけです。極端にいったら、平たい屋根をかけても隅々まで歩けるぐらいの非常に深い竪穴式の住居が弥生《やよい》時代のもので見つかっています。

だからもしかすると、近畿地方なり関東地方で見つかっている竪穴式住居の深さというのは、大体は五〇センチ前後のもの、残りが悪いと一〇センチぐらいしか残っていないという例もありますけれども、そういうものは古墳時代とか平安時代とか、ここ数百年ほどの間に、もうみんな削られてしまって残ってないのであって、本当はもっと深かった。いま想像するよりももっと深かったのかもしれません。

土の壁をとめるために、床のまわりに幅一〇センチぐらいの溝を掘りまして、そこに杭《くい》か板を打って、土壁との間に、粗朶《そだ》か木の枝といった何かを間に詰めて、それで壁をつくるというようなことはどうもやっていたようです。

発掘調査をしていますと、壁にそって幅一〇チセンぐらいの溝があり、壁溝《かべみぞ》と呼ばれるこの小さな溝の中に直径が五、六チセンの杭穴が、八〇チセン間隔ぐらいで出てくることがあります。それは、それぐらいの間隔で杭を打ち込んでとめてあったのではないかと、推察しています。

二、三年前に、枚方《ひらかた》市の発掘調査で、壁ぎわに杭を打ち込んで板材で壁をとめてあったものが、その家が火事で焼けてその板材が土の壁にもたれ込んだまま残っている、というのがありました。ですから、中から見ますと、板壁風のものもあったようです。

窓と入口　つぎに窓についてですが、竪穴式住居の場合は、窓らしいものはほとんどないのです。ないといいますか、発掘しまして残っているのは住居の跡だけで、上屋が残っていないのですからわからないわけですが、銅鐸《どうたく》にかいてある絵とか、鏡にかいてあります古墳時代の竪穴式住居の絵とか、そういうのを見ますと窓はつくっていないようです。

入口は、たとえば一辺の中央というところにあったようです。

実際掘っていきまして、出入口の場所は非常にわかりにくいことが多いです。それで、なぜ出入口とわかるか、ということですが、出入口部分は絶えず人間が出入りしますから、ほかの部分に比べて床面が硬くなっているはずです。竪穴式住居の場合、深さが七〇〜八〇チセンありますから、出入口に小さな階段でもあったのではないか、ということが最近いわれているのです。階段があったとすれば、階段の裾《すそ》をとめた小さな杭穴があるでしょう。このようなことを想定して調べていきますと、そういう例が見つかる場合もあります。

兵庫県芦屋《あしや》市の会下山《えげのやま》遺跡では、出入口部分に土が一段残っておりまして、土でつくった階段のようなものがつくりつけられている場合もありました。

だから、やはり弥生時代の人も古墳時代の人も、出入りするのにはそれなりの工夫をしていた、ということです。

炉　それから、いろり、暖をとる場所はほぼ建物の中央部分、あるいは柱と柱の間につくっていたようです。これは時期によっても違うのですけれども、縄文時代・弥生時代・古墳時代を通じて、ほぼ柱と柱の間か、あるいは部屋の真ん中に炉をつくっていたようです。その炉は「地床炉《じしょうろ》」といいまして、地面を直径七〇〜八〇《チセン》ぐらいの大きさで、深さはせいぜい一〇《チセン》ぐらい掘りくぼめてそこで火を焚くという、いたって原始的といいますか自然なものです。その上に石をおきまして、そこで火を焚いています。ですから、そこへ何か器を載せて火を焚きますと、ご飯が炊けるわけなんです。

ただ、いまの農家の炉にはよく自在鉤《じざいかぎ》がありますけれども、そういうものがあったかどうかはわかりません。掘っていますと、小枝を利用した自在鉤風のものが出ることがあるのですけれども、本当にそれかどうかはわかりません。

複式炉といろり　炉としてはやや複雑なものが、東北から北陸にかけての縄文時代にあり、「複式炉」と呼んでいます（図3参照）。それは、一〇センチか二〇センチぐらいの河原石をたくさん拾ってきまして、七〇～八〇センチの大きさの炉の床をつくるわけです。そして、その横に炉が、まるで前方後円墳みたいに出っ張って石が並べてありまして、その部分にも穴があいています。つまり炉が二つ、くっついているような感じのものです。

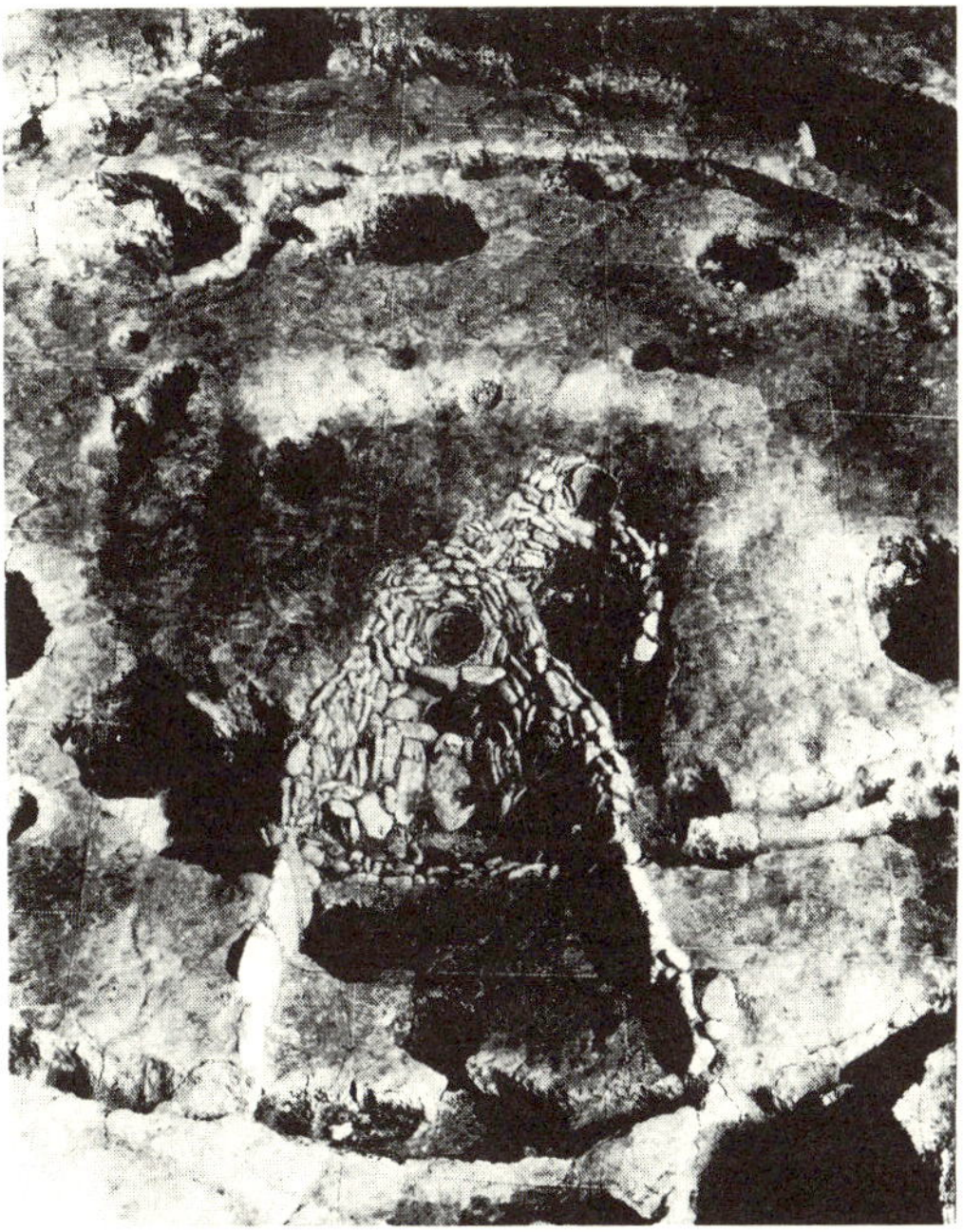

図3　複　式　炉（山形県小林B遺跡）

複式炉の非常に大きなものは、新潟県の住居跡に二メートルぐらいあるものがありました。このように、東北とか北陸の縄文時代中期の住居では、炉を丁寧につくるということをよくやっています。

「なぜそういうことをやるのだろうか。それはやっぱり近畿に比べて寒いところだからそうしたのだろう」、などと言われています。別な理由があるのではないだろうかと思いますけれども、わかりません。

私は、高校まで東北の宮城県のほうで暮らしたのですが、向こうの農家では、炉の中に火種を入れておくような、火消し壺があります。それがないときには、炉の中に小さい穴を掘って、そこに炭火を入れておいて、灰をかけておく。同じ炉の中の、まきを入れてボンボン焚くところとはちょっと違うところに、そういうものをつくっているということがありました。

それでことによると、この複式炉というのは、火を焚く場所と火種を保存する場所とがいっしょに、セットでつくっているものかも知れません。

つぎに、近畿地方から中国山地にかけて、弥生時代の炉ではないかといわれているもので、本当かなと思いますのは、住居の真ん中に直径七〇～八〇チセンで、深さが八〇チセンぐらいの穴を掘っているのがあります。その穴の中には、炭とか、灰とか、焼け土とかが、わりといっぱい入っているのです。

発掘した人は、炉跡だろうと報告をしているのが多いのですけれども、実際に現地を見ますと、全然炉壁が焼けていないのです。「それは、長い間に、焼けた面はなくなったのだ」というようなことをいわれる方もあるのですが、それもちょっと不思議なんです。

たとえば、ぼくらが現地で一ヵ月か二ヵ月調査をしていまして、冬ですとやはり焚き火をやります。焚き火をやりますと、その焚き火をやったところを毎日消して帰りますが、水をかけて消したりしましても、その下はやっぱり焼けます。ただし、火を焚いた真下はあまり焼けません。炭やもえかすが、がさっと詰まってしまっています。ところが、縁のほうがよく焼けていまして、何日か焚いているうちに、赤く焼けた土がかなりできてきます。

ですから、家の中央にある、焼けた跡がない炉穴というのはちょっと不思議です。焼けていない「炉穴」は、大阪府、兵庫県、それから岡山県北部、そして鳥取県、島根県の地域の弥生時代後期の住居に共通して認められます。そうすると、まるで神話に出てくる、出雲と播磨、摂津、河内というルートとよく似ていまして、神話に反映されている文化の共通性をしめすものかもしれません。

カマドと台所　古墳時代後期の六世紀ぐらいになりますと、家の壁際にカマドをつくり、そこが煮炊きをする場所になります。関東でも近畿でもつくられています。

群馬県の八幡中原遺跡のカマドをみてみますと、粘土や石でカマドをつくり、鍋のような大きな煤《すす》がいっぱいついた甕《かめ》が、くずれて捨てられているかのように、そのままになって出てくる場合があります。実際、カマドの中はよく焼けていまして、煮炊きをしたことがわかります。

それから、ときどきカマドの奥の壁をぶち抜きまして、煙突風に煙が外へ出ていくように、トンネルを掘っている場合もあります。煙突穴は、平安時代ぐらいに多いのです。

さて、炉からカマドへ、いいかえれば火を焚く場所が部屋の中央から壁ぎわへ移りますと、部屋の中の使い分けがおのずからできてくるようです。例えば、カマド周辺が台所的になり、以前は部屋の中を多目的広場みたいに使っていたのが、一部はきちんと使い分けるという意識が、六世紀段階から出てくるようです。

最近発掘された和歌山県の田屋《たや》遺跡や福岡県の塚堂《つかんどう》遺跡では、古墳時代の住居跡がありまして、五世紀段階でカマドをきちんとつくっています。ですから、壁ぎわのカマドは、五世紀段階に西日本でつくられ始めているらしいということがわかってきました。同時に、部屋の中の使い分けが五世紀段階から固定してくると考えることができます。

カマドというのは、縄文時代、弥生時代にはなかったものですから、もし中国・朝鮮から伝来したものであるとすれば、五世紀の段階に、中国・朝鮮の生活習慣が西日本に入ってきているのだろうか、ということになります。もちろん、武器・甲冑《かっちゅう》類や陶質土器など、朝鮮との関係をしめす遺物は多いのですが、これらが単にものだけではなく、生活習慣をともなっており、つまり人びとの移住を考えることになります。

食器棚 カマドの横に、関東地方では穴が掘ってあります。大阪の伽山《とぎやま》遺跡でも、一辺が四〇センチ《セン チ》ぐらいの四角い穴が、家の床面に掘ってありました。そして、伽山にはなかったのですが、関東あたりですと、穴のまわりに浅い皿やちょっと深めのお椀のような食器類が、かたまって出てくることがよくあります。そうすると、いまは残っていませんけれども、カマドの横にいま風でいう水屋《みずや》のような棚があって、そこにいろんな器《うつわ》類を置いてあったのが、棚が腐ってしまって、がさっとつぶれるということがあったかも知れません。

さきほど、壁ぎわに杭を打って、板や粗朶《そだ》で土どめをするということを申しましたが、その壁際の溝の中に土器類が転がり込んで出てくることがよくあります。

それは、器類を住居の真ん中に置いておくのではなくて、壁ぎわに置いているのです。それで、ここに本来、杭のようなもので壁どめの材料があったのでしょうけれども、家が捨てられたあと、それが腐ってしまって、そのそばにあった土器類が落ち込んできているという状況なのだろう、と推察されます。

壁際に日常の容器類を置くということは、あちらこちらの住居でよく見られます。

神　棚　いまの農家には仏間があり、仏壇や神棚もあるわけですが、竪穴式住居のころには、そういった神を祭る場所が、部屋の中にあったのでしょうか。

縄文時代にはそういう例があります。長野県の与助尾根《よすけおね》遺跡などには、住居の中に直径一〇<ruby>センチ</ruby>くらいで、長さは三〇<ruby>センチ</ruby>くらいのいろんな大きさの石の棒がありますが、それを住居の壁際に立てているのです。そして、その石の棒のまわりに石がいくつか置いてあります。あるいは、石で檀をつくっているとか、そのような施設が、長野県の縄文時代中期にあります。

与助尾根遺跡やとなりの尖石《とがりいし》遺跡では、たくさん住居跡が見つかっているのですが、古い住居跡のほうは、石の棒が抜かれてなくなっていまして、新しく建てた住居のほうには、石の棒が残っているものがところどころにあります。

そうすると、住居の中に神さまをまつるコーナー、おまつりのコーナーはきちんとつくっていたことになります。そして、新しく家を建てかえたりして引越すときには、神さまのシンボルは持って出ていく、といったことがおこなわれていたと考えられています。

また、いろりの石もときどき一個抜かれているのがあって、それは引越すときに新しい家へ持っていったのではないか、と言われているのですが、そうであれば、これはやっぱり信仰です。このように、それぞれの家で行なうまつり、村で行なうまつり、あるいは村がいくつか集まって行なうまつりなど、いろいろな段階のまつりがあったと思います。

弥生時代については、家ごとのまつりの証拠はいまのところないのです。古墳時代でもないのですが、縄文時代には土偶《どぐう》や石棒《せきぼう》を家の中でまつっていた気配があります。

応接室　応接室というのはおそらくないだろう、と思われていると思いますが、これはたしかに証拠はつかめません。

けれども、私が田舎でずっと暮らしていたときには、うっかりおやじの座るところ――いろりの横座ですが――へ座ると、すぐ叱られましたし、私には女きょうだいがおりますが、その女の子が座ったときのほうが、私が座ったときよりもきつく叱られていました。つまり、主《あるじ》の座る場所とか、おふくろの座るかか座とか、座り場所が決まっていたのです。竪穴式住居の炉のまわりに座る場所がきまていたかどうかはまったくわかりませんが、お客さんが来たときに座る場所というのが、ことによると、炉の周辺のどこかに決まっていた、ということも考えてみる必要があると思います。

寝室コーナー　それでは、竪穴式住居の中で、寝る場所がきまっていたかということですが、図4は佐賀県の住居跡ですけれども、少し変わっていますのは、部屋の中に一段高い部分があります。これは、寝る場所がきまっていたのだという一つの証拠になりうるものです。

この住居の場合は、部屋の中の一部を、幅一メートルぐらい、長さ二メートル五〇センチぐらいで、一〇センチほど高く土を盛り上げているのですが、それがぐるっと部屋のまわりをめぐっていることがあったりします。そうすると、部屋の真ん中が土間《どま》になって、柱と壁の間が寝間になるという感じです。これをベッド状遺構と呼びますけれども、本当は証拠がないのです。

ただ、わずかに考えられる証拠としては、普通四本の柱の内側の区域は床が硬く、一段高くなっているベッド状の部分は土がやわらかいというふうな違いがあります。本当にこのようなところで寝たのかも知れません。

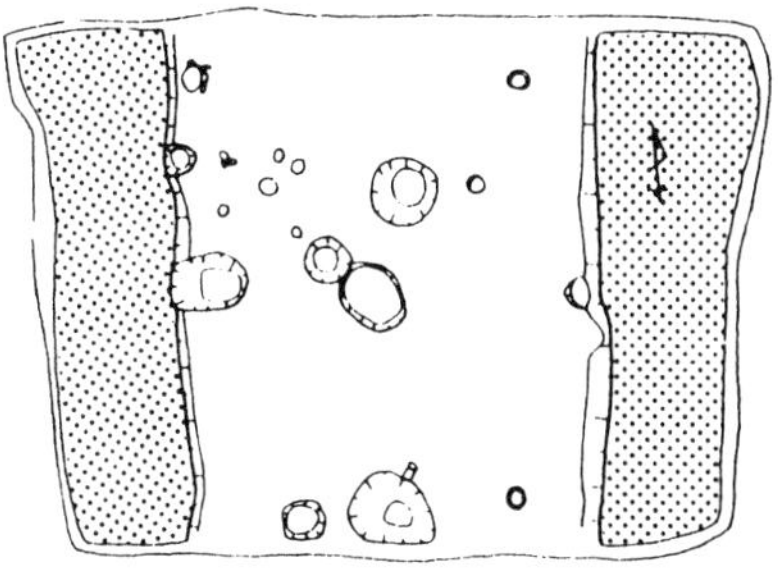

図4　ベッド(網目)のある住居

(佐賀県城ノ上遺跡)

2　住居をとりまく空間

いままで住居の中をみてきましたが、つぎに住居の外をみてみましょう。

井　戸　水はどの時代の人間にも必要なものです。ムラをつくるとき、水のないところにはつくりません。水のないところに無理に宅地をつくるのは現代に入ってからです。

縄文時代の人びとは、小川や湧水《ゆうすい》地の近くにムラをつくり、井戸を掘らなければ水を求められないようなところには住まなかったようです。

弥生時代になると、井戸を掘ってでも水を求め、居住地を拡大していきました。直径一メートルくらいの素掘り井戸や、大木をくりぬいて井戸枠にした井戸がムラの中につくられるようになりました。奈良県唐古《からこ》・鍵《かぎ》遺跡には素掘り井戸が、和歌山県太田黒田遺跡にはくりぬき井戸があります。これらはいわば共同井戸ですが、古墳時代後期になると一つの屋敷の中に井戸が設けられるようになります。

奈良時代の一般の住居のそばにつくられていた井戸をみてみますと、一枚の板の幅が三〇センチくらいで、厚みが四・五センチあるりっぱな板を使っています。奈良県橿原《かしはら》遺跡には立派な板井がたくさんみつかっていますが、その中の一つから「神」の字を書いた皿が出てきました。神話にも井戸にまつわる話がたくさん登場しますが、井戸の神のまつりがおこなわれていたのです。

トイレ　トイレというのは、いまはたいてい建物の中にあります。しかし、私が小さいころ暮らしたような農家の場合、建物の外にある家が多く見られました。だから、夜におしっこに行くときに、こわくてその辺で適当に済ましてしまうなんてことがありました。かつては、トイレは母屋《おもや》とは別の建物になっていたのではないかと思います。いわゆる厠屋《かわや》です。

縄文・弥生・古墳、あるいは飛鳥・奈良時代と続きまして、竪穴式住居の中のトイレらしきものの調査例というのは、これはありません。そうすると、トイレはいらないのでしょうか。どこかで適当にやったのではないでしょうか。衛生観念というと大げさですが、何かその集団でのルールはなかったのでしょうか。これは、縄文・弥生、あるいは古墳時代の社会というものを考える上で、たいへん大事な問題なのです。

もう十数年前ですが、和歌山で「近畿の弥生時代シンポジウム」（古代学研究会）をおこなったことがあります。そのときに「近畿の弥生時代の社会の中で、トイレがないというのはおかしいではないか。その辺でまき散らしているというはずがない」という発言がありまして、延々とその話が三〇分ぐらい続いたことがあります。あれは大げさにいえば、日本考古学界で最初で最後の「トイレシンポジウム」かもしれませんが、とにかくわからないのです。

ただ、そのときに話題になったのですが、弥生時代の集落を掘っていますと、住居跡が何軒かあります。その住居跡からやや離れたところに幅が七〇～八〇センチ、深さ一二、三センチで、長さが二、三メートルの溝がいくつか出てくるということがあります。これが「候補」ではないか、というのです。

よく、「かわや」というのは、川の上で…」という解説もありますが、川の上に板を二枚渡してその上に小屋がけした場合には、これはちょっと発掘ではお手上げです。仮にそういうことがあってもわからないだろうと思います（一九九三年〈平成五〉二月に初めてトイレ学会が開催されました。藤原宮や平城宮の道路の側の溝の中から大量の寄生虫卵が見つかり、溝の上に板を二枚渡した痕跡も見つかりました）。

糞石を分析する　ここ数年、福井県の鳥浜《とりはま》貝塚の調査がおこなわれていますが、糞石《ふんせき》と呼ばれる大便の「化石」が出てきます。

以前に、京都国立博物館で「日本の考古展」という展覧会が開かれましたが、そこにこの糞石が麗々しく陳列してありました。非常に珍しい、と解説されていましたが、これは本当に珍しいものでしてめったに残りません。それは縄文時代のものでして、糞石を分析しますと本当に何を食べていたのかがわかるわけです。

弥生時代の人間は、米を食べていたと本にいっぱい書いてありますけれども、現物で確かめられるのはこれしかないわけです。そういう点では、本当に貴重なものです。

文部省の科学研究費をうけまして、自然科学者と考古学者の共同研究会をやっているのですが、そのときにも糞の研究をしている学者がいました。その人は、北海道の山へ行ったりして、動物の糞をたくさん拾いあつめてきて、そして、糞の形からこの糞は何々の動物のものであるということを調べた結果の研究発表をされました。
糞石は本当に貴重な資料ですけれども、動物の糞と人間の糞を間違って報告したのでは、縄文人もえらい迷惑です。だから、その人は野生の動物の糞を集め研究しているわけです。

ごみ捨て場　原始・古代人の衛生観念に関連しましては、ごみ捨て場の問題があります。集落を掘っていますと、とくに弥生時代の場合、大きさ二、三メートルぐらいで、深さ七〇～八〇センチぐらいの不整形の穴がわりとたくさん出てきます。その穴には、つぼのかけらとか茶碗のかけらとか、土器のかけらがいっぱい捨てられています。そういう穴は、ごみ穴ではないかなと思います。ごみ穴であるとすれば、一つの村の中でどこかにごみ穴を掘って、「ここに捨てなさいよ、そしてごみ穴を掘る場所は、その村のこの区域です」と決まっていたかもしれません。そういう可能性が考えられます。
福岡県犀川《さいかわ》小学校遺跡では、住居跡のそばに直径一メートルくらいの穴を掘っていまして、中にごみがいっぱい捨ててあります。その捨ててある方向がわかりまして——というのは、いろんな土器類がいっぱい出るのですが、みんな一方からもう一方へ向かって捨てたように傾斜して出てくるのです——これは、この家の人がこの穴に捨てたのでしょう。だから、たとえばここに何軒か家があって全部そういうごみ穴を持っているとすれば、それぞれの家がそれぞれで始末していたということになるのですが、残念ながらそこまでの材料はありません。しかし、この一軒に関しては、どうもそうらしいのです。その場合、考古学では、弥生時代の人は全部一軒ずつごみ穴を持っていました、とはいわないのです。たまたまこの家の人だけは持っていたけれども、これは偶然であるかもしれないのです。この人だけがいやに潔癖な人だったのかもしれませんので、日本の弥生社会全体に及ぼすことはまだできません。

縄文時代の貝塚などでも、よく馬《ば》蹄《てい》形《けい》貝塚というのがありますけれど、馬の蹄《ひづめ》のような形に、二〇〇～三〇〇メートルにわたって貝が一面に散らばっている。そして、発掘しますと、住居跡がその貝塚の内側にかたまって出てくるということがよくあります。貝塚というのはごみ捨て場ですから、住居の後ろ側の斜面に捨てていた、ということだろうと思います。

この場合、真ん中の広場には捨ててはいけません、というルールが縄文時代にもあったということです。そして弥生時代になると、それが、穴を掘って捨てましょう、ということに変わってきているということでしょう。そういう点では、かつての農村の生活と共通しているのではないかと思います。おそらく農家であったら、自分の屋敷の中でごみの処理をしたのだろうと思います。

敷地観念はいつから　つぎに、屋敷地についてですが、これもまた私どもにとっては興味のあることでして、特定の家族が屋敷を構えるということは土地を占有するということであり、階層差が明確になるということだからです。中世の一般集落の発掘が、近畿でもあちらこちらでおこなわれています。典型的なのが高槻《たかつき》あたりでも出てきていますが、その場合は、溝で屋敷地を区画しているというつくり方があります。そして、母屋があって小さい建物が二棟ぐらいあって井戸があってという、そういう出方をしています。そういう点では、中世には、いまの屋敷に通ずるものがもうすでにできています。

従来、古墳時代の屋敷については、家形埴輪の配置から推定していただけなのですが、最近、遺構として出てきました。例えば、神戸市の松野遺跡がそうです。この遺跡では、一辺五〇メートルぐらいの範囲を柵列で囲んでおりまして、その中に高床の建物が見つかっています。これは、一つの屋敷を構えているということです。

群馬県の三ッ寺遺跡では、一辺八〇メートルに区切りまして、まわりには一部自然の川を利用して大きな堀割りを設けています。屋敷のまわりには柵列がめぐっており、さらにその中を二つに区画しています。そして、まつりに使った道具がたくさん出る部分とか、あるいは非常に大きな建物がある部分とかが見つかりました。それは、古墳時代後期—六世紀段階には、りっぱな屋敷地がすでに出てきたようです。

ただ、三ッ寺遺跡の場合はあまりにもりっぱすぎまして、もしかすると一般の豪族屋敷ではなくて、神社というわけにはいかないでしょうが何か特定の、本当に祭祀用のものであるかもしれません。

その後で見つかりました原之城《げんのじょう》遺跡の場合は、あまり特殊な屋敷ではない。一〇〇メートル×一二〇メートルの範囲を溝で囲み、そこに豪族屋敷を構えたようです。その場合は、屋敷地の外側に幅二〇メートルぐらいの堀割りをつくっていて、その外側にも内側にも土塁をつくっています。まるで中世の武家屋敷みたいな、そういう構造のものが六世紀段階で見つかってきています。

弥生時代ではというと、これはむずかしいのですが、弥生時代の集落を掘りますと、細い溝が延々と一定の間隔で見つかる場合があります。そういうのは、屋敷を区画するのでしょうか。それはいまのところわからない、ということです（一九七九年〈昭和五十四〉、静岡市汐入《しおいり》遺跡で二世紀の屋敷が見つかりました。詳しくは、本書一五二頁以降参照）。

溝の用途　いま、私は奈良盆地の中で暮らしていますが、普通の農家の人たちと大体似たような場所でして、春先になると、溝さらえがあるのです。田植えの前になりますと、溝をさらえて水を通りやすくする。溝さらえに出ていきませんと村役人に怒られますので、行ってどぶさらえをするのですが、やってみると結構おもしろい作業です。

溝の中からは、コーラの缶とか、菓子袋とかがいっぱい出てきます。ゴミの種類と量を数えてみました。村に近い溝、遠い溝によって違いがあるかどうかを知りたかったのです。

そんなことをやりましたのは、弥生時代の遺跡を掘りますと必ず溝があり、そして、その中から大量の土器などが出てきます。それが住居とどう関わるのか。なぜ土器がたくさんあるのかということは、解決されておりません。

もともと溝というのは、水を流すとか、何か必要があって掘るわけです。必要だから掘ったのに、なぜごみを捨てて埋めてしまっているのでしょうか。弥生時代の人も溝さらえをしたはずです。それなのに、もういっぱいごみを捨ててしまっています。

あるいは、村を引越すときに捨てたものなのでしょうか。それもおかしいです。もし、村を引越すときに捨てたのだったら、それまで捨てるべきかけらはどこにあったのでしょうか。家の中にうずたかく積んでおいたとしても、ものすごい量です、ダンプ何杯分と表現してもいいほどの土器が出ます。ですから、そういうものがなぜ捨てられたかということがわからないのです。このようなことを考えるためにも、現在の溝の中のゴミを調べてみようと思ったわけです。現代の溝さらえの調査も、何回かやっていきますといろんなことがわかってくるのではないかと思います。

竪穴プランの円形と方形　話がはじめの方にもどりますが、竪穴式住居には上から見た形が四角いものと、丸いものがあります。その丸い形の住居というのは、縄文時代からずっとありまして、弥生時代の終わりぐらいでほとんど全国的になくなります。東アジア全体を見ますと、丸い住居というのが非常に少ないです。考えてみましても大阪駅前のマルビルが有名になるということは、少ないから有名になるわけで、普通建物は四角いわけです。それなのに、日本列島の縄文時代、弥生時代の住居は、丸い形をしたものが多いというのが一つの特色で、そういう伝統がずっとあったわけです。それが、弥生時代の終わりぐらいでほぼなくなる。

それで残りますのが、特定の地域だけでして、岡山県周辺や山陰と北陸地方ぐらいが残ります。それも、五世紀ぐらいになりますと、もう全部なくなりまして、いまと同じ四角い家になるわけです。

ただ、弥生時代後期については、丸い住居と四角い住居がいっしょに出てきまして、それが集まって一つの村をつくっている場合があります。その例は、枚方市の田《た》ノ口《くち》山遺跡あたりが典型的ですけれども、丸い住居のほうが大きくて四角い住居のほうが小さい、という例が多いです。

円形・方形の使い分け　大きい住居に住んでいる人は偉い人で、小さい住居の人が偉くないとしますと、つぎの時代に続くような、いわば先進的なといえるような形をした住居が小さくて、伝統的な住居のほうが大きい、というういい方にもなるわけです。

ただ、ことによると丸いほうは住居であるけれども、四角いほうは住居ではないかもしれない。といいますのは、さっき、農家には母屋があって離れがあって、あるいは厠があって馬小屋があって納屋があって、ということを申しましたが、こういう小さい建物の場合に、これが居住用の建物ではなくて別の目的を持った建物である可能性はないのだろうか、ということも考えておく必要があるだろうと思います。

ですから、そういう機能別といいますか、その建物の働きによって、目的によって別棟に建物をつくる機能別分棟というようなことが、弥生時代におこなわれていたかどうかということは、可能性はあってもまだわからない。古墳時代になりますと、家形埴輪《はにわ》で高床の倉の建物もありますし、大きな建物もありますから、古墳時代になるとどうもありそうです。

集落立地の変遷　つきに、時代によって住居跡が出てくる場所に違いがあるか、ということについて考えてみましょう。縄文時代の生活の仕方、弥生時代の生活の仕方を比べてみますと違いはあるようです。

縄文時代の場合であれば、獣をとり、あるいは海へ行って魚や貝をとるという生活をするためには、海ぎわの小高いところがいい、そして後ろに山を控えたところがいい、というようなことが言えるだろうと思います。

弥生時代の場合は、水稲農耕、田んぼづくりをするわけですから、田のつくれるような低地の近くのやや高いところがいい。あまり田んぼから離れても困るわけです。ところが、古墳時代後期ぐらいから、家は田んぼから離れていって、奈良時代ぐらいになって条里制《じょうりせい》というものができてきますと、水田地帯と居住地帯が離れてくる。そういうふうなことが、どうもありそうです。

それぞれの時代の生産の主体とからんで、家をつくるのに一番いい場所というものが動いていっているのだろうと思います。現在だったら、車が発達しているから少々奥でも住める、というように変わってきているのだろうと思います。

高地性集落というのは、生産のための適地に家を建てるというのとはまったく別で、戦乱・戦争があったために山の高いところに村をつくる、ということのようです。村のまわりに大きな堀をめぐらすとか、あるいは見張台を非常に見晴らしのいいところにつくるとかいうことをやっていますし、そういう村が瀬戸内海の沿岸地域から大阪湾沿岸地域にあるというようなことから、弥生時代にかなり大規模な戦乱があったことが窺え、そういう非常に特殊な状況で生まれてきた村の立地のようです。

3　柱の構造

部分構造からせまる　ここまで、現在の住居の様式から古代の生活様式をさぐるということで、若干技術的な問題から離れた話になりました。これからは、一つ一つの建築の部分、たとえば屋根とか柱とかあるいは床とか、そういう部分がどのようにつくられているのかを考えてみようと思います。

建築の各部分については、時代にとらわれないような話し方をさせてもらいまして、最後に、旧石器時代から中世ぐらいまで、時代を追って日常の建築についてまとめてみたいと思います。

一本柱はありえない　まず、柱の配置からみていきたいと思います。一本柱で建物を建てるというようなことをやったのでしょうか。いままでは、庭にあずまやで傘みたいな建物があります。柱一本で、上に笠みたいな屋根がついているような建物があります。やや大きいものでは、たとえば奈良の当麻《たいま》寺《でら》の近くにも傘堂《かさどう》と呼ばれている一本柱の建物があります。

しかし実際には、柱配置としての一本柱というのはやはり考えにくいです。住居以外の特殊な用途の建物としては、現にお寺とかあずまやみたいなのがありますからあり得るのでしょうけれども、実際には居住用の建物としてはむずかしいです。

二本柱は北九州型　それで、今度は二本柱です。二本柱の例は弥生後期の九州ですが、四角い住居で二本の柱を立てる。その柱の上に横に木を渡しまして、そこから屋根を下へおろしましたら、建物ができます。

ただし二本柱というのは、やはり構造としては弱いです。左右の力に弱いですから、これはいままでの実際の出土例を見ましても、大型の建物にはありません。

ただ、地域的な特色はありまして、福岡県から佐賀県の東ぐらいの地域で、弥生時代の後期から古墳時代のはじめぐらいにかけて一つの分布圏を持っています。

住居の形というのは、基本的にはやはりその土地の気候風土に左右されて、長い年月をかけて決まってくるものだろうと思うのです。たとえば砂漠地帯の住居とモンスーン地帯の住居は、これは違って当然です。

九州人の畿内移住　弥生時代後期に二本柱というタイプの住居があるというのは、何かの理由があってできたはずです。その原因はわからないのですが、何かあるだろうと思います。

よく考古学では、たとえば鏡が出てきた場合に、これは九州系の遺物であるとか、あるいは近畿的な遺物であるとかいいますけれども、実際手に持って運べるような品物は、もの自体が移動するわけです。だから、手渡しで移動していくと、仮にそれが近畿系の鏡なら、鏡が東北地方で出たとしましても、近畿の人間が東北へ行ったかどうかはわからないのです。それに対して住居の場合ですと、気

図5　二本柱(上)と四本柱(下)の住居(福岡県下稗田遺跡)

候風土に根差した一つの様式ですから、特定タイプの住居がよその地域で数軒まとまって出たりした場合は、これは人間の移動を考えないほうが不自然です。そういう点で、人間集団の移動を考えるときに非常にいい材料になるわけです。

そういう意味で、この二本柱の構造の建物はおもしろいです。といいますのは、兵庫県播磨町に播《はり》磨《ま》大中《おおなか》という遺跡がありまして、そこでは九州とまったく同じタイプの、長方形で二本柱で、おまけにさきにお話ししました、家の中に一〇センチほど高いベッドと称している部分がある。これも、九州の特色なのです。そしてさらに、そこからは内行花文鏡《ないこうかもん》（連弧文鏡）という鏡のかけらが出てきています。近畿の弥生の遺跡では鏡自体が少ないのです。九州はたくさんあります。だから播磨大中の遺跡を見ていますと、九州の人が集団でやってきたのだろうかと思うのです。そういう感じの村です。ところが、残念ながらそれ以外の遺物で九州系の遺物はありません。使っている土器は大量に出ていますけれども、それらはすべてが近畿系です。ですから、なかなか話はうまくいかないのですが、住居様式に関しては九州そのものです。

それから、似たようなものといいますと、大阪では高槻近辺です。それから和歌山市周辺が九州の住居と、弥生時代後期に関しては若干似た要素があります。河内や大和の地域にはありません。

弥生時代後期、およそ二世紀に限って九州と近畿というものを比べた場合に、非常におもしろい現象です。これは邪馬台国問題にからみそうな話です。河内・大和という大阪平野と奈良県中枢部にないということは、そこには一つの独自の勢力がある。九州との関連が比較的強いのは、岡山から兵庫、そして大阪平野でも北のほうの旧摂津の国辺である、という感じがします。

三本柱と複式炉　今度は三本柱です。三本柱で家が建つのでしょうか。二本で建つのだから、三本でも建つでしょう。ところが実際には、ある地域のある時代の主流になるような住居としてはありません。

しかし、縄文時代には三本柱の住居の例があります。福島県から新潟県にかけての縄文時代中期の住居です。住居の形は丸くて、中に柱が三本立つわけです。実際にどんなふうな屋根のつくり方をするのか、と建築の人に聞きましてもちょっとわかりません。

さきに複式炉という、炉が二つセットになっている大型の炉があるということを申しました。複式炉と三本柱が、組み合わさるような感じがあります。一つの住居様式として、縄文中期の東北南部に栄えた地域色の強い住居型のようです。

四本柱は標準タイプ　四本柱は普遍的な柱配置でして、縄文時代早期からあります。非常に古い調査例ですけれども、茨城県の花輪台遺跡には、四本柱の非常にしっかりした竪穴式住居が出ています。つまり、四本柱住居は縄文早期から現代までつながっているということです。

四本柱を立てて屋根を組むというのは、おそらく世界中どこにでもあるわけですから、古今東西を問わず、時代がいつであろうが、地域がどこであろうが、人間が考える、上に覆いをつくろうとする

図6　円形多主柱住居（福岡県下稗田遺跡）

ときのもっとも普通のやり方です。だから、四本柱の建物が共通しているからといって、その建物の人はヨーロッパから来たのであろうとか、中国から来たのであろうとか、そんなことは考えられません。ごく普通の基本的な構造です。

五本以上の円形多柱　五本柱というのは、方形に四本の柱を立てて真ん中に一本増やすやり方と、五角形に柱を配置する五本柱と、二通りあります。

五角形に柱を配置しますのは、竪穴式住居の竪穴の外側の形はほぼ円形です。この系列はたくさんあります。五本も、六本も、七本も…。直接に屋根を支える柱を主《しゅ》柱《ちゅう》といい、補助的な柱を支柱《しちゅう》と呼びますが、円形に配置される多主柱の建築様式というのは、縄文時代前期の後半から中期にかけて非常に多いです。弥生時代にもありますけれど、古墳時代以降にはほとんどありません。

五本柱以上になりますと、とくに五本のものと六本のもの、あるいは七本、八本の柱を立てるものを、時代的にあるいは系譜的に集成しても、それほどのきれいなまとまりは出てきません。つまり、五本柱以上の多主柱は基本的な建築の技術としては同じものになる、ということです。

方形多柱は建て増し型　同じ五本柱以上でも系列の違うものがあります。円形配置ではなくて、方形配置を持った多主柱です。だから同じ六本でも、方形で六本になる。住居の全体の形としては、長方形になるわけです。そういう構造が、弥生時代から古墳時代にかけての柱の数の多い住居の一般的なものです。

これは部屋を大きくする場合のやり方で、四本を原則にして、それを一方に広げていくと六本、八本と広がっていくという、そういうつくり方です。

やや変わっている柱の数の多い住居としましては、兵庫県の播磨東溝《ひがしみぞ》遺跡で、弥生時代の少し妙な住居跡であります。この住居の場合は、基本的には中の四本の主柱で屋根を支えています。それ以上に、住居が大きいものですから、外側に柱を追加して一二本という非常にたくさんの柱を使った住居になったのですけれども、これはいわば四本柱の発展形と考えてよいでしょう。

日本独特の円形四本柱　つぎに、外側が丸いのに四本柱の住居というのが、近畿をはじめ各地にあります。これは、建築の人に聞きますと異常なのだそうです。柱が四本ということは四角です。それなのに外側が丸い。これは建築屋としては考えられないといいます。非常識だということです。「四本柱だったら、四角い屋根をつくったらつくりやすい。丸い屋根をどうやってつくるのだ」ということです。

実際、実物大で、あるいは割りばしを使った模型で四角で丸い屋根をつくろうとしますと、いろいろなところにひずみや無理が出てきます。たとえば、柱を四本立てて、その上に横にかけた材があって、そこに垂木《たるき》をたてかけるわけですが、外側を丸くするためには、とくに一辺の中央にかける垂木が、せっかくかけた横の材から浮いてしまいます。これではいったい何のために四本柱を組んだのだろう、ということになるわけです。そういう点で、建築の人は非常識だというわけです。

しかしながら、その非常識な建物が現実にはたくさんあります。四本柱で平面形の丸い住居というのは、縄文時代からとくに弥生時代にたくさんあります。

世界中を見ましても、四本柱で円屋根というのは非常に少ないです。四本柱であれば方形というのがあたりまえでして、東アジアの地域の中でも日本列島というのは非常に特殊なようです。円形住居が多いという点でも非常に特殊です。蒙古《もうこ》のパオという、皮で丸い家をつくったりするのはありますが、定住する住居としての円形というのは、非常に特殊なようです。住居形としては特殊な時代が、日本列島では紀元前数千年前から紀元後数百年までの間続いていたということです。

日本の縄文・弥生時代は建築様式の上で非常に特色のある期間で、それがアジア全体と共通の形をとるようになったのは古墳時代以降、ということになりそうです。

図7 礎石(奈良県毛原廃寺)

掘立柱と礎石建物 つぎに柱の立て方ですけれども、これには大きくは掘立《ほったて》と礎《そ》石《せき》の二つがあります。

地面に穴を掘りまして、真ん中に柱を立てます。断面で見ますと、大きく穴を掘ってその中に柱を立て、そして土で埋めて固定します。こういうのが、掘って立てる掘立柱です。竪穴式住居の柱自体が掘立柱です。

ところが、日本考古学の用語では、掘立柱建物といいますと、竪穴式住居ではなく、平地に柱穴を掘って柱を立てる、床面を掘り下げていないものを掘立柱建物といい、竪穴式住居は、柱の立て方としては掘立柱であるけれども、床面を掘り下げているから竪穴式住居として別に分けて呼んでいます。

もう一つは礎石建物です。大きさ一メートル数十センチもあるような礎石を据えて、その上に柱を立てます。

どちらがすぐれているかということですが、一長一短というところでしょうか。掘立ての場合は、柱は一メートルぐらい埋め込んでいますから非常に強い。いわば地面に入り込んでいるのですから。欠点は腐りやすいということです。空気に触れている地表面との境目で腐ってきます。

伊勢神宮も掘立柱ですから、式年遷宮《しきねんせんぐう》ということで、二〇年に一遍、およそ一世代に一回ぐらい柱を取りかえないと長持ちしません。

礎石を使った場合は、大きな屋根が上にかぶりますと雨も直接当たりませんし、地面にも入っていませんから、柱は長持ちします。

ただ、石の上に載っているだけですので、小さな建物の場合、台風にでも遭ったらひっくり返ってしまいます。

瓦の重みを礎石で受ける　それと、礎石の建物ですぐれていますのは、瓦ぶきの建物が飛鳥時代以降のお寺などに出てきますと、その相当の重量を支えなければなりません。そのとき掘立柱ですと下は地面ですからだんだんと長い年月の間に下がっていき、四本柱でも六本柱でも、ある柱が下がってある柱が下がらないと建物はひずんで結局つぶれてしまいますが、そういうときに礎石を置いて柱が沈まないようにすることができます。そういうすぐれた点が礎石建物にはあるわけです。ですから、瓦ぶきのお寺の建築が礎石建物になるわけです。

宮殿建築は、飛鳥板蓋宮《いたぶきのみや》というのもありますように、まだ瓦は使っていませんので、宮殿のほうに掘立柱建物が残るわけです。

礎板・ぐり石　ときどき弥生時代の建物で、地盤のやわらかいところなどでは、穴を掘って柱を立てて、その下に小さい石を置いているものがあります。これは普通、礎石建物とは呼んでいません。また、石ではなくて板を置いているのがあります。そういうのは礎板《そばん》と呼んでいます。これは、静岡の登呂《とろ》遺跡にもあったと思いますが、そういう工夫は各時代にやっているようです。地盤のやわらかいところに建物を建てるときの自然な工夫でしょう。

礎石の建物の場合も、大きな大量の瓦を支えますから、ただ単に地面の上に石をぽんと置くのではなくて、穴を掘ってぐり石をいっぱい置いて礎石を置く。だから、お寺の発掘の見学会などで、礎石は庭石か何かに取られてしまって、ぐり石ばっかりが固まって出てきているところをごらんになったことがあると思います。

それがもっと徹底しますと、地盤をいったん掘り込みまして、それを版築《はんちく》という水平に一寸《チセン》単位ぐらいで土を丁寧に突き固めながら積みまして、その上に礎石を置くという、念の入った掘り込み地業《じぎょう》で基礎工事をする場合も、とくにお寺などにはみられます。

枘差し結合　つぎに、柱の組み方を考えてみたいと思います。日常住居の柱の組み方は、実際のところわからないという方が正確ですけれども、若干常識的に考えられることと、多少の出土資料で見ていきます。

いまの建築ですと、柱の上に横に木（桁《けた》・梁《はり》）をかけるときに、横木に枘穴《ほぞあな》をあけて突き通していま す。これを枘差し結合とよんでいますが、このような技術がいつからあるのでしょうか。柱と柱、木と木の組み合わせ方としては、枘差し結合が一番確かなわけですが、通説では、それは非常に新しい時期からであって、弥生時代や古墳時代にはそんなものはない、というふうにいわれていました。ところが最近、建築ではないのですけれども、奈良県の纏向《まきむく》遺跡から、水路の護岸工事に矢板《やいた》を打ち込んだ構造物の中で、枘穴をあけて、貫《ぬき》を通している組《くみ》物《もの》が古墳前期で出てきました。そうすると、古墳時代の初めから、枘差し結合という技術がありそうだ、ということが考えられます（一九九四年〔平成六〕現在、岡山市南方《みなみかた》遺跡などに一世紀の貫穴のある柱があり、それと共に弥生の大型建物跡が二〇棟以上見つかっているので、貫工法は予想以上に普及していたものと思われます）。

図8　枘差しの水路護岸（奈良県纏向遺跡）

切り欠き　それより一般的なのは、切り欠きといいまして、柱に当たる部分の桁や梁をちょっとはつる方法があります。

柱を四本立てまして、横に渡す木のことを桁とか梁とかいいますけれど、桁・梁の太さが、仮に二〇㌢もあって、丸太のまま単純に重ねますと、その段差が二〇㌢あるということになります。そうすると、屋根を支える垂木《たるき》を載せていったときに、あるところは二〇チセン高く、あるところは二〇チセン低い。そうすると屋根が波打ちます。それを避けるために、切り欠いて組み合わせると桁・梁が水平になって、屋根がすんなりできる。合掌造《がっしょうづく》りなどはそうですけれど、そういうやり方があります。

建物そのものは見つかっていませんが、弥生時代の建築材のかけら・断片にそういう資料がありますので、切り欠きは弥生時代にもやっていたことがわかります。縄文時代には現物としてはありませんけれども、石斧《せきふ》がありますし、最近の福井県鳥浜《とりはま》遺跡の調査でも、ものすごくみごとな木製品がいっぱい出ていますから、縄文時代にもそれぐらいの技術はあり得るだろうと思います。

柱ではなく壁のつくり方では、板をまるで校倉《あぜくら》造りみたいに組み合わせたのが登呂遺跡の近くの山《やま》木《ぎ》遺跡でみつかっています。そこでは、板の先を片方は凸にして片方は凹にして、それを角で組み合わせるわけです。そうするときっちりと組み合わさりまして、それを何段も重ねて倉をつくっています。

4 屋根と床

扠首構造 こんどは、屋根と床の構造をみてみましょう。

古代の屋根組には、大きくは二とおりの技術があります。一つは、小屋組みあるいは扠首《さす》構造です。これは、丸太を地面あるいは桁・梁にのせ、棟木《むなき》を支える構造です。丸太が五本あれば、二本で×印に組み、それを二組つくって棟木を渡せば、小屋ができるわけです。ただ、実際にはこれだけでは

図9　扠首構造（香川県四国村の民家）

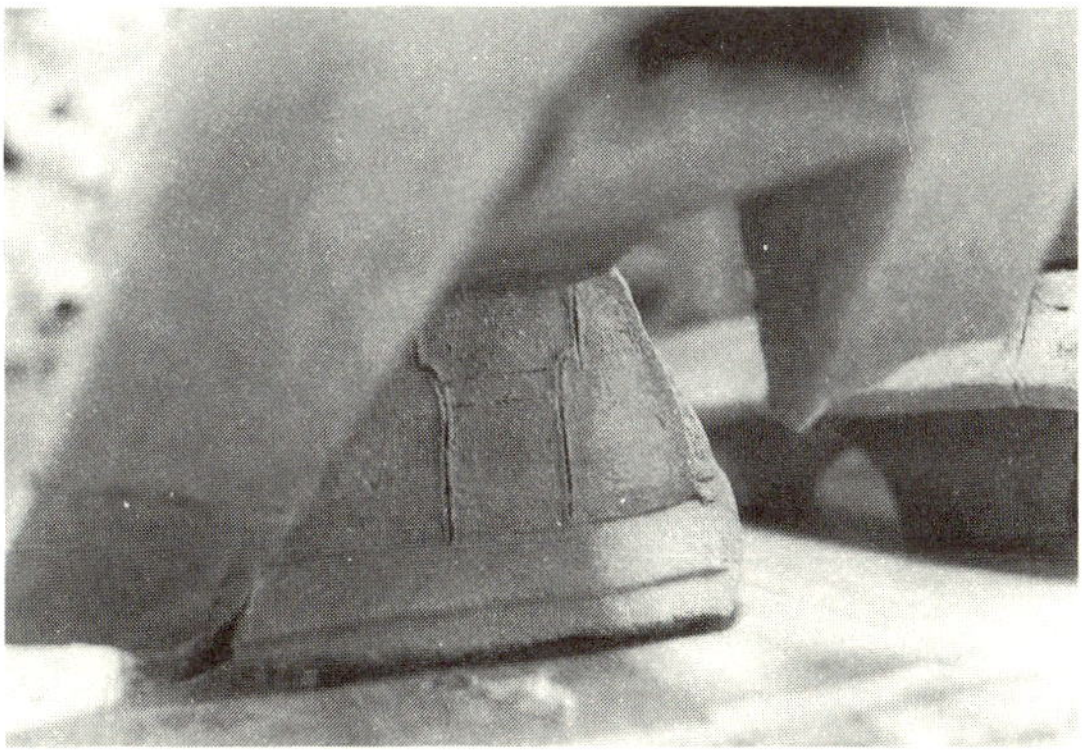

図10　束と桝構造（大阪府美園古墳出土家形埴輪）

弱いので、いまあちらこちらにある農小屋もそうですけれども、斜めに筋交《すじかい》というものを入れます。

こういう形のものを地面に直接つくった場合、かつて天地根元造《てんちこんげん》りとよばれまして、日本建築史の上で一番古い形ではないか、といわれていたのですが、実際に発掘していまして、案外出てこないのです。構造の原理としてはこれが一番簡単であり、屋根構造の基本形になっています。

束構造　古墳時代の中ごろ以降になりますと、束《つか》というものを使います。柱を立て、横に桁・梁を渡し、その上にさらに小さな柱といいますか束を立てて棟木を支え屋根をかけます。いまの建築はほとんど束構造です。扠首で直接棟木を支えるのではなく、束を立てて屋根を高くします。お寺などの屋根は非常に高いですけれども、神社でもそうですが束構造になっています。

このような建築技術が実際に現物で残っているのは、法隆寺《ほうりゅうじ》以降です。法隆寺の建築が現物としては古いわけですが、束構造はお寺に取り入れられた段階以降であろうと従来考えられていたわけです。ところが、三重県石山古墳や大阪府美園《みその》遺跡の埴輪《はにわ》に束の表現がありまして、中国・朝鮮の技術的な影響が、五世紀ぐらいの段階から入ってきているような感じです。

そういう新しい技術が入ってきて以降、大建築の場合には束構造、簡単な建築の場合は扠首構造という、二つの大きな建築技術の流れになったようです。

現代の民家の有名な例としては、飛騨の白川村の合掌造は扠首構造です。もちろん、柱を立ててその上に大きな屋根があるのですが、あの屋根の組み方そのものは扠首です。柱の上に桁・梁を渡し、それに扠首をのせ、棟木を支えています。基本的にはアイヌの住居構造も同じです。

切妻・入母屋　屋根の外観としては、切妻造《きりづまづくり》とか入母屋造《いりもややづくり》とか寄棟造《よせむねづくり》とかがありますが、切妻の屋根は、埴輪などにも例がありますし、弥生時代の銅鐸《どうたく》絵画にもありますので、古くからあったようです。

入母屋造とはちょっと違うのですけれども、登呂遺跡の竪穴式住居は原始入母屋造とよばれています。実際には、直径七、八㍍の住居で、円周は約二〇㍍、その上に一㍍二〇～三〇㌢に一本ずつ垂木を配置しますと、頂点では直径七、八㌢の丸太が十数本集まることになり、そこから雨が漏りやすくなります。それを避ける一つの工夫として、小さい屋根を上に載せます。原始入母屋造というのはその程度のものです。いまの民家の本格的な入母屋造とは違います。

あちらこちらに縄文時代、弥生時代の復元住居をつくっていたり、教科書にも登呂遺跡の住居の写真などが載っていますけれども、厳密には全部推定復元です。屋根の形はまったくわかりません。

土間と床張り　床の組み方についてはわかりません。床は、土間と低い床と高い床があります。大きくは、土間と床張りの建物があるということです。

土間は、地面を叩きしめて使うのと、地面にわらを敷いたり毛皮を敷いたりして使う場合とがあります。

床張りの場合には、一番簡単なのは地面に丸太を転がしてその上に板を置くという「ころばし根《ね》

図11　寄棟造と切妻造の家(奈良県新沢千塚281号墳出土)

図12　原始入母屋造の穴屋(岐阜県炉畑遺跡)

太《だ》」というものです。最近、六世紀末～七世紀中葉のころばし根太が滋賀県穴太《あのう》遺跡でみつかりました。

それから、いまの住居と同じように、ひざの高さぐらいの床をつくります。「低床」という言葉はおかしいのですけれど、低い床をつくります。普通、高床式住居とよんでいますのは、床の下が背の高さほどあります。東大寺の正倉院《しょうそういん》の倉が高床式ですけれども、下へ入りまして手を伸ばしても、ぼくは身長一七〇㌢なのですが届きません。跳び上がって届くぐらい結構高いです。そういう高い床のものとがあります。

板床の住居　低い床の住居はいつからあったのでしょうか。床をつくるというのはやはり飛鳥・奈良時代以降だろう、というふうに漠然と想像されていました。しかし実際には、埴輪《はにわ》の家が現物で出てきましたら、掘立柱建物のはずですし、そして壁をつくっているはずです。そうするとあれには床があるのではないかということが、十分想像されます。ですから埴輪から考えて、古墳時代に床を張ったものがあるということが推察できます。

ところが最近、弥生時代の住居で掘立柱建物群が、一棟や二棟ではなくてずいぶん出てきました。たとえば、鳥取県の青木遺跡では弥生時代中期の一間×五間、二間×五間の掘立柱建物がたくさん出てきました。

普通、弥生時代に掘立柱建物が出てきますと、倉庫であろうといわれていたのですが、もしこの遺構をすべて倉庫だと考えますと、倉庫だけが三〇棟か四〇棟固まっているという異常なことになります。低い床の住居用の建物を考えたほうがよさそうです。

近畿地方の例では、大阪の四ッ池遺跡で住居と考えられる弥生時代の掘立柱建物が出ています。弥生時代から、いまの住居と同じ程度に床を上げた住居様式が出てきているようです。

高床の倉　高床の倉は、銅鐸の絵にもありますし、遺構としては弥生時代の前期からあります。高床の倉というのは、稲作が日本列島へ入ったときに、中国や朝鮮からいっしょに入ってきたようです。

中国北部のほうは乾燥地帯ですから、穀物は大きな穴を掘って蓄えています。中国の南部、揚子江《ようすこう》から南のほうの江南《こうなん》の地域では、高床の建物をつくって蓄えたようです。江南は稲作地帯です。高床の建物は、水稲農耕とセットになって入ってきているようです。

5　住居の変遷

旧石器時代　最後に、簡単に各時代別に整理してみようと思います。

旧石器時代の住居は、洞窟住居であろうといわれていますがそのとおりです。

それ以外の竪穴式住居はどうであったでしょうか。旧石器時代に関しては、竪穴式住居の確実なものはほとんどありません。

そう言いますと、「いや、おれが掘ったものはそうだ」と言う人が、多分一〇人ぐらいいるでしょう。その中でも有名なものとしては、鹿児島県の上場《うえば》遺跡です。直径四、五メートルの範囲が皿のようにくぼんでおり、住居跡ではなかろうかといわれています。そのような感じのものはいくつか例があるのです。しかし、縄文時代以降に出てくるような、はっきりした竪穴式構造のものは、いまのところ旧石器時代では知られていません。

だから、同じ狩猟・漁撈の時代といわれていますけれども、定住の度合いでは、旧石器時代と縄文時代には明らかに差があります。縄文時代に安定して住むようになって、はじめてしっかりした建物をつくるようになったようです。

縄文時代　縄文時代になりますと、柱を四本立てたり、あるいは円形に五本とか六本とか立てたしっかりした竪穴式住居が、日本列島至るところにたくさん例があります。

竪穴式住居の平面形の変遷は、比較的四角い建物が多いのは、早期・前期ぐらいで、中期は円形中心で、後期・晩期になると、また方形建物がふえてきます。

全体の数としましては、全国で何万軒もあると思いますけれども、見つかっている例ではどういうわけか後期・晩期の例が非常に少ないです。

ここ一〇年来、妙なものが出土しかけています。縄文時代中期の例ですけれども、直径が一メートルぐらいある大きな柱穴と思われる土坑《どこう》が方形に配列されて出てくる例がいくつかあります。長野県の阿久《あきゅう》遺跡とか、横浜市の港北ニュータウン内の遺跡にあります。「方形配列土坑群」といいますが、これがもし建物だとしますと非常に巨大なものです。ただし、これは一般的な住居ではなくて、何か宗教的な建造物ではないのでしょうか。屋根をかけた建物であるかどうかもわかりません（さきの「序」で要約して述べましたが、一九九四年〔平成六〕現在では東北日本を中心に縄文高楼は急増しつつあります）。

弥生時代　弥生時代になりますと、住居の形としては、全体としては竪穴式住居と掘立柱建物がありまして、竪穴式住居の形は、丸いのと四角いのと両方あります。

問題は、弥生・水稲農耕というのが中国大陸・朝鮮半島から伝わってきたもので、中国・朝鮮からの人間が新しい技術を携えて移動してきたものであるとすれば、最初に住んだ一世代か二世代は、中国・朝鮮式の家屋を建てたことが十分考えられます。

そうするとどういう建物なのでしょうか。じつはそれがよくわかっていません。まず縄文時代の後期、晩期の日本列島の資料が少なくて、弥生直前の住居の普遍的な形がもうひとつはっきりわからないことと、中国・朝鮮におけるその時期の住居の例も少なくてわからないことがあります。両方ともわからないものですから、残念ですけれども、将来の課題として、これは朝鮮の人たちの村だ、ということがいえる時期が来たらいいなと思います。可能性としては、福岡県諸岡《もろおか》遺跡がその例ではないかと思われます（その後、福岡県今川遺跡などで韓国と同じタイプの住居が見つかり、その分布が注目されています。本書一八九頁)。

古墳時代　古墳時代になりますと、家の形は現代と同じになりまして、方形の建物が主流です。そして竪穴式住居と併存して、埴輪の家に象徴されるような壁を持った現在の民家とあまり変わらない建物が出てきます。

その中で、大王・王といわれるような人が住む家と、一般民衆の家に差があったかどうかですが、これには『古事記』の中で、雄略《ゆうりやく》天皇が(大阪の)志幾《しき》の大県主《あがたぬし》の家に堅魚木《かつおぎ》を上げているのを見つけて、「あれはけしからん、燃やしてしまえ」と言った、という話があります。そういう話からすると、「大王クラスの建物をほかの人間がつくっている、けしからん、燃やしてしまえ」ということですから、建築構造にも階層差があったかもしれません。

ただ、実際に出てくる埴輪を見ていますと鰹木《かつおぎ》を上げる、あるいは千木《ちぎ》を上げている家形埴輪は、日本中王さまだらけになるほどたくさんありまして、どうも文献と合いません。けっこうりっぱな家をつくっている人が多かったのか、あるいは古墳に家形埴輪を並べるときに偉い人のまねをしてつくったのか、どちらかなのでしょうけれども、家形埴輪の例としては、りっぱな構造の家が非常に多い。

飛鳥・奈良時代　飛鳥・奈良時代以降の一つの問題として、掘立柱建物があります。西日本では、七世紀以降になりますと竪穴式住居は非常に少ないです。大阪城の近くの難波宮《なにわのみや》跡から、難波宮がつくられる以前の集落が出ていますけれども、そこでも掘立柱建物です。全体としては、近畿以西は、七世紀の飛鳥時代以降になりますと竪穴式住居はかなり減ってきています。ただし、東日本は竪穴式住居が中心でして、いつ関東の遺跡を訪ねても平安時代の竪穴式住居が大量にみつかっています。

中　世　中世になりますと、ほぼ全国的に竪穴式住居はなくなりまして、掘立柱建物、いまの民家と同じような建物になってきています。屋敷を構え、母屋と付属建物が並び、井戸をもちます。非常に簡単なまとめ方ですけれども、全体の流れとしてこのようになっています。

（原題「日常の住居建築」『古代日本の知恵と技術』大阪書籍、一九八三年）

縄文住居の国際性

縄文の平屋

一九八五年（昭和六十）十月、山形県押出《おんだし》遺跡で見た縄文時代前期（紀元前四〇〇〇年ごろ）の平屋《ひらや》（平地住居）には驚いた。

直径四～六㍍の円周に沿って丸太杭（直径一〇～一五㌢）を約二〇㌢間隔で打ち込んで壁とし、その上に円錐《えんすい》形の屋根をのせたらしい。

従来、縄文時代の住居はすべて穴屋《あなや》（竪穴住居）で、壁のある平屋の存在はまったく予想されていなかった。押出遺跡を見てから全国の縄文住居を見直した。そうすると、縄文時代を通じて押出遺跡と同様の壁柱《かべばしら》をもつ住居が多いことに改めて気がついた。

日本列島の竪穴住居跡発見史の中でも初期に属する埼玉県上福岡遺跡（縄文前期）をはじめ、山形県岡山遺跡（縄文早期）、宮城県今熊野遺跡（縄文前期）、長野県井戸尻遺跡（縄文中期）、

図13　縄文の平屋（山形県押出遺跡）

東京都平尾No.9遺跡（縄文後期）、埼玉県小深作遺跡（縄文晩期）など縄文全期にわたり類例は多い。これらの中には、壁柱だけで屋根を支えるタイプや、主柱で屋根を支え、かつ壁柱をもつタイプなどの差異や、住居の平面形が円形か方形かといった違いはあるが、壁をもつ住居としては同じである。

穴屋と平屋の違いを具体的にイメージしてみよう。穴屋を入り口からのぞくと、中は暗闇で目がなれるまでは何も見えない。長さ一㍍ほどの丸太に刻みをいれた階段で地下の地面に降り立つと、中央部は土間で炉があり、まわりは土壁だ。暗く、静かで暖かく、眠るには最適である。

逆に、平屋は明るい。入り口から、地

面と同じ高さの土間か板間で、背の高さほどの草壁がぐるりとめぐり、ところどころに窓があいていたのだろう。窓の光は、土間で作業をしている人びとの手元を照らす。外からのぞよ風と声はそのまま伝わり、仕事に身が入る。

穴屋は冬の家、平屋は夏の家かもしれないし、穴屋はベッドルーム、平屋はワーキングルームかもしれない。

壁柱をもつ住居は朝鮮半島でも数多く作られている。紀元前三〇〇〇年ごろの咸鏡北道西《かんきようほくどうせい》浦項《ほこう》遺跡（北朝鮮）や無文土器時代（紀元前七世紀〜紀元一世紀）の京畿道玉石里《けいきどうぎよくせきり》遺跡（韓国）などにあり、とくに無文土器時代の住居に顕著である。

中国大陸では、紀元前四五〇〇年ごろの陝西《せんせい》省西安半坡《はんぱ》遺跡で、円形と方形の壁のある穴屋が復元され、浙江《せっこう》省河姆渡《かぼと》遺跡では多量の建築部材から板壁建物の存在が実証されている。

いま、縄文文化の国際色が注目されている。青森県の三足の鼎《かなえ》、山形県の石刀《せきとう》と彩文土器、富山県の玦状《けつじょう》耳飾などの中国系文化の導入と、列島産黒曜石《こくようせき》の朝鮮半島やシベリアへの搬出などがある。

縄文人は決して孤立していなかった。さまざまな交流を通じて新しい文化をとり入れ、発達させていた。そのような動きの中で壁のある住居に住まい、窓もあけていたに違いない。

（原題「縄文の壁」『産経新聞』一九九四年四月二日）

縄文高楼とロングハウス

「方形配列土坑《どこう》群」と呼ばれている縄文時代の奇妙な構造物跡がある。直径一メートル前後の土坑（穴）が二、三メートル間隔で方形か長方形に並んでいる。最初に注目されたのは長野県阿久《あきゅう》遺跡（縄文前期・紀元前四〇〇〇年）で、三×七メートルの長方形の範囲に大きな穴が並んでいたが、何に使われたのかさっぱり分からない。その後、石川県チカモリ遺跡などで注目されたウッドサークル（半截した大木を直径六、七メートルの円形に配列する）の一種で、祭祀にかかわる施設であろうと考えられるようになっていた。

しかし、それは間違いだった。高床建物だったのである。「縄文時代にあるはずがない」という先入観が研究者の素直な観察をくもらせた。

先入観を取り払ったのは、一九八八年（昭和六十三）に富山県桜町遺跡（縄文後期・紀元前二五〇〇年）から出土した一本の柱だ。柱は直径二〇センチ、長さ三メートル以上で長方形の貫孔《ぬきあな》（柱と柱を横につなぐ材を通す孔）が二ヵ所にあり、その上に壁材を通す小孔がある。貫孔の位置から考えて、床下八〇センチ、二階部分九〇センチ、総高三八〇センチの高床建物が復元できる。いまのところ、全国でたった一例の「縄文高楼」の建築部材であるが、同じ場所から角材や板材も出土しており建物があった確実性は高い。

紀元前三〇〇〇年の中国やギリシャ、ローマの都市遺跡を訪ねると、縄文文化はまったく劣るかのように見える。それは現存する構築物の差であって、石の文化と木の文化の差ではないかと、ふと思った。石でつくった家や円形劇場（コロシアム）はいま、眼の前に見ることができるが、木は朽ちはてる。

司馬遷《しばせん》の『史記』によると、漢の武帝は高さ約一四〇メートルの「井幹楼《せいかんろう》」（丸太組みの高楼）を建てたという。弥生時代の奈良県唐古《からこ》・鍵《かぎ》遺跡の土器には漢代の高層建築が描かれており、縄文前〜後期には列島各地に「縄文高楼」がそびえ建っていたのだ。昨年（一九九三年〈平成五〉）注目された栃木県寺野東遺跡（縄文後・晩期）の直径一八〇メートルの巨大な環状土塁に囲まれた「祭場」もローマのコロシアムに共通する施設なのだろうか。一つだけ確かなのは、縄文の木（森）の文化はアジア世界と共鳴している点であろう。

建物による世界の木の文化とのもう一つの共鳴点は、ロングハウスである。栃木県根古谷《ねごや》台《だい》遺跡（縄文前期）や秋田県上山II遺跡（縄文前期）など、中部から東北にかけて長さ二〇〜三〇メートルの長大な建物があり、中には炉がたくさんつくられている。従来、冬季の共同作業場とか若者宿（若者の集会所）などと言われているが、よく似たロングハウスがアメリカ先住民の社会にある。アメリカ先住民の一つ、セネカ・イロクオイ族のロングハウスは、長さ二八メートル余、幅五メートル余あって二四の部屋に仕切られている。各部屋の交点に炉をつくり、各部屋には家族が住み、それぞれ血縁につながっているという。森に生きる人びとの共同住宅として、縄文社会の参考になりそうだ。

（『産経新聞』一九九四年四月十六日）

二　住居《イエ》と集落《ムラ》

1　イエ

住居の流れ　今日現在、日本中で数千軒のイエが発掘調査されているにちがいない。旧石器時代から江戸時代ぐらいまでの数万年の間に、多くの人びとによってつくり続けられたイエの跡である。人は住居《すまい》を求める。くつろぎ、だんらんし、休む。

旧石器時代には、平地に三角テントをかけた仮住い。

縄文・弥生・古墳時代には、地面を皿状に掘りくぼめ、屋根を葺《ふ》きおろす竪穴《たてあな》住居。ただし、弥生・古墳時代には、竪穴住居を主体としながらも、いまのイエと同様の平地式（地表面をそのまま生活面とする住居）や高床式《たかゆか》（柱を立て、地表面より上に床をつくる住居）の住居もつくられている。

そして、奈良時代以降は、竪穴住居もあるが、平地式か高床式住居が主体となっていく。

この住居の流れのなかに、さまざまな工夫がくわえられる。そのいくつかについて実地に見ていこう。

円いイエと四角いイエ　いまの家は四角い。和室でも洋室でも、四角い部屋に四角い家財道具を置いて暮らしている。ところが、縄文時代と弥生時代は円いイエが主流であった。

旧石器時代の終りごろ、いまから二、三万年前、日本の住居は円いイエからはじまった。広島県ガガラ遺跡（旧石器時代の集落跡。平地式住居が六棟余集まっており、いまのところ西日本最大の集落）や大阪府はさみ山遺跡（近畿初の旧石器時代住居。径四・五メートルの範囲を皿状にくぼめ、縁には住居の中心に向って傾斜する丸太をすえる穴が円周に沿ってあいている）梨田地点では、径四・五メートルの範囲を皿状にくぼめ、周囲に屋根の丸太（棰《たるき》）を配列する。つまり、皿の上に円錐形の屋根をかぶせたような簡単なつくりである。

縄文時代に入ると、大地を五〇センチから一メートルほどしっかり掘りこむ竪穴住居が普及する。そして、その後数千年間を通じて、円いイエと四角いイエは消長をくりかえしながら継続する。

弥生時代のはじめに、韓国の円いイエ（松菊里《しょうぎくり》型住居〔韓国忠清南道松菊里遺跡を典型とする円形、二本柱の住居。福岡県今川遺跡などに同型の住居がある〕）が北部九州をはじめ一部の地域に入ってくるが、大きくみれば円・方混在という点で縄文時代と同じである。

ところが古墳時代早期（纏向《まきむく》一式〜三式期〔奈良県桜井市纏向遺跡を標式とする古墳時代早期の土器様式。およそ二世紀末から三世紀後半に及ぶ〕）に入ると様相ががらりと変わる。数千年間続いた円いイエが、日本列島の多くの地域から姿を消し、四角いイエにまとまっていく。いまの住まいの形に、一歩踏み出したのである。

小さなイエと大きなイエ　いま、一戸建でもマンションでも、住居は大小さまざまである。

表1　古代日本の住居の面積構成

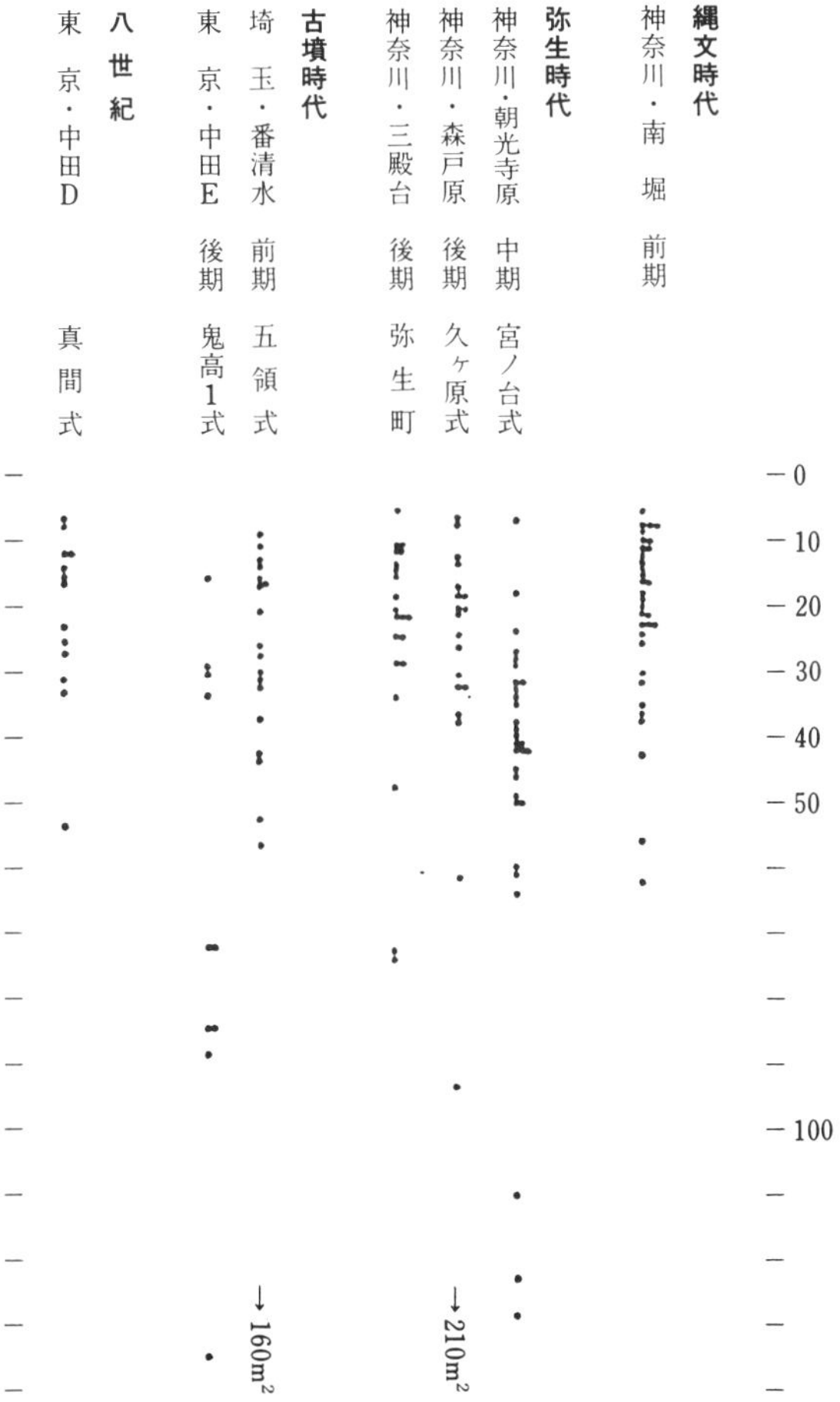

縄文時代から平安時代の竪穴住居で、最も大きいのは約二一〇平方メートルの神奈川県森戸原《もりどはら》遺跡（弥生後期）で、もっとも小さいのは平安時代に各地にある四平方メートル余りのものであろう。大きいのは約一三〇畳、小さいのは二畳余りということになる。

縄文時代後期には青森県近野《ちかの》遺跡のように二〇〇平方メートル前後の大型住居だけが環状に並ぶムラがあり、平安時代には東京都中田《なかた》遺跡E地区のように八〜一八平方メートルの小型住居だけのムラがある。前者は、縄文社会のなかで非日常的であり、後者は平安社会のなかで大型住居に住むべき人が、ムラの外へ出た姿をしめしている。

普通、ムラのなかには大小さまざまのイエがある。

縄文時代前期の神奈川県南堀《みなみぼり》遺跡には、三三軒のイエがあり、大半の二三軒が八〜一八平方メートルの間にあるが、最小は七平方メートルで、最大は六一平方メートルである。いくつかのイエは重複しているので、同時に三十数軒のイエがあったわけではないし、同時に使われていたイエを選び出すことは難しい。それでも、一つのムラで、多くの人びとは八畳のイエに暮らし、一部の偉い人が三〇畳のイエを占拠している、という感じである。

弥生時代のイエの大小差はさらに大きい。弥生後期の神奈川県森戸原遺跡には二〇軒のイエがある。多くの人（八軒）は一二畳ほど（一五〜二二平方メートル）のイエであるが、なかには四〇畳・六〇畳・一三〇畳のイエ（各一軒）に住んでいる人もいる。

ムラのなかで、多くのイエがある大きさの幅のなかに集中し、二、三軒だけがとくに大きいという構成は、神奈川県朝光寺原《ちょうこうじばら》遺跡（弥生中期）や同県三殿台《さんとのだい》遺跡（弥生後期）にあり、弥生ムラの一つのタイプのようである。

古墳時代から七、八世紀になっても、埼玉県番清水《ばんしみず》遺跡（前期）や東京都中田遺跡E地区（後期）のような同タイプのムラがつづく。しかし、全体の傾向としては七世紀以降のムラは、一定の大きさの幅のなかにおさまる例が多くなる。律令の規制がイエの大きさに及ぶのかどうかは、さらに細かな検討が必要であろう。

草壁と板壁　普通、竪穴住居には壁がない、と言われている。それは、壁が立ち上って屋根を支えるいまのイエのような形がない、という意味であるが、かなり早くから壁があるらしいことがわかってきた。

竪穴住居の内側は、土壁状になっている。そこに囲板《かこいいた》や囲柴《かこいしば》（竪穴住居内側の土留め施設。板や柴をあてて杭でとめる）を設けて土留《つちど》めとするのは弥生時代後期の大阪府茄子作《なしづくり》遺跡や神奈川県三殿台遺跡などにあり、その後も継続するが、これは立壁《たちかべ》とは異なる。

立壁を具体的にみることができるのは家形埴輪であり、古墳時代のはじめからある。岡山県女男岩《めおといわ》遺跡の家形器台はもっとも古い例であり、その後継続する。家形埴輪の壁のあらわし方には、横線を入れる板壁、網代風《あじろふう》（薄くけずった竹や葦などで編んだもの）の編壁《あみかべ》、横線に断続的刷毛《はけ》を描く草壁《くさかべ》など

図14　草壁と板壁(長野県秋山郷の民家)

図15　桟　　壁（奈良県纏向遺跡）

がある。

古墳時代前期の壁材らしきものが奈良県纏向遺跡から出土した。家形埴輪の類例としては福井県六呂《ろくろ》瀬《せ》山《やま》一号墳にある程度で確かではないが、幅一・五メートルのなかに径三センチの桟《さん》を三〇本連ねている。

高床式住居は少なくとも弥生時代中期には香川県矢《や》ノ塚《づか》遺跡などに認められるので、住居の立壁はこの段階に成立していたはずであり、今後の確認が期待される。

炉とカマド　屋外炉は旧石器時代からある。地面を浅く掘りくぼめて火を焚く地床炉《じしょうろ》で、静岡県休場《やすみば》遺跡は著名である。一九八五年（昭和六十）に宮城県馬《ば》場《ば》壇《だん》A遺跡の前期旧石器時代と言われている生活面で火《ひ》焚場《たきば》の痕跡が見つかり注目されている。

屋内炉が普及するのは縄文時代前期以降である。埼玉県上福岡《かみふくおか》遺跡M住居では、住居が拡張されるたびに、炉は確実につくりかえられている。

縄文前期の屋内炉は、住居の一方に寄せてつくられているが、縄文中期になると住居中央につくられ、地床炉だけではなくて石囲炉《いしがこいろ》や埋甕炉《うめがめろ》（甕〔深鉢〕を埋めて炉穴とする）などが加わる。このころ、東北南部に二連式の炉＝複式炉がつくられる。一つの炉で煮炊きをし、暖をとり、一つの炉は火種保存用であろうか。調査のときに、炉の中の土を水洗すれば、煮こぼれた食物の一部が出てくるかもしれない。

屋内炉は、弥生時代以降、奈良時代に至るまで継続する。炉の位置は、住居中央と主柱《しゅちゅう》の間の二通りあるが、時期や地域による傾向はとくに認められない。

古墳時代後期になるとカマドが普及するため、屋内炉の役割は軽減し、減少の方向をたどる。

屋内の火焚場が壁ぎわに寄り、粘土などで固定する施設は弥生後期以降に散発的に認められる。兵庫県東溝《ひがしみぞ》遺跡や大阪府観音寺山《かんのんじやま》遺跡に弥生後期の例があるが、これらはカマドの萌芽形態であろう。萌芽的カマドを類カマドと呼べば、類カマドはその後、古墳早期、古墳前・中期と散発的につくられる。カマドが一つのムラの多くのイエにつくられた最初の例は、大阪府新池《しんいけ》遺跡である。新池遺跡は、五世紀後半の丘陵上のムラで、十数棟のイエのほとんどすべてにカマドがとりつけられている。これ以後、近畿の多くのムラにカマドが普及したとは言いがたいが、普及への第一歩であろう。九州でも、五世紀中葉の福岡県塚堂《つかんどう》遺跡がカマド普及の早い例である。

西日本では飛鳥時代以降、東日本ではおそらく平安時代以降、高床式住居が普及するとともにカマドは土間に固定され、やがてカマヤ（炊事棟）として分棟する。

住居内の一定場所にカマドが固定されるということは、屋内の一画が厨房として固定して使用されるようになったことをしめしており、ひいては屋内の利用区分の固定――一室多目的使用から分室目的別使用へと向かうことになる。

ベッドとつい立て　原始・古代の住居にベッドがある、などということは普通には信じられないところが、家形埴輪でベッドが設けられている例が大阪府美園《みその》古墳でみつかった。二間×三間の高床住居で、二階の一隅にそのベッドが置かれている。この建物は、二階の柱にそれぞれ盾《たて》が描かれていて、日常の住居とは異なる神聖な建物である可能性があるため、ベッドの設置を四、五世紀の一般的な傾向ということはできない。それにしても、四、五世紀の大阪の人は、ベッドを知っていたのである。同様の例は、大阪府百舌鳥《もず》古墳群の中の大塚山《おおつかやま》古墳（百舌鳥大塚山、堺大塚山とも呼ばれている全長一六八メートルの五世紀前半の前方後円墳）にある。

竪穴住居にもベッドらしきものがある。北部九州の弥生時代後期に、長方形住居の両短辺を一〇センチあまり高くつくる部分がある。およそ、幅一メートル、長さ二メートルあって、寝ることはできる。竪穴住居のベッドは、弥生前期以降萌芽的にあり、古墳早期になると西日本に普及するが、古墳中期以降は消滅に

図16　高屋と穴屋の「ベッド」

（上 大阪府美園古墳出土家形埴輪　下 福岡県江藤遺跡）

向かう。

屋内に寝所を固定することはありうる現象であるが、それが必要な施設と認められたあとは継続するのが自然であろう。それなのに普及後、間もなく土のベッドが衰退するのは、必要な施設のつくり方が変わったからではないだろうか。たとえば、土のベッドから木のベッドへというように。事実、鳥取県上種《かみたね》第五遺跡（六世紀）では、土のベッドのあるべき部分に杭列《くいれつ》があり、木で構築されたと推定できる例がある。

ただし、これらの施設がベッド（寝台）であるとしても、ただちにベッド二基であれば二人、三基であれば三人のように、短絡的に家族数と結びつけるべきではない。

食べる、語る、寝る、祈る—屋内の利用区分—　住居のなかではさまざまな行動をする。同じ場所で多くの行為をする場合もあるだろうし、行為によって場所を分ける場合もあるだろう。食べる場所も寝る場所も同じイエもあれば、食堂と寝室が別になっているイエもある、という意味である。ただし、引越しのときに使える家財道具を持ち出すのは普通であり、したがって、残された道具の場所から屋内の使い分けを推測するのは難しい。それでも屋内の使い分けを考えようとすれば、使い分けのためにつくられた施設とわずかに残されたものを手がかりに民族例の助けを借りて進める方法がある。たとえば、シリアのベドウィン族のテントでは、男の部屋と女の部屋が別になっていて、家財道具は主として女の部屋に置かれている。この例を借りれば、土器などが固まって出た区域は女の空間と考えることになる。

縄文時代の住居について水野正好《まさよし》氏は、出入口・作業空間・儀式の場・居間などを想定した。これを契機に、民族例を援用しつつ屋内の作業をしたところ、儀式をおこなうところ、あるいは男女の部屋などが復元されるようになったが、考古学資料そのものによる検証が課題である。

端的に屋内区分を識別できるのは、住居床面の踏みしまり範囲である。土間として使われている部分は踏みしまりが強く、板や敷物などの床材が置かれていた部分は踏みしまりが弱い。一般的には、主柱に囲まれた区域は土間《どま》で、主柱と壁の間は床張りか敷物があったらしい。床の柔かい区域は、施設としてベッドがつくられる部分と一致する。ベッドがつくりつけていない住居でも、主柱と壁の間で寝ることが多かったのだろう。

炉辺での食事や語りは、常識的には十分想定できる。しかし、食事のあと食器（土器）を炉辺にそのままにしていることはないだろうし、語りは残らないので、資料としての証明は難しい。

群馬県黒井峯《くろいみね》遺跡（群馬県子持《こもち》村にある六世紀の集落跡。榛名山《はるなさん》の爆発で瞬時に埋没したため、ムラの生活痕跡がよく残されており、日本のポンペイとも呼ばれている）のように、火山噴火のため、瞬時に埋没するという不幸なムラに出会ったとき、屋内の生活の場はそのままであり、幸いにも生活の復元が可能になる。

たとえば、板壁の平地住居では板間と土間があり、土間にはカマドを設け、カマド横には甕《かめ》や甑《こしき》（むし器）などの台所用品がおかれていた。このような黒井峯遺跡の住居内の発掘事実をもとに、他の住居を検討し、区分利用に具体性をもたせることができるだろう。

そこではじめて、考古資料と民族資料のつき合わせが可能になり、屋内での人間の動きが見えてくる。

2 ムラ

縄文―広場をもつムラ― 縄文時代のムラは、中央に広場をもつ馬蹄形集落《ばていけい》（住居が馬の蹄《ひづめ》のような形に並んでいる集落。神奈川南堀遺跡〔前期〕や千葉県堀之内遺跡〔後期〕など南関東に類例が多い）と言われる。中央広場の大きさは、およそ径一〇〇㍍であり、その周囲に、かりに一〇㍍ごとに一軒のイエがあったとすると約三〇軒のムラである。はたしてそうだろうか。

発掘調査によって一つのムラ、たとえば径一〇〇㍍あまりのムラで一〇〇軒をこえる竪穴住居跡がみつかることは比較的多い。それらの住居からはおよそ一つの土器形式の容器類が出てくる。ほぼ同じ時期のムラ、ということになるが、一つの土器形式は縄文時代には一〇〇年あまりの間使い続けられていたという難問がある。つまり、各イエから出てくる土器形式は同じであっても、その存続期間がながいため、それぞれのイエが同時に存在したかどうかはわからない、ということである。

あるムラで一つの土器形式をもつ一〇〇軒のイエがみつかった。一土器形式の継続年数を一〇〇年とし、イエは一世代（約二〇〜二五年）で一回建てかえたとすると、ほぼ同時には二〇〜二五軒のイエがあったことになる。単純な計算だけからでも、一〇〇軒ものイエが広場を囲んで建っていたのではないことがわかる。

本当のところは、同時に立ち並んでいた住居を区別することはきわめて困難である。むしろ、不可能に近い。同時に存在したイエの数もわからずに、集落論を展開するのは無謀である。

そのような資料操作上の限界はあるものの、縄文時代の大型のムラが、イエをつくらない空間（広場）に沿って展開していることは事実であり、一定の規制にもとづいてムラが営まれていたことがわかる。

広場としてのムラ人の共有の場、イエをつくる場、通路、ゴミを捨てる場が、一つのルールとして定められていたのである。

広場をもつムラの古い例は、縄文前期の神奈川県南堀《みなみぼり》遺跡であろう。ここでは三〇×六〇メートルの広場のまわりに、およそ一〇〇年の間に計一四軒のイエ（縄文前期の一時期である黒浜式土器（埼玉県蓮田市の黒浜貝塚を標式とする縄文時代前期の土器）をもつ住居の数）がつくられている。広場をもつムラは、その後数千年間つづくが、縄文時代にはけっしてムラを溝や柵で囲うことはなかった。

弥生—環濠集落— 紀元前四〇〇年、中国・朝鮮から米作りが伝えられたころ、北部九州ではムラを溝で囲うようになった。外敵からの防備である。縄文時代の数千年間になかったことが、なぜ急に

図17　環濠集落の濠（京都府扇谷遺跡）

おこったのか。米は肉などに比べて多量多年貯蔵が可能である。したがって、米づくりとともに富の蓄積が始まり、それとともに、人と人の間に溝によるへだたりができたのだろう。

溝によるへだたりは、他のムラとの隔絶だけではなく、ムラのなかをさらに溝によって区分する方向に向かわせた。

弥生環濠集落の大規模なものは、径五〇〇〜六〇〇メートル（奈良県唐古《からこ》・鍵《かぎ》遺跡）あり、小さいものでも径一〇〇メートルほどある。いま、農村地帯でみる一つの村落に比べても巨大すぎる。いまのムラは、住居とその付属施設の集まりであるが、弥生のムラはそれだけではなかったのだろうか。環濠のなかに、多くみて二〇〜三〇軒のイエがあったとしても、農地や祭場や市などを併設してはじめて弥生環濠集落としての機能をもったのではないだろうか。

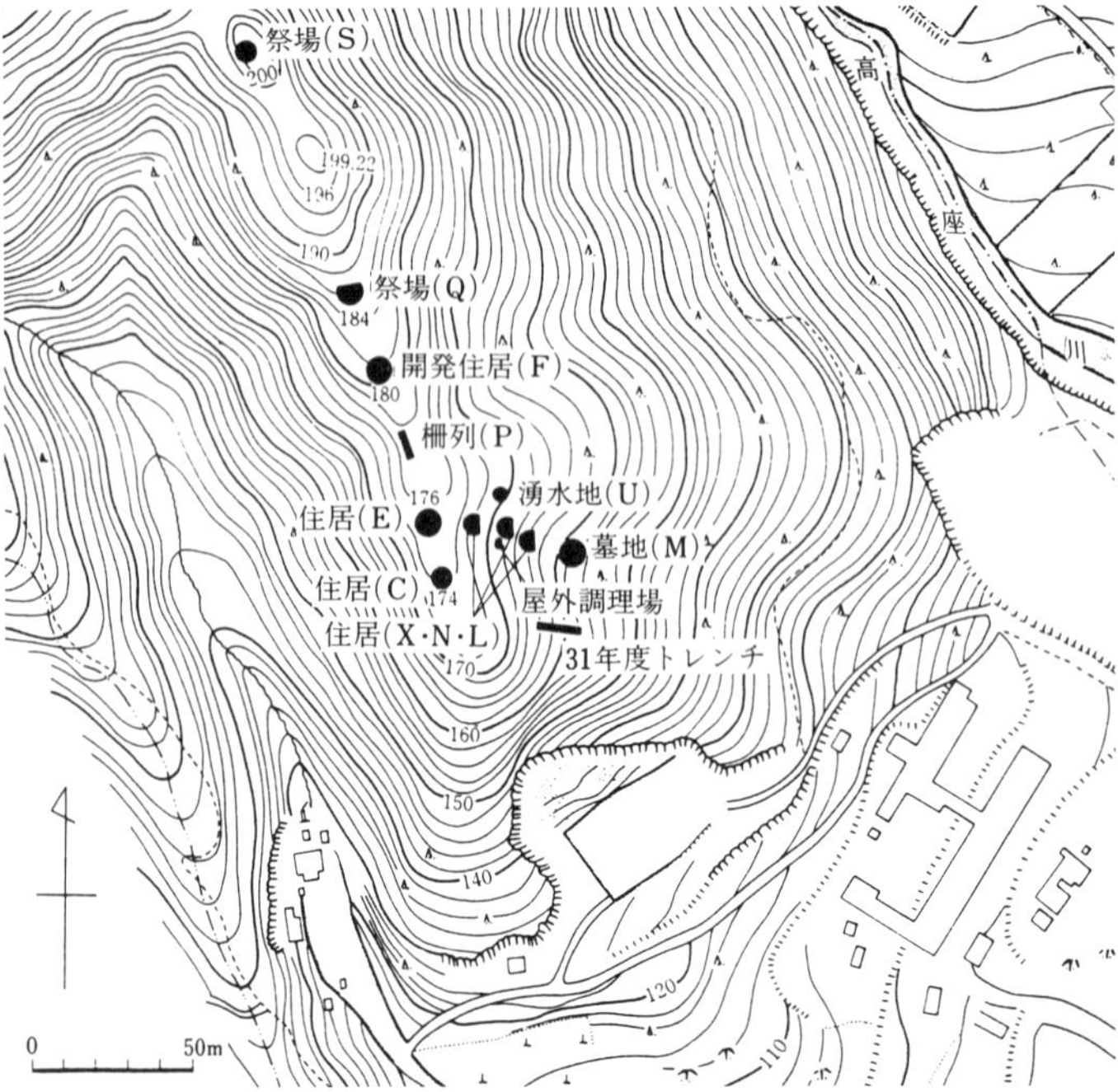

図18　山のムラ（兵庫県会下山遺跡）

弥生―山上のムラ―　弥生中期後半～後期の、大阪湾岸から瀬戸内中部にかけての山上に、点々とムラがつくられる。日常生活を営むには不便な高地のムラ――高地性集落＝高城《たかぎ》の出現である。ムラの一つを紹介しよう。

兵庫県芦屋市会下山《えげのやま》遺跡は、海岸から二キロ、標高二〇〇メートルの尾根上にある、弥生中期後半から後期前半のムラである。弥生後期のムラには六軒のイエと一つの屋外調理場、二つの祭場、一つの墓地がある。尾根のもっとも高い所にあるイエ（F住居）は、もっとも大きく、なかに大きな炉をつくり、銅鏃《どうぞく》・ガラス小玉・磨製石鏃などをもっている。イエの背後には祭場を設け、前面は柵で区切っている。他のイエとは多くの点でかけはなれており、おそらく会下山ムラの長《おさ》のイエであろう。

他のイエは、長のイエの下のほうに点在し、屋内に炉をもたない。それを補うのが共同調理場であろう。調理場は山腹をカットして約一×二メートルの平坦面をつくり、そこで火を焚く。

二つの祭場のうちの一つ（Q祭場）は、ムラ長の住居のすぐうしろにある。F住居の前には柵があり、住居がせまい尾根いっぱいにつくられているという立地からみて、ムラの人びとがQ祭場に行くためには、ムラ長の諒解が必要だったであろう。Q祭場には二つの施設がある。一つは四本柱（一辺一・五×二メートル）の小屋で、接して多くの壺・甕《かめ》・高坏《たかつき》・鉢などの土器と一個の球形土製品を置いている。もう一つは石組で、人頭大から人腰大ぐらいの石を約一・五メートルの大きさに組む。石組の中央には径二〇×三〇センチ、深さ三〇センチの穴があり、なかに三つの自然石が入っていた。穴の上には蓋石《ふたいし》をのせ、石組の付近から男性と女性の性器をかたどる石製品が出土している。以前には、石組から沖縄のウタキ（御嶽）信仰（沖縄では聖林はウタキと呼ばれている。村ごとにウタキがあり、村を保護し、支配する神が住むという）との関連を考えたが証明は難しい。小屋を中心とする食物供献や神との共食儀礼があるらしいこと、石組内の〝三ッ石〟に象徴されるような〝物実《ものしろ》〟（崇神紀十年九月条に武埴安彦《たけはにやすひこ》の妻の吾田媛《あたひめ》が倭の香山〔香具山〕の土を取って、「是、倭国の物実」と称して乱をおこしたという故事による）の秘匿《ひとく》行為と縄文時代以来の性器崇拝の残影があるらしいことなどが想定されるがあきらかでない。

Q祭場からさらに八〇メートル余り尾根をのぼった山頂付近にS祭場がある。径六メートルの皿状のくぼみのなかには、あまり有機質を含まない（黒色味を帯びない）土砂が堆積しており、そのなかに高坏を中心とする土器類が置かれていた。神への食物供献を想定しうる。Q祭場とS祭場は、会下山ムラにおける二つの段階の祭祀がおこなわれていたことをしめし、いずれもムラ長自身が司祭者であることを考えさせる。

墓地はムラのもっとも低い山腹にあり、ガラス小玉を副える土器棺墓（日常使用の土器を転用して棺とした墓。縄文時代以降、各時代にある）や土壙墓《どこうぼ》（身体と同じくらいの大きさの穴を掘って墓とする。各時代、各地域にある）がある。

高城は、軍事的集落と考えられるが、ムラのなかでの生活は以上のように日常的である。山上で日常的生活をおこないながら、戦いに備えた。

豪族居館　一九八一年（昭和五十六）、群馬県三《み》ッ寺《でら》遺跡で五世紀後半の居館跡が調査されてから古墳時代の豪族居館が注目されるようになった。

都出比呂志《つでひろし》氏は、弥生時代には環濠内に一般民とともにあった長が、古墳時代には環濠から出て、居館を構えたという。

古墳前期には一つの古墳に家形埴輪群が配置されていて、少なくとも前方後円墳の被葬者は、高床住居といくつかの付属建物からなる屋敷を構えたであろうことは類推しうる。静岡県小深田《こふかだ》遺跡の竪穴住居と高倉（高床式の倉庫）と井戸を囲む方形環濠は、初源的な屋敷の一つの類型であろう。また、大分県小《お》迫《さこ》辻《つじ》原《ばる》遺跡の幅二・五～三メートルの溝に囲まれた一辺四〇メートル余りの屋敷と高床式建物跡は、四世紀の豪族居館の一つの姿である。

栃木県成沢《なるさわ》遺跡や群馬県梅ノ木遺跡の古墳前期（五領式期〔埼玉県東松山市五領遺跡を標式とする関東の古墳時代前期の土器〕）や古墳中期の方形環濠内の竪穴住居群は、一つの豪族による屋敷地の占有とは言いがたい。関東で弥生後期に盛行する環濠集落の一つの発展型であって、豪族居館とは分けて考えるべきである。

五世紀後半、ワカタケル大王（雄略天皇）の段階になって、豪族居館は整備されるようである。一辺五〇～一〇〇メートルの方形、あるいは長方形の範囲を溝で区画し、なかに高床式住居や高倉を配置する。屋敷のなかをさらに柵で二分し、一方に大型建物、他方に小型建物を配置したり（群馬県三ッ寺Ⅰ遺跡）、屋敷の一画に高倉を十数棟整然と配置する（大阪府法円坂《ほうえんざか》遺跡）など、屋敷内も計画性をもった建物配置がおこなわれるようになった。計画的建物配置の先駆は、群馬県赤堀茶臼山《あかぼりちゃうすやま》古墳の家形埴輪の配置復元案から五世紀前半にさかのぼるかのようであるが、復元案のことであり、いまのところ根拠に乏しい。

六世紀の豪族居館は、五世紀後半の傾向が進展するとともに、屋敷の階層化が進んでいるように思われる。神戸市松野遺跡のように、一辺約五〇メートルの範囲を柵で囲むが、とくに顕著な環濠をもたず、なかに二、三棟の高床式建物をもつものや、奈良県醍醐《だいご》遺跡のように一辺五〇×七〇メートルの柵列《さくれつ》による長方形区画内に八棟以上の高床式建物を配置する例などがある。遺構としての類例は不十分であるが、おそらく七世紀の宮殿の建物配置の形態が、この段階には萌芽しているように思われる。

荘園のムラ　奈良時代の近畿では、一辺二〇メートルほどの屋敷のなかに、主屋・副屋と納屋などの付属建物をもつ民家が二〇〜三〇メートルおきに四、五軒つくられる姿が一般的農村の一つのようだ（大阪府宮ノ前遺跡）。東国では、東京都中田遺跡をはじめ、竪穴住居四、五棟からなるムラが一般的であり、広い範囲にみられる。

平安時代になると、東西日本とも様相が若干異なってくる。

一つは、一辺二〇〜三〇メートルの屋敷のなかに主屋・副屋と倉と井戸を設け、生活が完結できる屋敷構成をとる（大阪府郡家《ぐんげ》今城《いましろ》遺跡）。これは、奈良時代以来の農家の発展型で、現代の農家とも共通する。

他は、十一、十二世紀に再び出現する環濠をもつ屋敷である。福岡県波多江《はたえ》遺跡では、一辺六〇メートル四方の環濠の南辺中央に出入口があり、屋敷内の東側は主屋・副屋など大型建物からなる公的空間とし、西側は小型建物による私的空間と考えられている。平安時代後期の三重県平生《ひらお》遺跡では、四〇〜五〇メートルの範囲を柵で囲み、なかに大小の高床式建物群がある。

十三世紀になると、環濠を連ねて屋敷を連結する形態があらわれる。十三世紀中葉の大阪府和気《わけ》遺跡では、大型建物一棟をもつ区画と、複数の建物をもつ区画が連接している。同形態の連接する屋敷は京都府城之内遺跡や和歌山県西庄《にししょう》遺跡にも認められる。

荘園開発にともなう東国のムラの一例として、長野県三間沢《みまざわ》川左岸遺跡の例をみてみよう。三間沢川左岸遺跡には、発掘調査された約七五〇〇平方㍍の範囲内に、九世紀中葉から十世紀中葉の約一〇〇年間の間に営まれた総数一三〇棟の竪穴住居と高床式住居などが検出されている。興味深いのは、竪穴住居群はすべてほぼ同一方位に配列されており、溝によって区画されていること、中央

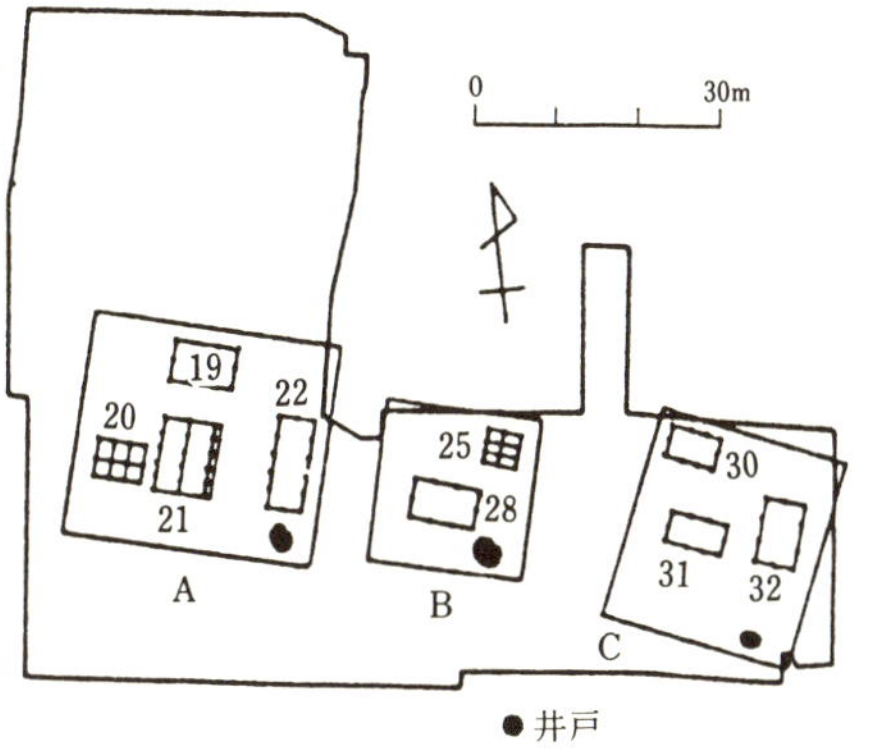

大阪・郡家今城（東）〔8～9世紀〕

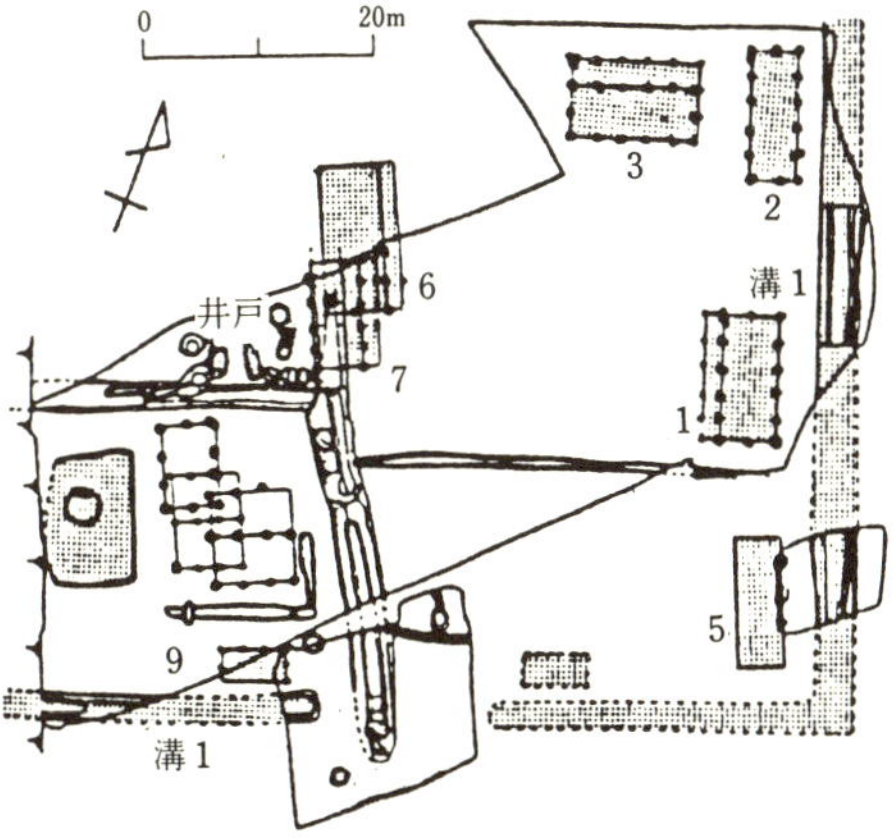

福岡・波多江〔平安時代〕

図19　平安時代の屋敷

の大型住居一棟を中心に、東西にそれぞれ性格の異なる住居群を配置すること、銅印・銅鋺《どうわん》・銙帯《かたい》金具（銙帯とは革帯の一種で、革帯の両端につける主として金銅製の鉸具と鉈尾《だび》、その間に固着する方形や半円形の銙の総称である。古墳時代後期のものを帯金具とよぶことがある）など顕著な遺物を含むこと、などである。

この集落は、東国における荘園開発のために計画的につくられたムラであり、開発領主から派遣された公人もまたともに居住していたのではないだろうか。各地における計画的集落の一つの基準となるものであろう。

休み、寝る場は、動物は等しく求める。ヒトは、それを住居として固定する。住居の形や大きさ、部屋のなかの使い方は、土地の風土や社会の発展段階と対応する。一つのムラ、一つの地域ごとに、住居と集落の実態を整理したうえで、広い地域との比較検討をすべきだろう。

（『考古学　その見方と解釈』下、筑摩書房、一九九三年）

焼けおちた住居

一九七七年（昭和五十二）一月十七日夜半、大阪府和泉市で一棟の竪穴住居が全焼した。寺沢薫さん（橿原考古学研究所）はさっそく現場検証を行ない、付近住民から火災状況を聞きこみした（「火災住居覚書―大阪府観音寺山復元住居の火災によせて―」『青陵』四〇、一九七九年）。

むかしの村を発掘すると、ときどき焼けおちた住居《すまい》に出会う。付近の住民はすでになく、聞きこみもできない。なぜ焼けたのか？　失火か放火か？　火のまわりは早かったのか？　人びとは無事か？　家財道具は持ち出せたのか？　…。

いま、考古学者は埋もれた火災住居の発掘を通して、改めて現場検証する。そのためにも、現代の竪穴住居の不幸な火災は、めったにできない実験考古学の資料となった。

火事は突然おきる。台所の火の不始末もあれば、敵の襲撃もある。命からがら逃げ出して、家財道具も食料も持ち出せない。このような住居に出会うと私たちは〝残りがいい〟と言う。その時、使っていた日常容器（土器など）の種類や数、食べもの、黒こげになった柱や屋根

図20　焼けおちた住居（大阪府観音寺山遺跡復元住居）

など、すべてがパックされていまに伝わる。数千年前の不幸なできごとが、歴史をよみがえらせる。

他方、火事になることをあらかじめ知っていた時もあったらしい。数キロおきに設置した〝のろし台〟によって敵の来襲を知り、大事なものや女・子供は避難させたとか、死者が出たので家財道具などを持ち出して住居に火を放ったとか、これらの場合には同じ火災住居でも中には何もない（石野博信『日本原始・古代住居の研究』三〇三頁、吉川弘文館、一九九〇年）。

つぎに、いくつかの〝現場検証〟の実例を紹介しよう。

岡山県領家《りょうけ》三一号住居跡　これは弥生時代後期（Ｖ期）の円形住居（径約八メートル）で、

四本の主柱と二本の棟持柱《むなもちばしら》がある（『中国縦貫自動車道建設に伴う発掘調査』五、二六六頁、岡山県教育委員会、一九七五年）。驚いたことに、根もとだけではあるが棟持柱は立ったまま焼け残っており、断面を見ると割木《わりぎ》である。他の主柱は丸太材で、中には芯は焼けなかったために腐ってしまい、焼けた外側が輪のように、言いかえれば炭化した丸太の管がころがっていた。四本の柱で囲まれた部屋の中央部には、壺《つぼ》・高坏《たかつき》・台付椀《わん》などの容器が各一点と石斧《せきふ》や穂積具《ほづみぐ》などの道具類があった。

この住居の驚きは、屋根材や壁材の下の壁ぎわから約一八斗（四俵半）の炭化したコメが出てきたことである。仮りに五人家族とし、一人一日平均五合（茶椀一〇杯分ぐらい）のゴハンを食べるとすると、

一日　五人×五合＝二・五升

となり、一八斗を二・五升で割ると、

一八〇升÷二・五升＝七二

で、コメだけで二ヵ月半の食料が用意されていたことになる。

仮定の数字は別にしても、一軒の住居に一八斗ものコメが貯えられていたことは事実であり、村内の食料の管理や消費のあり方を考えさせる。

大阪府芝谷一二号住居跡　これは弥生時代後期（Ⅴ期）初頭の円形住居（径約七・五メートル）で四

本の主柱がある（『芝谷遺跡発掘調査報告』高槻市教育委員会、一九七三年）。

「竪穴内壁に焼けた板材が立ち、床面にその上辺とみられる部分が横たわっていたから、本来竪穴式住居の内壁に板壁がめぐっていたことがわかった」（前掲五頁）。竪穴住居の周壁に板を立て並べ板壁にする場合があることは、単発的に見出される各地の火災住居の壁材から推測されていたが、それが竪穴の土壁部分をこえて屋根にとりつくほどの高さの板壁を事実に基づいて想定した最初であろう。

さらに、住居内の一隅には壺・甕・高坏などの土器が三〇個ほどかためて置かれていた。その上、壺の中にはコメ・アワ・ヒエ？の穀類が、それぞれ別々に入れてあった。このような穀類の貯え方は、芝谷遺跡では、ほか二軒にある。

同じ弥生後期でも、領家三一号住居のコメの多量貯蔵と芝谷一二号住居などの各種穀類の少量貯蔵のちがいがあるようだ。

茨城県武田五号住居跡　これは、弥生時代後期（Ⅴ期―十王台式期）の方形住居（六・七×六・二メートル）で四本の主柱がある（鈴木素行『武田Ⅱ』勝田市文化振興公社、一九八九年）。鈴木さんは住居内の炭化材を克明に検討され、角材（割木材か）と丸材と板材があることをつきとめた。角材（コナラ）は意外にも屋根の骨組である垂木《たるき》に多いこと、丸材（コナラ）は全体として少なく、板材（モミ）は柵に使われていたらしいこと、屋根にはススキ（あるいはオギ）が葺かれていたこと、を指摘された。いままで十分な検討をしないまま、〝垂木は丸太〟ときめていたのは間違いかもしれない。

焼けおちた住居は、歴史の瞬間をパックしている。ある日の生活の場がていねいな現場検証によってよみがえる。

不思議なのは、弥生時代の戦いに備えた村と言われている高地性集落に、焼けた住居が少ないことである。平地の村は焼き払われることがあっても、防備をかためた高地の村は安全だったのだろうか。戦争はそれほど単純ではないだろうに。

（大阪府立弥生文化博物館展示解説、一九九〇年）

三　イエとムラのしくみ

1　火山で埋もれたムラ

「黒井峯ムラ」の見学　いまから一四〇〇年ほど前、群馬県の榛名山二ツ岳《はるなさんふただけ》が大噴火し、近くの「黒井峯《くろいみね》ムラ」は全滅した。いま、群馬県北群馬郡子持《こもち》村教育委員会によって「悲劇のムラ」の発掘調査が進められており、「日本のポンペイ」として脚光を集めている。

イタリアのポンペイは、一九〇〇年ほど前にヴェスヴィオス火山の噴火によって、もだえ苦しむ人びとともに地下に密封されてしまった。ここ二〇〇年来、いまもつづけられている発掘調査によって町並みはよみがえり、八百屋・果物屋・パン屋・洗濯屋など、商店や個人住宅の暮らしぶりまで復元されて、世界の人びとをひきよせている。

日本のポンペイ――「黒井峯ムラ」は、調査がはじまったばかりである。調査を担当している石井克己《かつみ》氏（子持村教育委員会）の案内で六世紀後半のムラの暮らしを垣間みることからはじめよう（石井克

己「群馬県黒井峯遺跡」『日本考古学年報』三八、日本考古学協会、一九八七年）。

ＪＲ上越線の渋川《しぶかわ》駅で降り、車で子持村に向かう。利根川の支流、吾妻《あがつま》川を渡る手前で車を降りる。眼前の川に面した大地にムラが埋もれているのだと教えられる。再び車で、一気に台地にかけ上る。台地上は広々とした畠で、そのなかにポツンと小さな発掘事務所がある。風が強い。〝かかあ天下とからっ風〟の風土の味は、とびこんできた砂粒をかみしめて味わう。群馬県では、発掘調査の風休みがあるのだという。年に何回かすごく風が吹くと、砂ぼこりが舞い、眼もあけられなければ測量器材も風で飛ぶという。そういえば、北陸の砂丘上の遺跡を訪れたとき、強い風でまわりの砂が飛び、柱穴内の黒土が棒のように立っているのがなんとも印象的だった。人びとの必死の生活を感じる。

事務所のすぐ前が調査区で、ムラの一画がちらりと見える。はやる気持をおさえてまわりの山野を見る。うしろに子持山が控え、前方に榛名山が見える。「あの山から火山灰や火山礫《れき》が一時間も降りそそいだのか」という実感が湧く。

ムラの中に立つ　足もとには小道があり、横には竪穴住居、やや離れて平地住居と祭場《さいじょう》、そして畠がある。石井さんの話をきこう。

「（火山礫である）軽石が古墳時代の生活面の上に一・五～二《メートル》ほど積もっています。ですから、軽石をとると噴火でやられたときの姿がそのまま現れるのです」

「建物も建ったままですか」

「そうです。軽石の途中の面でみますと、木は腐っていますが、柱や壁の部分が黒くなって残っています。この丸いのが柱で、細くて長いのが壁板です。壁板が長方形にありますが、そのなかに黒い帯のようなものが何本かあるでしょう」

「ええ、これはなんですか」

「屋根です。屋根が火山礫につぶされて落ちこんでいるのです。これはいまの家と同じような平地住居ですが、屋根の形は寄棟《よせむね》のようです。壁は板壁と草壁と両方あります」

「家の中に家財道具は残っていますか」

「掘り終った板壁の平地住居の一つでは、土間と、丸太を何本も置いて（転ばし根太《ねだ》）上に板を張って床にした部分とがありまして、土間にはカマドがつくられています。カマドの横には土師器《はじき》の甕《かめ》が六個置かれており、まわりには甑《こしき》（むし器）と甕がありました。ところが草壁の家には坏《つき》（皿）が一個あるだけですので、住居ではなく小屋かもしれません」

「木の箱とかスキ・クワといった道具類はどうですか」

「ありません。火山礫は一時間ぐらい降っていたようですが、一時とだえたときに大事なものは持ち出したのかもしれません」

竪穴住居とムラの道　「これは竪穴住居ですが、ドーナツ状に陥没しています。竪穴のまわりには幅二、三メートル《メートル》、高さ三〇～五〇センチ《センチ》の土堤《どてい》（周堤帯）がめぐっています」

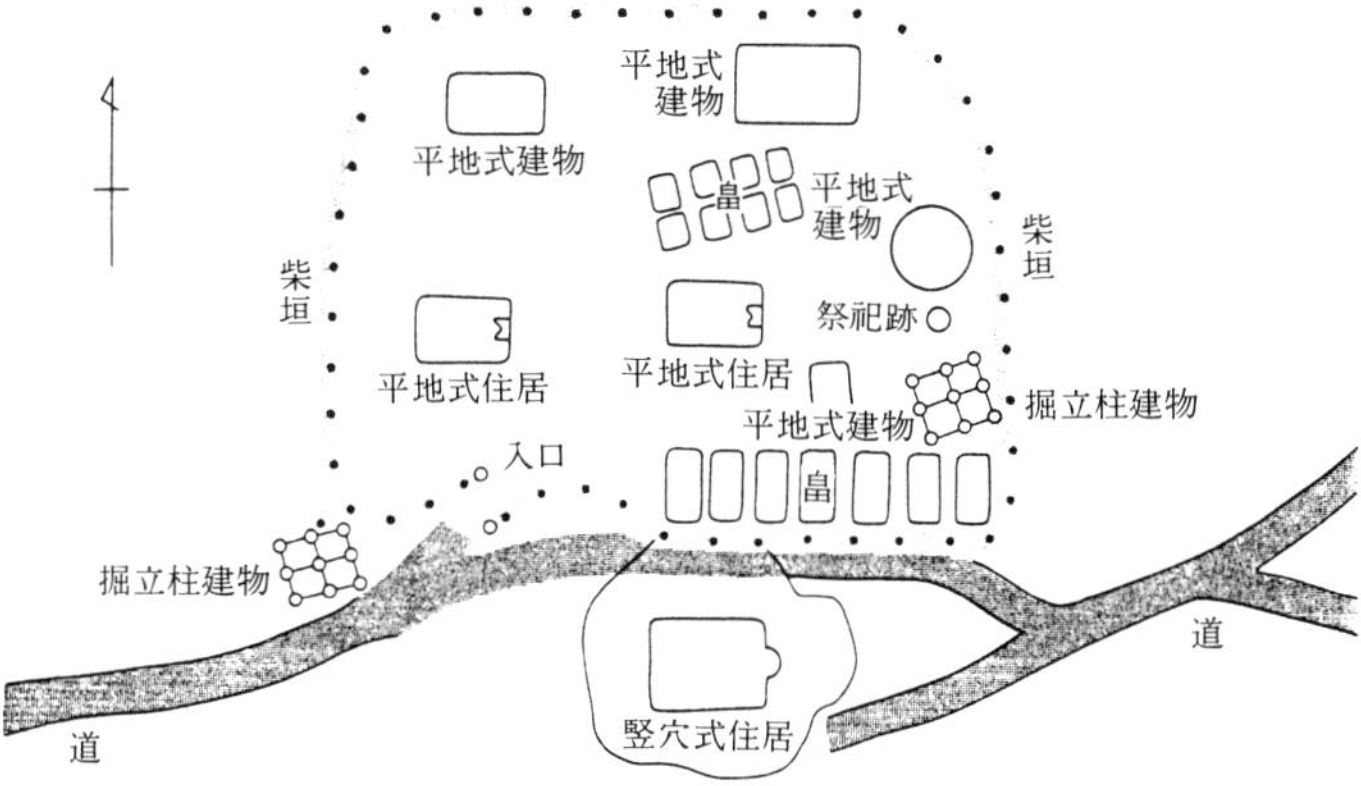

図21　群馬県黒井峯遺跡１単位の模式図

「土堤の幅が広いですね。屋根は土堤の上に葺《ふ》きおろすのですか」

「いいえ、竪穴の壁ぎわに細い柱をたくさん立てて（小ピット列）壁をつくり、屋根を支えたようです」

「そうすると、登呂《とろ》遺跡をはじめ各地に復元されているような、地面に屋根を葺きおろす構造ではなく、立壁を持った竪穴住居が証明されたわけですね」

「そうです。出入口には梯子《はしご》がかけられていまして、竪穴の土壁の部分は植物を網代《あじろ》に編んだもので覆っていたようです。それに、屋根の上には土を置いています」

「いままで想像されていたことが現実に眼で見られるんですね。家の中のものはどうですか」

「竪穴住居の場合は、ものがほとんどありません。土師器のお椀《わん》が少しあるだけです。持ち出したのでしょうか」

「ムラの中の祭場もいままでほとんどわかっていませんが」

「ええ、ここが祭場です。四×五メートルほどの四角い土壇《どだん》をつくりまして、入口が北にあります。土壇の上に土師器と須恵器《すえき》の坏や甕が二〇〇個余り重ねて置いてありました。土壇の上には木が生えていました（根元の穴確認）。木を中心にまつりをしたと思います」

「聖なる木でしょうか。最近、五、六世紀で祭祀具をともなう土壇が三重県松阪《まつざか》市草野遺跡などで知られてきましたが、何のまつりをしたのでしょう」

「それはわかりません。もう一つ、径二メートルのドーナツ状の土壇にも木が生えていまして、根元に土師器の坏や甕と臼玉《うすだま》が置かれ、土がかぶせてありました」

「古墳時代の道の発掘例もほとんどありませんが、やっぱり道路面はずいぶん硬いですね」

「そうです。道は狭いほうで幅三〇センチ、広いほうで幅八〇センチです。住居と住居、住居と畠、住居と祭場などを結んでいます。道をたどっていきますと、噴火直前に使われていた家や小屋、畠などがわかります」

「さきほど見せていただいた図面には、発掘していないところにも住居などが書いてありましたが」

「あれは台地上を約八万平方メートルにわたって地下レーダー探査して書き出したものです。軽石層の下に約一一〇ヵ所の住居などがあることがわかりました。黒井峯の建物群は、竪穴住居と平地建物が組になり、住居の前に広い作業場が、その横に小さな畠があるという仕組で、一五〇〇〜二〇〇〇平方メートルの区域が一つの単位のようです」

「まるでいまの農家の母屋と納屋と屋敷畠の感じですね。板壁の平地建物でカマドをもつものがありましたが、残されていた土器が煮炊き用の甕と甑だけで食器（坏など）がない点からしますと、もしかしたら調理場（釜屋）かもしれませんね。あるいは、六世紀後半に屋敷内に作業人用の小屋があるのでしょうか」

黒井峯遺跡のように火山礫で覆われた集落はこれから現れるかもしれない。一瞬の不幸な出来事は一瞬であるがゆえに、われわれに、ある時の生活そのものを見せてくれる。

2　墓地からさぐる家族

住居内の人骨　縄文時代中期の竪穴住居の床面に、いくつかの遺体が折り重なるようにして出てくる場合がある。ある日突然、不慮の事故で一家全滅したものだろうか。事故の原因として、地震や食中毒があげられている。もし、事故によって不幸にも一家全員が死亡したのであるとすれば、まったく不明な縄文時代の家族構成がわかることになる。

千葉県市川市姥山《うばやま》貝塚のB区接続溝第一号住居跡の中に五体の人骨を残されていた。一九二六年（大正十五）の東京大学による調査以来、五体の人骨は成人男性二、成人女性二、小児一と鑑定されているが、家族構成を知るためには、もっと年齢を限定しなければならない。この研究と家族復元については、春成秀爾《はるなりひでじ》氏がほかで詳述しているので、それに譲る。

春成氏はさらに、縄文時代の竪穴住居から出てくるいくつかの人骨の例をもとにして複婚制《ふくこんせい》を復元した。複婚制とは、一人の夫が二人以上の妻をもつ一夫多妻制、あるいは一妻多夫制というようなものであり、縄文時代に存在したという考え方である。そのような考え方に立つと、姥山B一号住居の場合も、一人の女性が二人の夫をもっていたと考えるとつじつまが合う。ほかの例としては千葉市加《か》曽《そ》利《り》貝塚II―二九号住居跡に残された四体の人骨の例がある。竪穴住居の中に熟年の女性二人と成人の男性一人の遺体があり、ほかは性別不明の子供の遺体であった。この場合は一人の男性が二人の妻をもっていたと考えることができる。ここでは六号の女性が膝をほとんど胸に接するほど曲げており、そして左手では頭をかかえるようにしていた。七号の女性も上半身は上に向け、さらに頭を極端に曲げ、そして口は大きく開いてゆがめられていた。さらに指は鷹の爪のように折り曲げられていたという。八号の男性も左を下にして横になる形で発見されたが、顔は右を向いており、両手は上にあげて顔をおおっていた。それぞれの遺体の姿は、非常に苦しんだ状態を表していて、一つの家の中にいた人たちが何かの事情によって急に死に直面し、苦しみながら死んでいった姿を表しているように思われる。そのような点から、この四人の人は一軒の家に住んでいたのであり、縄文時代の家族の一つの姿を表すものと考えてよい。

方形周溝墓からさぐる　縄文時代の竪穴住居の人骨から家族構成を垣間見たが、弥生時代や古墳時代についてはほとんど人の姿がない。住居の中に残されている遺体がない。そういうなかで、わずかに弥生時代や古墳時代の家族が考えられる資料は墓にある。たとえば大阪府の瓜生堂《うりゅうどう》遺跡の場合、木棺に納められた六人の大人と、土器に納められた五人の子供が一つの方形周溝墓の中に葬られている。あるいは同じ大阪の加美《かみ》遺跡では、大きな方形周溝墓《ほうけいしゅうこうぼ》の中に二〇体余りが埋葬されていた（弥生中期）。瓜生堂遺跡の場合でも一体しか埋葬していない墓もあるが、もしたくさんの人びとが埋葬されている方形周溝墓が、弥生時代の一つの家族を表すものとすると、かなりの人が竪穴住居に住んでいたことになる。

弥生中期北部九州の二つの墓地　弥生時代の墓地の例を、もう少し詳しくみていこう（間壁葭子《まかべよしこ》「原始・古代にみる性差と墓制」『母性を問う』人文書院）。佐賀県三養基《みやき》郡上峰《かみみね》村ほかの二塚山《ふたつかやま》遺跡の弥生中期の例の場合、墓域全体には甕棺が一五九基、土壙《どこう》墓が八九基、箱式棺が六基あって、全体は東と西の二つの区域に大きく分かれ、東側がさらに南北に分かれている。それぞれ、大小さまざまの一二のブロックに分けて考えることができる。そのうちの埋葬例の多い一群と一〇群を例に上げて説明しよう。一群の一番古い段階には、四人の男性と一人の女性と子供が一人あって成人男性が多い。同じ一群が、つぎの中ごろの段階になると、成人男性が五人で女性が一人、子供が一人とほぼ同じ傾向がつづいているが、新しい段階になると男性が一人と女性が二人、子供が一人という状態に変わっている。同じように一〇群の古い段階をみると、男性が七人と子供が一〇人で、まるで大人の男と子供だけの墓地

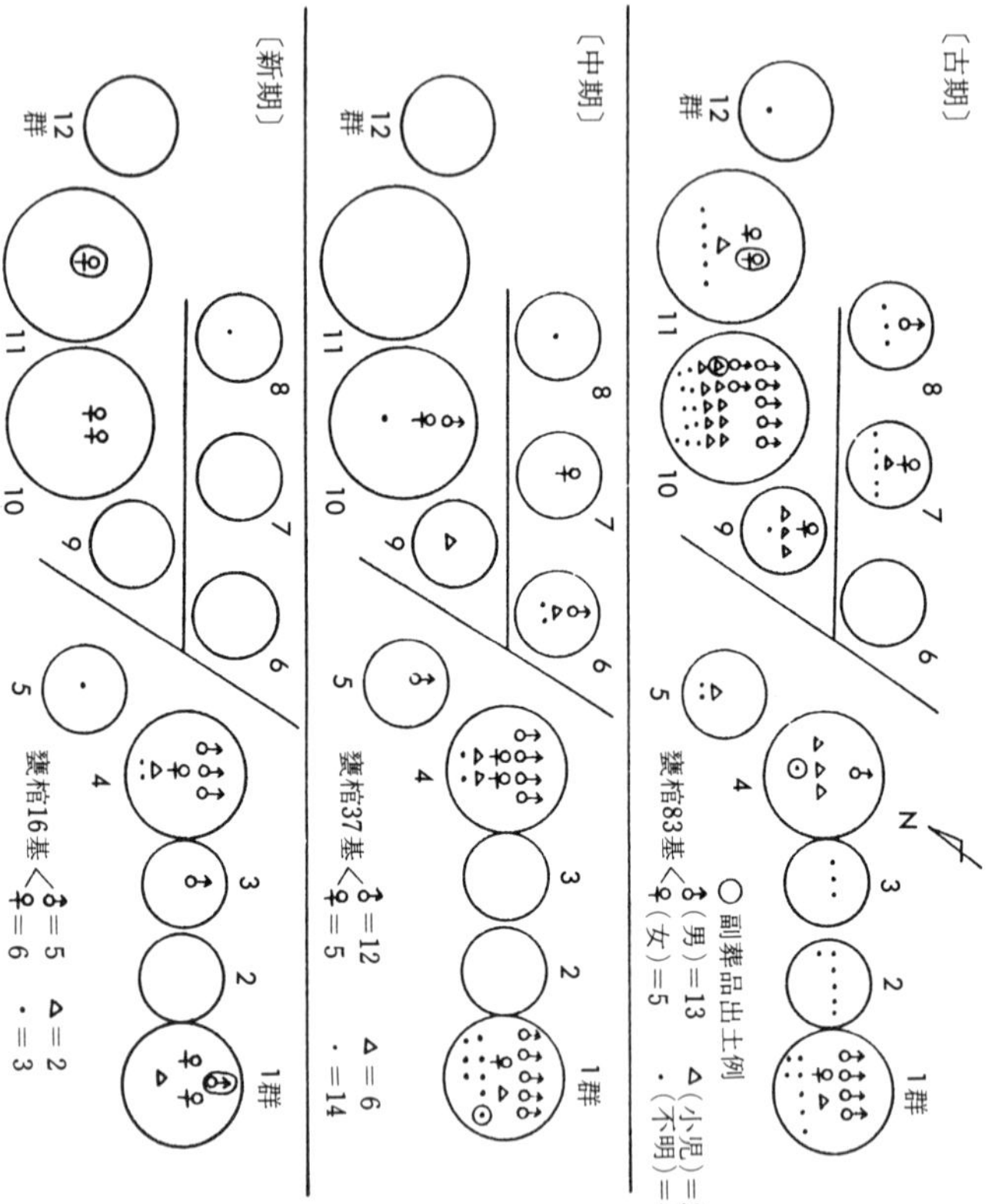

図22 甕棺出土人骨模式図(佐賀県二塚山遺跡)

のようにみえる。この一〇群は、中ごろの時期になると成人男性一人と成人女性一人になり、新しい段階には成人女性二人になっていく。

つぎに福井県筑紫野《ちくしの》市の永岡《ながおか》遺跡の場合は、甕棺五三基のうち子供が二七基で、大人は男八基に対し女一四基である。永岡の場合には二塚山とちがって女性が多い。こういう例からみると、九州の弥生中期の社会の中の家族がどういう構成であったかという、家族の復元は簡単ではない。つまり、九州でも近畿でも住居跡はたくさん見つかっているが、そのなかにどのような人びとが住んでいたのかを、すまいそのものから復元することはできないし、それを墓地に残された遺体から復元することもむずかしいということである。

男性優位が広まる古墳時代　古墳から出る人骨について間壁葭子氏の整理によると、古墳時代前期・中期の中心主体に葬られているのは、男性が圧倒的に多いという。一部、従属的な形で女性が見られる。同じ時期の箱形石棺の例では、集成された二八例のうち一三例が男性主体であり、男女同じ数に葬る例が一一例ある。女性主体は四例であったという。このことは箱式石棺という、より下層の社会のなかにも男性優位の傾向が広まっていたことをしめすものと分析されている。

古墳時代後期には、全国的に横穴式石室が作られ、家族墓が普及したといわれる。しかし、横穴式石室のなかの埋葬例はさまざまである。たとえば大阪府大藪《おおやぶ》古墳の場合、横穴式石室の中に組み合わせ石棺が二つあり、そのうち大きな棺には老人男性一人と壮年の女性一人が埋葬されていた。小さな棺には老人男性一人、壮年の男性一人、熟年の女性一人、壮年の男性一人と子供が納められていた。なお、羨道《せんどう》部分にも成人男性二人と女性三人が埋葬されていた。そのほかの例では、たとえば六世紀の和歌山市東国山《とうごくやま》一号墳の竪穴式石室の中には、壮年の男女が一人ずつ納められており、また、大阪府羽曳野《はびきの》市の飛鳥《あすか》古墳の家形石棺の中には、男女が各一体埋葬されていた。これらの例からみると、六世紀の横穴式石室、あるいは家形石棺のなかに葬られている傾向として、男女一組という意識がかなりあるように見受けられる。これらの人びとがもし夫婦であるとすれば、六世紀の竪穴住居、あるいは掘立柱建物に住んでいた人びとも、この夫婦を中心に住んでいたという状況が復元できるかもしれない。以上、弥生時代と古墳時代の墓地から類推できる家族の例を若干あげたが、いずれにしても両時代の家族構成の復元がきわめてむずかしいことをしめしている。

3　住まいの中の使い分け

住まいの利用区分をさぐる手がかり　それではつぎに、住まいの中がどのように使われていたのかを、おもに弥生・古墳時代を中心にみていこう。日本列島で住まいの跡、とくに竪穴住居という地面を掘りくぼめた住まいの跡といわれているものが、すでに何万基も見つかっている。ところがその住まいの跡はまさに跡であって、実際に人びとが住んでいた状況をしめすようなものではない。たとえば引っ越しのときには必要な物はもって出るのがふつうであり、したがって、現在何万と住居が出ているけれども、ほとんどもぬけのからの状態が多い。ただその中で、ときどき不慮の火災にあって住まいの中でふだん使われていた容器類がそのまま残されていたり、あるいは半分燃えかけた柱や壁が倒れたままの状態で見つかる場合がある。そういう状況を手がかりにして、住まいの中がどのように使われていたかを考えてみようと思う。

現今の家を考えた場合、住まいには当然屋根があり、壁があり、窓があり、そして入口がある。そして家のなかに入ると、台所、居間あるいは応接間、寝室があり、食事をする場所がある。大小繁簡はあっても、一般的にそういう使い分けが考えられる。こうした住まいの形はいつごろから出てくるのか、あるいはいまのような住まいの中の状況が、はたして弥生時代あるいは古墳時代といった時期に存在したのかどうか。

先駆的研究　そのことについて、非常に古い段階に注目した人は喜田貞吉《きたさだきち》である(「竪穴住居の址」『中央史壇』秋期臨時増刊、一九二三年)。このなかで喜田は文献のほうから竪穴住居の構造に触れ、「古事記に、日本武尊《やまとたける》が童女の粧《よそおい》をなして熊襲《くまそ》の室《むろ》に入り、之を刺し殺し給うたという話を記して、熊襲が『室の椅《はし》の本《もと》』に逃げて行ったのを、その背を捉えて尻より刺し通し給うたとあるのを見ると、是は明らかに竪穴で、椅、即梯子によって外に通ずる様になって居た事が知られるのである」と指摘している。一九二三年(大正十二)というと、日本でまだ竪穴住居がほとんど見つかっていない時期で、ようやく東京大学が千葉県で竪穴住居を掘りあて、その後、注意されはじめた段階である。その当時すでに竪穴住居の出入りをする部分にははしごが使われていることを、さらに加えて岩手県の例では、竪穴のまわりに小さな提を設けているということも指摘している。

その後、竪穴住居の中がたんなる一つの部屋ではなくて、いくつかのしきりをして使い分けられていたのではないかということを指摘したのは和島誠一氏である。一九三八年（昭和十三）に和島氏は、東京都小豆沢《あずさわ》遺跡を発掘調査し、原始時代の関東における農民の集落と考え、その中が小さな溝によっていくつかに分けられていたと指摘した。その住まいの中には戸主が住み、この土間や分房の一部などが大家族の共同の用に供される場合が多かったと想像している。このような研究の出発点があったにもかかわらず、その後、竪穴住居の中がどのように使われていたかという問題については、長い間ほとんど忘れられていた。最近、民族学の事例をもとに、家の中の使いわけに関する研究が少し活発になってきた。

それでは、そのような研究の流れをもとに、家の中の各部分について考えてみよう。

弥生竪穴住居の土間　住まいには出入口が必要である。竪穴住居の深さはだいたい五〇《チセン》ぐらいで、一《メートル》を越えるものもある。いずれにせよ外から飛び降りたり、あるいは家の中から飛び上がることは簡単にはできない。出入口の部分に材木や石を置いて、出入りしやすいように工夫することが必要である。喜田貞吉が指摘したように、はしごも使われたであろう。最近は都出《つで》比呂志氏が再検討し、竪

あるいはやや深い穴の部分に焼土や炭があった場合に、その部分は炉と考えられていたけれども、そうではなくて、その炉からかき出された灰が堆積している二メートルか三メートルの広い範囲を炉の空間と考えるべきであろうと指摘している（『横田健一先生古稀記念論集』一九八七年）。竪穴の大きさは一辺、あるいは直径が六メートルあるいは七メートルぐらいがふつうの大きさであるので、その中の二メートルないし三メートルの部分が炉の空間、つまり煮炊きをする空間、いまでいう台所にあたるとすれば、住まいの中のかなりの部分を炉、ならびに厨房《ちゅうぼう》空間として使用していたことが考えられる。ただし、弥生時代には屋外調理場も見つかっているので、家の中の炉の周辺が調理空間であると決めてしまうこともできない。たとえばさきほどの橋原遺跡の中央部分が軟らかい床の住まいの場合、その部分に床を張って、あるいは敷物を敷いて団欒《だんらん》の場所とし、その一隅に暖をとるための炉を作るという構造も考えておいたほうがよいかもしれない。

「ベッド」のいろいろ　竪穴内の周囲、屋根を支える柱と壁にはさまれた床部分を一段高く作っている例が、弥生時代後半に九州を中心として関東まで知られている。ふつう「ベッド」と呼びならわして、寝間ではないかと考えられている。福岡県の弥生時代後期の住居の場合、三×四メートルぐらいの長方形の住居で、短辺にベッドが床から一〇センチほどの高さに作られている例が多い（福岡県八女《やめ》市室岡《むろおか》遺跡群など）。もしベッドであるとすれば、そのような住居には二人の人が住んでいたことになる。ベッドの配置はそれだけではなくてさまざまであって、竪穴内の周囲全体に作るもの、コの字形あるいは

L字形、さきほどあげたように竪穴内の両側に作るものなど、いろいろある。もし、竪穴内の各辺に作るものが、それぞれに一人ずつ寝るとすれば四人の人が住んだことになる。

しかし、このベッドがはたしてすべて寝間であるかどうかは厳密にはわからない。そこで、屋内高床部という呼び方をすると、そこから土器が出たり、あるいは兵庫県姫路市名古山《なごやま》遺跡のように砥石《といし》が出土するなど、いろんなものが置かれている事例があり、屋内高床部は場合によっては物置に使われていたことも十分に考えられる。

屋内高床部の民族例　住まいの中に一段高い部分を作るのを他の民族例でさがすと、たとえばデンマークの民家では長方形の住まいの中で、一方の部分を高くして寝間とし、残りの半分を土間とし、残りの半分つまり四分の一に一段低い腰かけ部分を作っているようなものもある。その例では住まいの半分がいちばん高い寝間の部分であって、その前に団欒の腰かけを置いた部分があり、周辺に物などを置いた部分を含む土間があるという構成になっている。ほかのデンマークの例では、同じく長方形の住居で入口を入って右半分が物置の空間で、左側の両壁ぎわにベッドが作られている例がある。つまり、現在の民家の例でも寝間の部分を一段高く作るという例は一般的に認められる。とくにヨーロッパ、あるいは北アメリカでそのような例が認められる。

したがって、日本の弥生時代から古墳時代に知られている屋内高床部の大部分がベッド、寝間であろうということは考えてもよい。ただし、先述のように物置として使った場合も十分考えられるので、ベッドの広さからその住居に住んだ人数を復元することはむずかしい。もしベッドの大きさからその住居の住人の数を復元すると、福岡県の南部地域では一軒の家に二人住んでいるというムラが圧倒的に多い。そういう復元ができてしまう遺跡もある。まさにツインルームばかりのムラであり、二人一組の生活を集団で行なっていたことになる。

寝間を区切る　つぎに、屋内高床部をベッドと考えた場合に、圧倒的に多い屋内高床部をもたない住居については、寝間がなかったのかという問題が起こる。弥生時代から古墳時代の竪穴住居で、屋内高床部をもたない住居のほうが多い。そのような住居では人びとは寝なかったとは考えられない。そうすると当然、作りつけのベッドはもたなかったけれども、ワラを置いたり敷物を敷いて寝間空間を作っていた可能性があることを十分考慮しなければならない。ベッドをもたない住居の寝間としては、和島誠一氏が指摘した小豆沢《あずさわ》遺跡のような例がある。小豆沢遺跡では四本、あるいは六本の柱の部分から壁に向かって細い溝が何本も作られている。つまり、屋根を支える柱と壁の間の空間をいくつかに区切っているのである。その区切られた空間を寝間と考えることができる。そのような例として、五世紀後半から六世紀のものが、関東から九州地方まで広く見られる。その区切られた部分に板や柴垣を立てるとしきりになって寝間が区分されることになる。

弥生時代の例でもベッドの部分が区切られている例が最近見つかった。それは和歌山市西田井《にしたい》遺跡で、弥生時代中期の円形住居のまわりにベッドが作られており、そのベッドの端の部分から小さな杭穴二本が見つかった。調査を担当した人は、その部分に柱を立て、その間に壁を作ってベッドを区切ったのであろうと考えている。さらに鹿児島県鹿屋《かのや》市の王子遺跡では弥生時代後期の住居で、花びら型の住居と呼ばれるものが見つかっている。花びら型というのは、全体が円形で、壁から幅五〇㌢ほどの土壁が住まいの中に何本も作られている住居であって、上から見るとまるで花びらのように見えるのでそのように称されている。いまのところ花びら型住居は宮崎県から鹿児島県にある地域色の強い住居の形であるけれども、住まいの中を土の壁によって区切るという、日本では例をみない構造になっている。

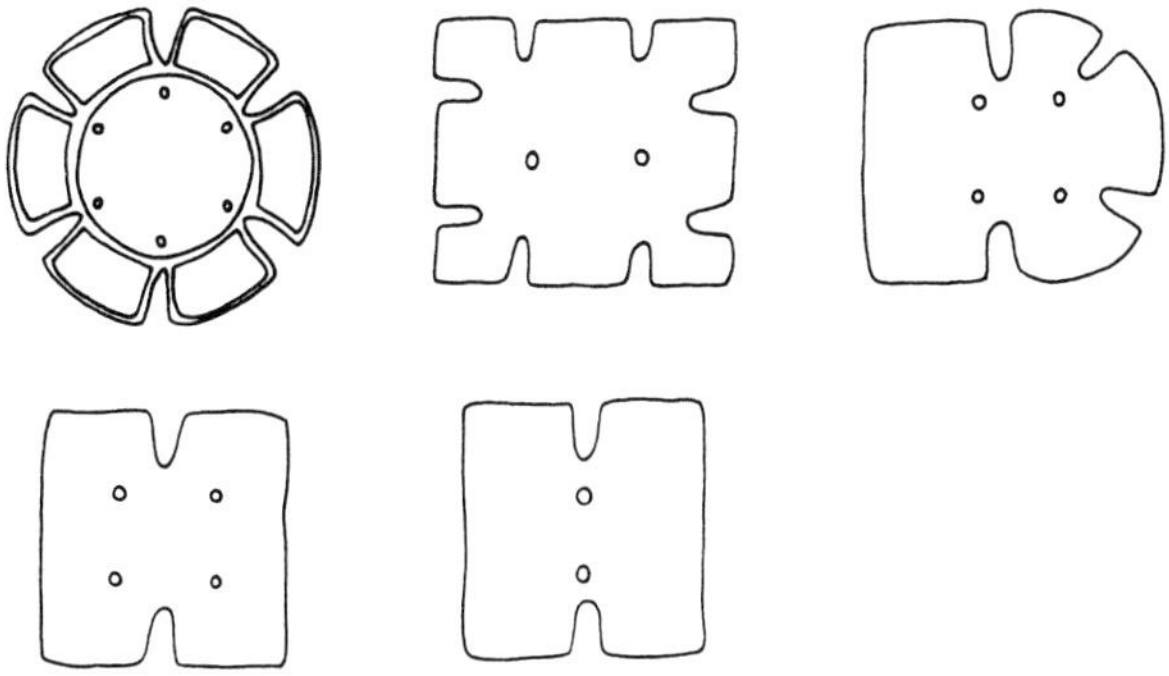

図24　花びら型住居の各種（宮崎県宮崎学園都市遺跡）

　今日の日本の住まいでも、壁の厚さはせいぜい一〇㌢か二〇㌢で、簡単な仕切りとしては障子やふすまであってきわめて薄いのがふつうである。それに対しヨーロッパの場合は、壁の厚さが五〇㌢、ときには一㍍もあって、壁の中に隠し戸を作って物を収納するような例もあり、壁がきわめて大きな役割を果たしている。鹿児島の花びら型住居は、まるでヨーロッパ風のぶ厚い土壁を部屋の中に作っているような感じがする。もっとも王子遺跡の場合の花びら型住居は、その一つの花びらの部分は一人が寝るのに必要な二メートルほどの空間がなく、一メートルほどのものがときどきある。そういう狭い空間は、おそらく物置として使われたのであろう。たまたま九州南部では土壁の花びら形住居が見つかったけれども、ことによるとそのような例は、土ではなく、あるいは板壁のような形をとって、まだ気づかれていない竪穴住居のなかに存在しているのかもしれない。壁ぎわに小さな杭列が二本または数本あり、あるいは小さな溝が五〇センチか一メートルの間隔で作られている。そういうものに今後気をつける必要があるだろう。

画期を迎える五世紀後半　このような住居の中の小さな溝や床の硬さをもとに、五世紀後半から六世紀の住まいの中の使い分けを復元したのは渡辺修一氏である。渡辺氏は千葉県市原市草刈遺跡の調査をもとに、いくつかのモデルを設定した。モデル1は草刈E区一五二号住居の場合で、入口を入ると右側にL字形の寝間が、左側にもしきりをもった寝間があって、中央は居間でその奥に炉を中心とする炊事空間を復元した。モデルの2は草刈E区九三号住居で、入口を入ると左側と奥に寝間があり、中央は居間になっていて、右側にはカマドがあってそれを中心とする炊事空間を想定している。モデル3は草刈E区一五八号住居で、入口を入ると左右の壁ぎわに寝間があり、中央は居間でその奥にカマドを中心とする炊事の空間が考えられる。そして入口の左隅に物置を想定している。このような部屋の中に寝間・居間、あるいは物置・炊事空間など使い分けが一定してくるのは五世紀後半から六世紀の段階である。五世紀後半は、埼玉県稲荷《いなり》山《やま》古墳の鉄剣銘文からも推定されるように、雄略《ゆうりゃく》＝ワカタケル大王の時期であって、この段階は日本列島が古墳時代の中でもひとつの画期を迎える時期である。そのような歴史が動いている段階に、部屋の中の間取りも確立の方向へと向かうというのは興

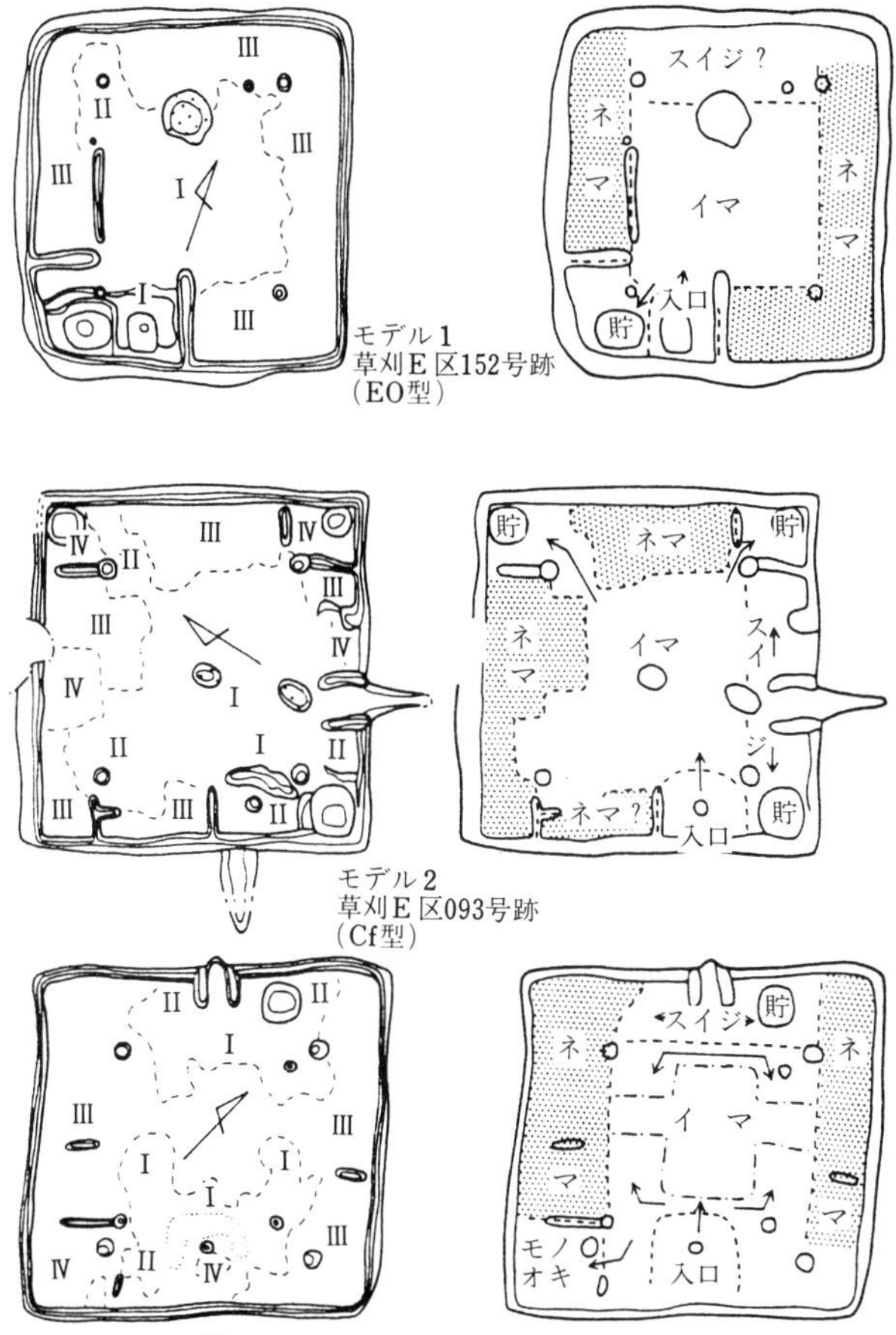

図25　千葉県草刈遺跡住居跡と住居内利用区分の復元

味深い現象である。

カマドの普及と利用部分の固定化　日本の住居でカマドが普及するのは六世紀である。カマドに類する火を焚く場所が住居の中の壁ぎわに作られる早い例としては、弥生時代後期に例があり、古墳時代の前期へと継続するけれども、カマドの形としては、たとえば六世紀にみられるカマドのような構造として安定したものではない。六世紀的なカマドの早い例は、福岡県塚堂《つかんどう》遺跡の住居で五世紀の前半と考えられる。そういう初期の段階があって、その後、カマドが日本列島の住居に普及するようになる。それ以前の縄文時代や弥生時代では、住居の中で火を焚く場所は炉であって、この炉は住居の中央、あるいはやや一方に片寄った区域に作られ、そこで調理をし、さらには暖をとっていた。

カマドが竪穴住居の一辺に作りつけられるようになると、必然的に家の中のある部分が、カマドを中心とする厨房の空間として固定するようになる。それによって五世紀後半以降、部屋の中の区分利用、使い分けが安定してくるのではないかと思われる。それ以前も部屋の中の使い分けはあった。たとえば弥生時代後期の長野県橋原遺跡のように、入口の右隅を物置空間とするというような利用区分、あるいは柱に囲まれた中央部分が土間で、周辺部分が寝間であろうというような使い分けは十分に考えられるけれども、それが固定した方向に進むのは五世紀後半であろう。

縄文時代の住まいについて、水野正好《まさよし》氏が長野県茅野市の尖石《とがりいし》遺跡の例をもとに、作業空間といろりの周辺と儀式の場と居間を区分したのは早い時期の研究であるが、確実にそれぞれの空間を復元す

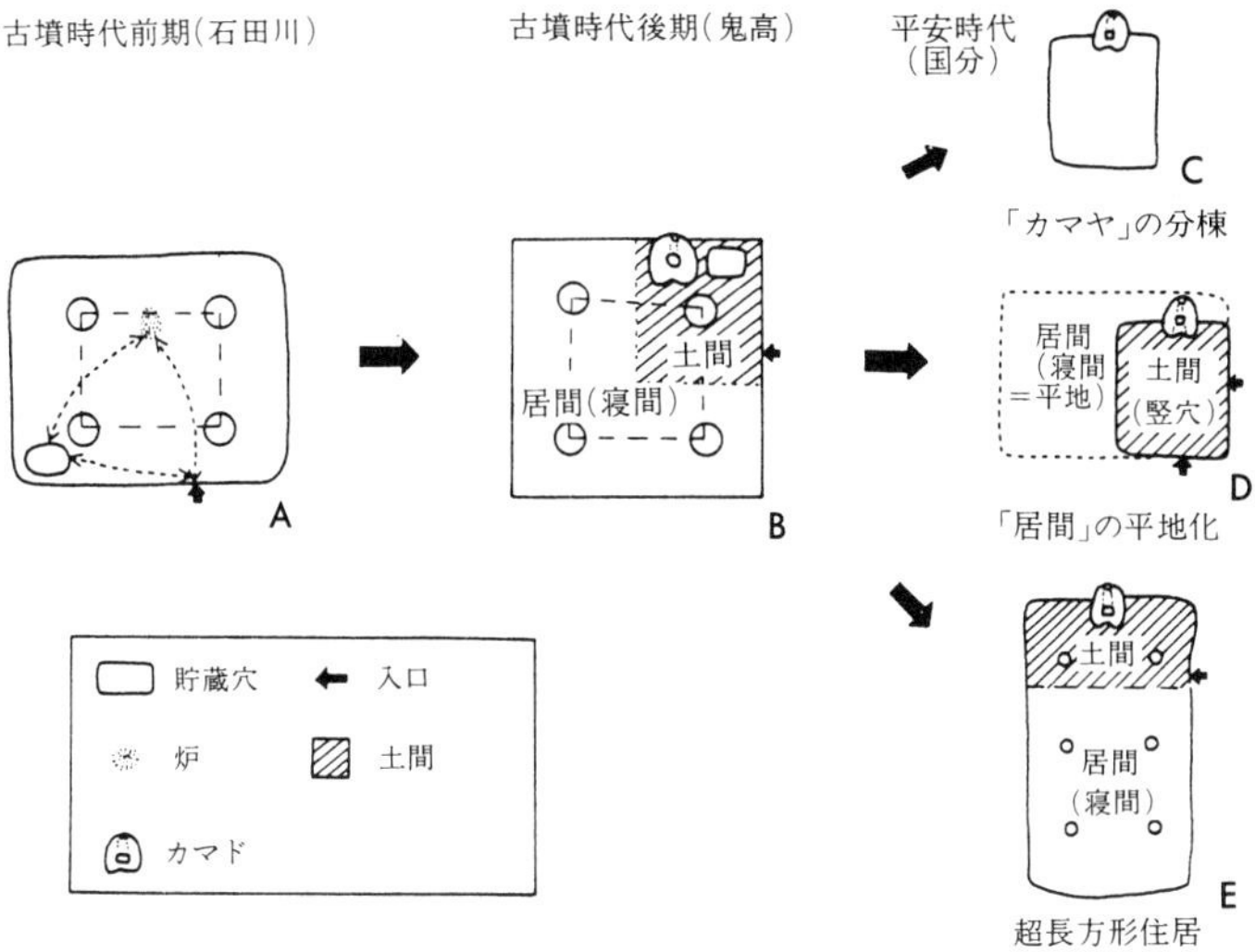

図26　住居の空間利用(カマドと土間の関係)

ることはむずかしい。多分に民族学的な事例の適用であって、考古学的な発掘事実としてそれをしめすことは困難である。

カマドと土間の関係　カマドが住居の中に固定した段階、とくに関東の六世紀の住居では、カマドがほぼ正方形の住居の一辺中央、あるいは一方に片寄った壁に作られている場合が多いが、出入口をその対応する側に想定することが多かった。入口を入って、真正面のつき当りの部分にカマドがあるという構造である。それに対して柿沼幹夫《みきお》氏は、発掘事実をもとに出入口の位置を復元しなおし、さまざまなタイプを復元した。入口を入ってすぐ右側が土間で、その土間の右側にカマドがある場合、あるいは同じ構造でそれが左にある場合、いずれにせよカマド周辺に、住まいのうちの四分の一をやや越え穴住居の出入口部分のはしごを留めたはしご穴が見つけられている例も多い。また、ときには兵庫県芦屋市会下山《えげのやま》遺跡（弥生後期）の住居のように出入口の部分に二段に土を置いて、出入りに便利なような施設を作っている場合もある。

入口から中に入ると、その部分はおおむね四本柱、あるいは五、六本の柱に囲まれた土間の部分になっていることが多い。弥生時代後期の長野県岡谷市橋原遺跡の場合には、柱に囲まれた内側の部分が硬く踏みしめられて、土間のようになっている住まいと、反対に中央の部分が軟らかくて周辺の部分が硬い住まいの二種類が注意されている。一般的にいえば、柱に囲まれた中央部分の床が硬い例が圧倒的に多く、その部分が土間として使われていることが考えられる。中央部分が軟らかい例は、部屋の中の使い方に若干の違いがあることをしめしているものであろう。そして土間の部分の中央、あるいはやや片寄った位置に炉が作られている場合が多い。

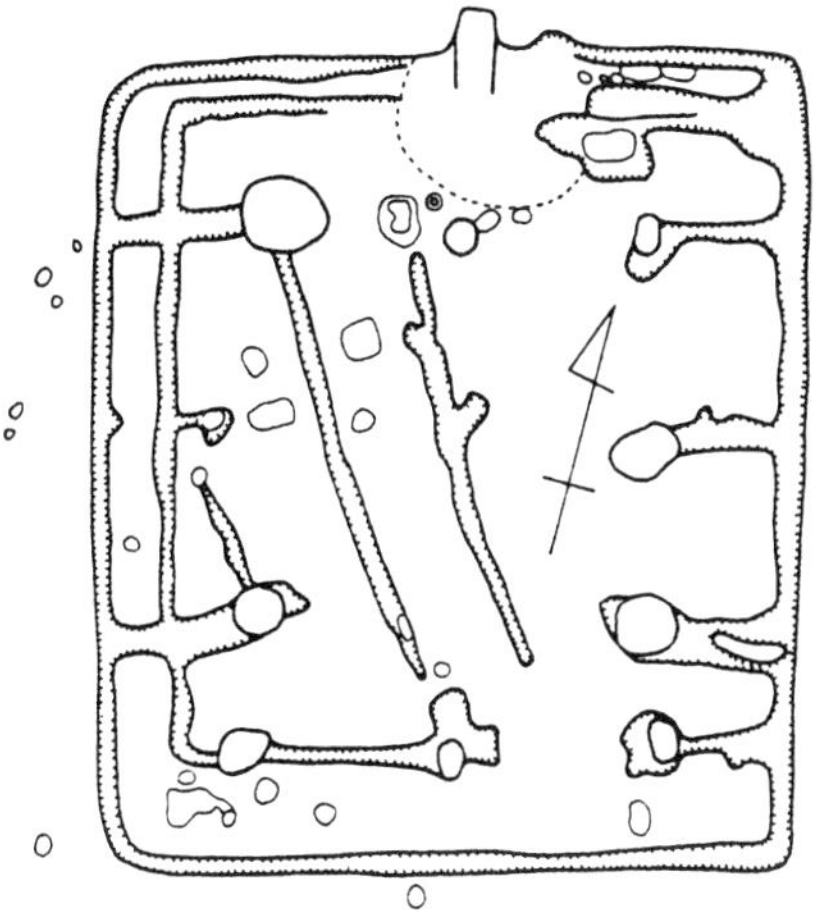

図23　最初に間仕切り溝が指摘された住居
（東京都小豆沢遺跡Ａ１号住居跡）

広い空間を占めた炉　炉について最近、西川卓《たく》志《し》氏は、いままで直径四〇～五〇㌢の浅いくぼみ、る程度の土間部分を想定している。つまり、厨房空間をカマドの周辺に想定しているのである。さらに柿沼氏は、関東の平安時代住居に多い、一辺三メートルほどのカマドをもつ小さな竪穴を、掘立柱建物に取り込まれた厨房部分ではないかと指摘している。たしかに関東には、平安時代に小形のカマドをもつ竪穴が多いし、その可能性はあり得るけれども、実際にこれらの小さな建物に伴う掘立柱建物が見つけられている例はきわめて少ない。したがっていまの段階では、平安時代の掘立柱建物の厨房がほとんど竪穴部分からなっているということはできない。

4　男の空間と女の空間

居間と物置　民族学では、よく住まいの中の男の空間と女の空間が問題にされ、それぞれの実例が紹介されている場合が多い。たとえばシリアのベドウィン族のテントのすまいでも、むかって右側にいろりがあって、それを囲む男の部屋があり、左側には布のしきり一枚をはさんで女の空間があるという。そして、男の空間にはほとんど物が置かれることがなく、女の空間にはさまざまな家財道具、箱や壺やその他もろもろの家財道具が置かれている。もしこのような部屋の使い方が一般的なものであるとすれば、考古学的な事例に照らし合せて考えると、ある建物の中の土器などの多い部分が女の空間で、それのない空間が男の空間であると短絡的に結びつけることになる。

そのように簡単に日本の竪穴住居の空間利用を復元することはできないけれども、最近興味深い例が知られた。その一つは兵庫県神戸市玉津《たまつ》田中《たなか》遺跡の弥生時代中期の二間×四間の掘立柱建物である。建物の半分には転ばし根太があって低い床が張られていたらしい。そしてそこにはほとんど土器などの遺物がない。片方はどうも土間床で、そこには高さが七〇〜八〇チセンもあるような大きな壺を含め、十数個の土器が置かれていた。この建物の解釈として、さきほどの民族例に照らし合せてみると、片方の転ばし根太の、物の少ない部屋は男の部屋であり、土器がたくさん置かれていたほうは女の部屋だということになる。そこまでいえないとしても、弥生時代中期にすでに一つの建物の中で、物を置く空間と置かない空間が区別されていたことは明らかである。一方が居住の空間であり、他方が物置の空間だと考えることもできる。そのような形は、デンマークの民家で、入って右側が物置の空間、左側が寝間の空間になっているというような例が知られているのである。

アフリカの民族例との比較　民族学の資料と考古学の資料を重ね合せて考える場合のまぎらわしい例を紹介しよう。愛知県犬山市にあるリトルワールドという博物館に、各地域の各民族の民家が移築、展示されているが、そのなかにアフリカのタンザニアのニャキュウサ族の屋敷がある。屋敷には母屋があり、その横に切妻《きりづま》の比較的小さな建物が建てられていた。私はそこを訪ねたとき、中を見て一瞬似ている、と思った。長方形の住まいの長軸の両端に柱があり、その柱と柱をつなぐように五、六本の杭が打ち込まれていた。その杭は地上に出ている部分の高さで六〇〜七〇チセンある。それを見たとき、長野県南部で弥生時代後期に多い竪穴住居の中の、中央に柱列を伴う家屋を思い出した。

長野県の場合はほぼ方形の住まいで、四本の主柱があり、炉は中央からやや片寄った位置にある。その中央に一列に三本ないし五本ぐらいの小さな柱穴が作られている例が多い。たとえば出早《いずはや》神社遺跡であって、比較的多く知られている。これは部屋の中を使い分ける何らかの施設、ここに杭を打つ、あるいは柱を立てて間仕切りとし、部屋を左右に区分するということが行われていたのではないかと考えていたが、はからずもそれを目の前にしたというふうに感じた。

ところがその建物について、リトルワールドのアフリカを担当している栗田氏に訊ねると、それは家畜小屋であって家畜をつなぎ留める杭を柱と柱の間に打っているのだという。一方に牛などが入り、一方に飼料を置いて食べさせる、というような使い方をするものである。結果としては、長野県の場合は明らかに炉をもち、ほかの住まいと共通する要素が強く、住まいと考えるべきものであり家畜小屋とは受けとれないので、機能の点でもこのアフリカの例とはまったく異なる。それにもかかわらずここに例としてあげたのは、現象面としての類似と、機能としての違いが明らかにあることを思ったからである。

(原題「ムラの構造と住居のなか」『日本の古代11　ウヂとイエ』中央公論社、一九八七年)

II　弥生・古墳時代の村と家地

一　弥生ムラの営み

1　家の中のくらし

弥生文化のはじまり　弥生文化とは、新たに金属器や大陸系磨製《ませい》石器類を使用し、農業を行なった日本列島の人びとの文化をさす。その開始は、紀元前四〇〇年ごろから、終了は紀元後三〇〇年ごろといわれている。これらの文化は、間接には中国から、直接には朝鮮から北部九州などに渡来した人びとによってもたらされた。

西日本（近畿以西）は、弥生文化が栄えた地域である。もちろん、東日本にも弥生文化は広まっているけれども、前代の生活習慣が根強く残っていた。

日本列島ではじめてコメをつくり、食べた人びとのくらしの話を、まず家の中からはじめよう。

倭人伝と『万葉集』　三世紀の日本のことを書いた『魏志《ぎし》』倭人伝《わじんでん》には、「父母兄弟、臥息処《がそくところ》を異にす」と記録されている。当時、夫婦が同じ屋根の下に住んでいた中国人からみて、倭人の夫婦が別々の家に住んでいるのが奇妙に見えたのだろうか。それとも、同じ家には住んでいるがベッドを共にしていない、という意味であろうか。

山上憶良《やまのうえのおくら》の貧窮問答歌《ひんきゅうもんどうか》（『万葉集』五―八九二）には、「父母は枕の方に　妻子《めこ》どもは　足の方に…」とあり、同じく『万葉集』に、「奥床《おくどこ》に　母は睡《ね》たり　外床《とどこ》に　父は寝たり…」（同、一三―三三一二）とある。万葉の時代には、夫婦は同じ家に住んでいるけれども、寝床は別々であったらしい。

それでは、弥生時代の西日本ではどうであったのだろうか。

家の中の使い分け　いま、一部屋だけの家に住んでいると、あるときは食事をし、あるときは客を迎え、あるときは蒲団を敷くというように、一室万能の使い方をする。いくつかの部屋があれば、玄関・台所・応接間・食堂・居間等々に家の中を使い分ける。

弥生時代の家は竪穴式住居で、上から見ると丸い家と四角い家とがある。出入口は一つで窓はなく、屋根は地面についている。つまり屋根だけの建物で、屋内には柱が普通四〜六本立っている。ときには、いまの家と同じように壁（板壁・草壁）をつくり、床を高くした建物（高床住居《たかゆか》）もあるが、数は少ない。

弥生時代の住居はワンルームで、仕切りも何もない、と思っている人が多いが、じつはそうではない。

主柱（直接屋根を支える柱）で囲まれた部分の中央に炉をつくって土間《どま》とし、主柱と壁の間を物置や寝所とする。竪穴式住居の中で実際に生活していた面をみつける作業をしていると、床面の硬い区域と軟かい区域に気づくことが多い。硬床区域がよく踏みしめられた土間であり、軟床区域が土間以外の区域である。硬床区域は主柱間に多く、軟床区域は主柱と壁間に多い。硬床区域が幅一メートル余りで壁の方に延びている部分は、出入口であろう。

主柱に囲まれた区域を内区、その外側を外区とすれば、内区と外区で屋内の使用区分があることがわかる。岡山市雄町《おまち》遺跡の古墳前期の住居では、内区と外区の境目に板を置き、明瞭に区分している例がある。

弥生時代後期になると、中国山地と近畿の一部に屋内に溝を掘る住居が現れる。住居の中央に穴があり、穴から壁に幅一〇～一五センの小溝を一～三条掘る。小溝上を床土が覆っている場合と小溝内に柱穴が穿《うが》たれている場合とがあって、一概には言えないけれども、とくに後者の場合は屋内の間仕切りのためらしい。

兵庫県洲本《すもと》市柳学園内遺跡の弥生後期の竪穴式住居跡には、中央穴で直角に交わる二本の溝によって屋内の四分の一を区画していた。溝内には八〇セン間隔で柱穴があるので、草壁か板壁などの障壁による間仕切りがあったものと思われる。

部屋の中に、ちょうど床の間程度の高さの旋設をつくり、特定の目的に使う住居が弥生時代後期から古墳前期にかけての北部九州にある。とくに福岡県南部―筑後地域に多い。その代表例は福岡県八《や》女《め》市室岡《むろおか》遺跡群の西中《にしなか》ノ沢《ざわ》遺跡で、七基の住居すべてが屋内高床部をもっているので、このような住居を室岡型住居とよぶことにしたい。

屋内高床部は、壁ぎわ、つまり屋根が低くなる部分にあること、踏みかためがない、つまり土間として使用していないこと、ときにはガラス小玉三十余個（福岡県小郡《おごおり》市小郡遺跡）や土器類がおかれていること、などから寝所、あるいは物置として使用されたものと思われる。

屋内高床部を寝所と考えると、弥生人の眠りの場を復元することができる。

筑後の人びと（室岡型住居）は、屋内両端の壁ぎわに一つずつベッドをしつらえてやすむ。家族が二人、とは言いきれないが、少なくとも二人は生活していたらしい。まったく同じ住居は、兵庫県加古《かこ》郡播磨町の播磨《はりま》大中《おおなか》遺跡にもある。

ベッドを部屋のコーナーを使ってL字形に設けた人びと（福岡県宗像《むなかた》郡《ぐん》福間《ふくま》町久保《くぼ》長崎《ながさき》遺跡など）やL字形ベッドを二コーナーにつくる人びと（福岡市有田《ありた》遺跡など）があり、多様である。

近年、鹿児島・宮崎両県で明らかになってきた花びら型住居も、ベッドの使い方をしめすものであろう。鹿児島県鹿屋《かのや》市の王子遺跡や宮崎市の堂地東《どじひがし》遺跡の人びとは、外区をベッドとし、ベッドの間に幅三〇㌢《セン チ》余りの土壁をつくる。そのため、円形住居の場合は花びら型となり、方形住居の場合は四角い花びら型のお盆のような住居ができあがる。王子遺跡の住居は「花弁」の幅が二㍍《メー トル》余りあってベッドになりうるが、堂地東遺跡の住居では一㍍《メー トル》余りでとてもやすめない。花びら型住居は、屋内の外区を区分して使用する点では同じであっても、寝所にする場合としない場合があることがわかる。

2　容器の用い方

膨大な土器の消費　いま、家庭にはさまざまな容器が備えられている。家族の数に応じて、仕事に応じて、あるいは集会所などの建物の性格に応じて容器セットも変わってくる。

弥生時代も同様であった。弥生集落を発掘するとおびただしい量の土器が出土する。例えば、大阪府和泉《いずみ》市と泉大津市にまたがる池上《いけがみ》遺跡では、集落の一部の調査によってコンテナ（五四×三三×一四センチ）九〇〇〇箱の土器が出土している。一箱に平均一〇〇〇片の土器があるとすれば九〇〇万の土器片があることになり、完全な土器に直しても数万個になる。集落の一部でさえこれだけある。弥生時代を六〇〇年としても、年々数百個の土器を棄てていたことになる。弥生集落では、溝や居住地周辺の傾斜面から多量の土器が出土する。兵庫県尼崎《あまがさき》市の田能《たの》遺跡では〝土器のお花畑〟と報道されたほどである。弥生時代には、何らかの祭祀に際して多量の土器を使用し、廃棄する風習があったものと思われる。したがって、集落出土の土器総量から日常の容器セットを復元することは難しい。

また、池上遺跡では多くの木製容器が出土しているが、その総数は八一点（鉢四一・高坏《たかつき》九・盤四・杓子一四・匙《さじ》三・不明容器一〇）で土器に対する比率はきわめて少ない。しかし、木製容器の場合は腐植消滅するのが普通であり、近年の各地の出土例からみてもより高い比率を占めていたものと思われる。ただ、住居内からの出土例がないため、現状では個々の住居での容器セットに加えて考えることは難しい。

住居の中に立ち戻ろう。

驚くべきコメの貯蔵　竪穴式住居の床面から完全な土器が出土することは比較的多い。しかし、私たちが発掘する住居は、すべて何らかの事情によって住居から離れたあとのつまり廃屋であり、住居内で生活していたときの容器セットを把握するには限界がある。それでも、火災などの不慮の事故のため、住居内に容器がそのまま残されている例がないわけではない。弥生人の不幸に想いをはせながら、住居の中での容器の使い方を垣間見ることにしよう。なお、個々の容器の使い方は必ずしも明らかではないが、普通、甕《かめ》は煮炊き用、壺《つぼ》は貯蔵用、高坏は盛付け用、鉢は個人用食器と考えられている。

大阪府高槻《たかつき》市の芝谷《しばたに》一二号住居（弥生中期）では、屋内の壁ぎわ（外区）に三〇個の容器が置かれていた。その内訳は、甕七個、壺八個・長頸壺《ちょうけいつぼ》五個・台付壺一個、高坏六個、器台三個である。この家では、容器を使わないときには外区の一隅にかためて置くことにしていたらしい。そこには、煮炊き・貯蔵・盛付けの容器がほぼ同数ずつそろえられている。鉢が見当たらないが、いまのお椀と同様に木製であったのだろう。さきにみた池上の人びとも木鉢をたくさん使っていた。

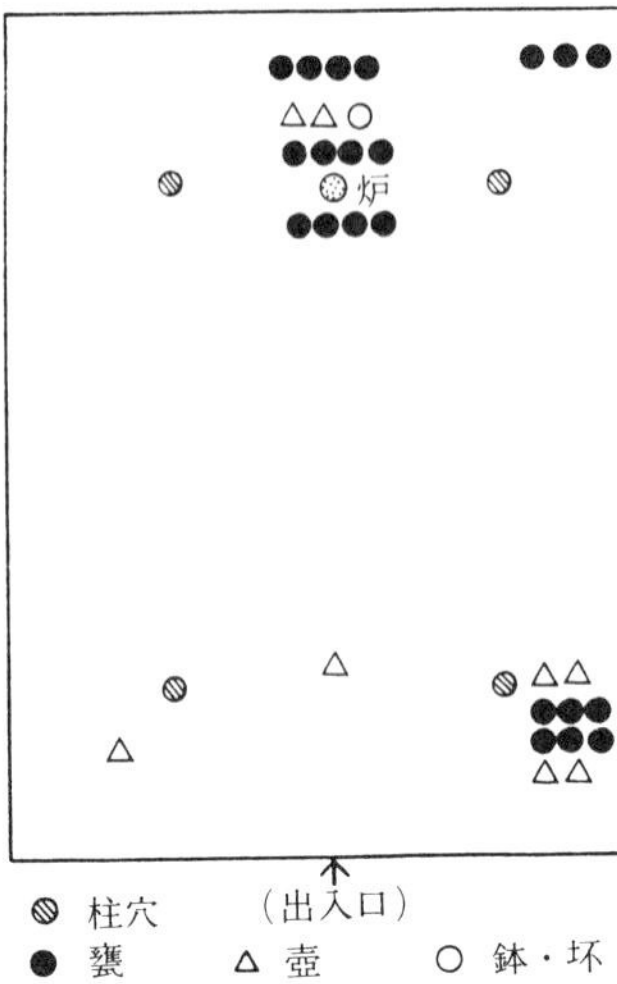

図27　住居内の日常容器
（長野県橋原遺跡の６棟分を集成）

岡山県津山市京免《きょうめん》一九九号住居（弥生後期）は突然の火災にあい、外区に大甕二個・中甕一個と中小の壺各二個、高坏一個、小鉢一個が置かれたままであった。各種の容器が一応そろっているが、芝谷一二号住居にくらべて少ないのは木製容器の比率が高いのか、あるいは家族数が少ないのであろうか。

東日本の例であるが参考として長野県岡谷市の橋原遺跡の場合を見てみよう。火災にあった橋原五九号住居の外区には、大甕一個・中甕四個・小甕五個と中小の甕が多く、さらに大壺三個と中壺一個がある。これらは同じ外区に置かれ、場所は二つに分かれている。炉に接した場所には中小の甕各二個と煤《すす》の付着した大壺二個の煮沸容器だけがあり、出入口の右側隅には四六・八リットルの（炭化）米が入ったままの大中の壺各一個が置かれていた。炉辺には煮沸容器を、屋内一隅に貯蔵容器を置いていたことがわかる。

貯蔵用壺の一つには籠《かご》で包んでいた痕跡がはっきりとあるので、壺を籠で包み、コメを入れて屋根からぶら下げていた――懸垂《けんすい》壺である。四六・八リットルといえば二六升である。私は、高校時代には〝一升めし〟と言われた大食漢であるが、それでも約一ヵ月は食べつづけられる量であり、いまの青年であれば三ヵ月ぐらいはもつだろう。これほどの量のコメが個人の住居内に貯えられている一つの事実に注目したい。

福岡県糸島《いとしま》郡前原《まえばる》町の三雲《みくも》サキゾノ二号住居（弥生後期）の容器のあり方は若干異なり、屋内三ヵ所に甕二個、壺二個、鉢二個、器台六個がそれぞれ別置されている。容器セットとしては他の住居と異なるものではないが、容器を器種ごとに別置する点では異例であり、類例は少ない。

弥生住居内の容器セットがわかる例が少ないため、全体の傾向を指摘することは難しいが、少なくとも屋内に煮炊き用・貯蔵用・盛付け用と個人食器を合せて十数個から三十数個を備えており、ふだんは壁ぎわ（外区）に置くのが一般的であったようである（石野博信「古代住居の日常容器」『橿原考古学研究所論集』第六、吉川弘文館、一九八四年）。

3 ムラの中で

初期の農耕村落　福岡県糸島郡二丈《にじょう》町石崎の曲り田遺跡は、従来縄文時代晩期と考えられている夜臼《ゆうす》式期の内容がわかる唯一の集落遺跡である。ムラは低い独立丘陵の裾にある。約三〇㍍四方の範囲に三〇棟の住居が重なりあって検出された。同時に存在した住居の数は明らかではないが、重複関係からみて三、四棟と思われる。ほぼ同時期の佐賀県唐津《からつ》市の菜畑遺跡も、曲り田遺跡と類似した地形にムラを構えているので、やはり三、四棟の住居かと想像される。

二つの初期農耕村落にはムラを囲む環濠《かんごう》はつくられていないらしい。近畿でも池上遺跡や奈良県磯城《しき》郡田原本町の唐古《からこ》・鍵《かぎ》遺跡においては、前期中葉段階には径一〇〇メートル程度の範囲に居住地が検出されるものの、環濠は設けていない。

環濠集落は弥生集落の標式であり、水稲農耕とともに大陸からもたらされた新しい集落の境界施設と考えられている。二つの村落にそれが欠けているのは水稲農耕伝来の当初には村落造成技術までは導入されなかったのか、あるいは前期末以降に発達する環濠集落は水稲農耕の定着によってひきおこされた水争いなどの村落間の戦いに備えて独自に成立したのか、新たな課題をよびおこしそうである。

環濠集落 弥生時代前期末という時期は、濃尾平野以西の各地域に水稲農耕が定着し、各地それぞれに新たな文化を創造しはじめた段階である。そのころ、福岡市の板付《いたづけ》遺跡と大阪府高槻市の安満《あま》遺跡、京都府中郡峰山町の扇谷《おうぎたに》遺跡などに環濠集落が現れる。

板付ムラでは、復元幅二メートル以上、深さ一メートル以上の断面V字形の溝を、長径一二〇メートル、短径一〇〇メートルの長円形に掘りめぐらしている。環濠内の住居数は明らかではないが、濠外にも住居や穴倉があることは確実である。環濠の内外に住居をもつムラは、福岡県の有田遺跡や佐賀県三養基《みやき》郡基山《きやま》町の千塔山《せんどやま》遺跡にあり、北部九州弥生社会におけるホリウチ人《びと》とホリソト人の差をしめしている。

扇谷遺跡では、最大幅六メートル、深さ四メートルの環濠が、長径二七〇メートル、短径二五〇メートルでムラをとりまいている。環濠は丘陵斜面に沿って掘られているので、住居はすべて環濠内につくられているものと思われる。扇谷の環濠の中を歩いたとき、濠の壁は眼よりも高く、外に出ようとしても斜面が急でとても這い出せなかった。〝ムラを防禦している〟ことを実感した。

弥生時代前期末に出現した近畿の環濠集落はさほど大きいものではなかったが、北部九州と同様にホリウチ人とホリソト人が存在したらしい。池上遺跡では、おそらく一ヵ所五、六棟のムラが五〇〜一〇〇メートル離れて三ヵ所にあり、そのうちの二つが個別にか、あるいは二つをとり囲む環濠がある。したがって、一つのムラはいずれにせよ環濠の外になる。同じ状況は安満遺跡にもあるので、弥生前期末段階のムラづくりは北部九州と近畿で共通していたかもしれない。このことは、環濠集落の起源が外来、在地のいずれであるにせよ、西日本での水稲農耕定着期の社会状況が、各地域の中心的集落においては共通していたことをしめしている。

近畿で環濠集落が普及するのは弥生中期以降であり、その時には径三〇〇メートル（安満遺跡）から径四〇〇メートル（池上遺跡、唐古・鍵遺跡）に及ぶ大規模な環濠をもち、人びとは濠内に集住したらしい。北部九州弥生社会との差が認められる。

縄文的弥生ムラ　水野正好氏は、縄文時代には二戸一組三群を基礎とするムラが一般的なあり方であろうと推定された。弥生時代にも同じような形態のムラがある。

奈良県宇陀《うだ》郡大宇陀町の五津《いつつ》西久保山遺跡（弥生後期）は、低い丘陵上を全面的に調査したけれども住居は二棟だけであり、一つ尾根を隔てた同町の五津峰畑遺跡（弥生後期）は住居一棟だけであった。宇陀郡は、奈良盆地から離れた山間《やまあい》の小盆地を生活領域とする地域である。おそらく、二つのムラは、親ムラから分かれた子ムラであり、山間小盆地における子ムラとしてのもっとも小さな単位をしめすものであろう。可耕地のせまいところでは、二棟一組の最小単位で丘陵ごとに居を構えたものと思われる。

同じ山間のムラで、一〜三棟一組三群の住居が建ち並んでいるのが和歌山県伊都《いと》郡かつらぎ町の船岡山遺跡（弥生後期）である。船岡山は、紀ノ川に浮かぶ東西五〇〇メートル、南北一二〇メートル、比高二〇メートルの島状の土地で、南半の幅二〇〜三〇メートルの緩い傾斜面に住居が建てられている。住居は、西からA群（住居1・2）、B群（住居3・4・6）、C群（住居5）とあり、A群とB群の間隔は一〇〇メートル余り、B群とC群は二〇メートル余りで、その間隔には差がある。各住居群の周辺には、ゴミ穴や屋外炉があり、とくに屋外炉は共同煮炊き場であろう。

平野地帯では滋賀県蒲生《がもう》郡安土《あづち》町の大中《だいなか》の湖南《こみなみ》遺跡（弥生中期）で二棟一組三群の集落景観が復元されている。住居跡そのものは見つかっていないけれども、ゴミ捨場（小貝塚）の位置などから五〇〜一〇〇メートル間隔で住居が二棟ずつ建ち並び、その前には水路が流れ、水田が広がっている。水田は住居群ごとに区画されているので、耕作や収穫は二戸の住居の人がそれぞれ行ない、開墾や水路改修などは三群共同で行なった、と考えられている。

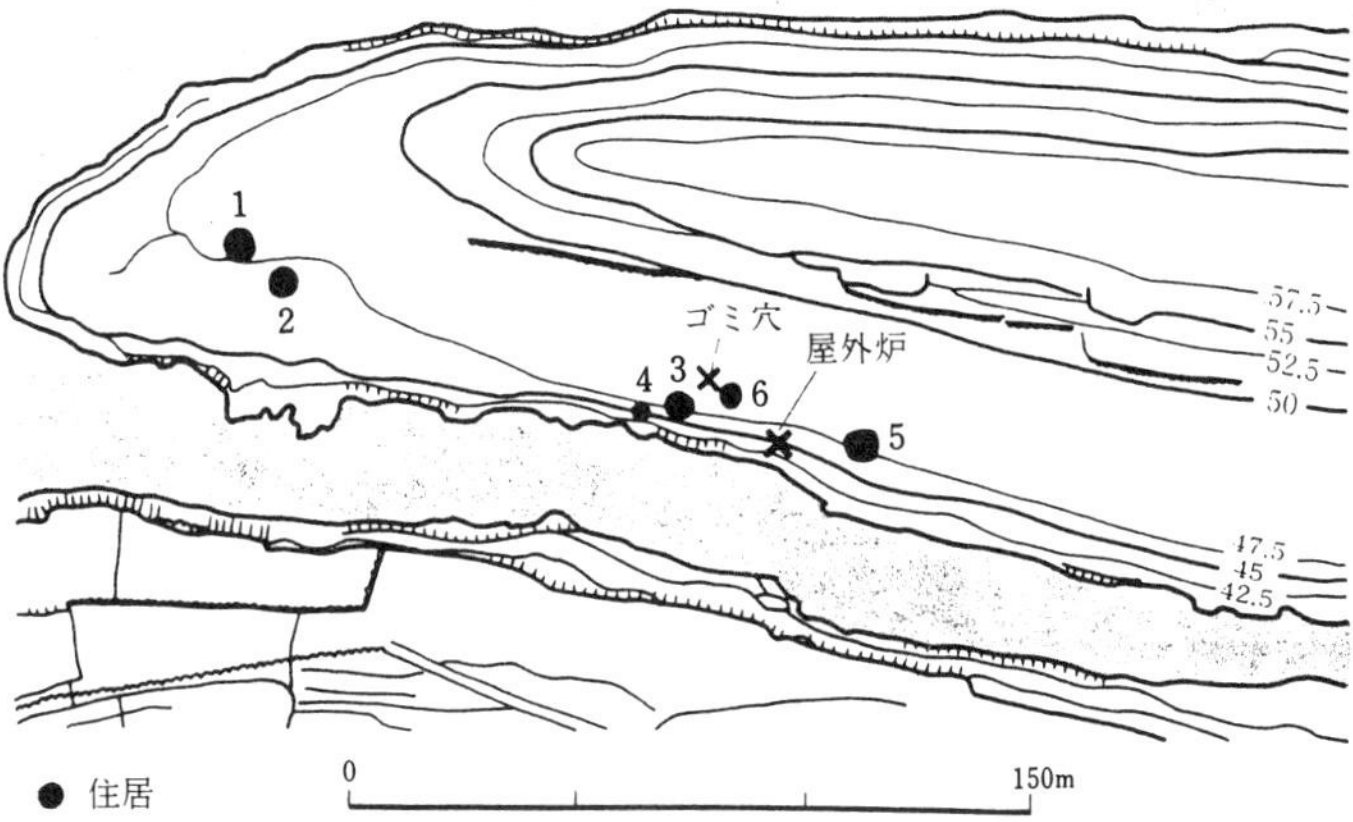

図28　川沿いのムラ（和歌山県船岡山遺跡）

さきにみたように、弥生時代中・後期には環濠集落があって、神奈川県横浜市の大塚遺跡の例によれば、三〇〜五〇戸の人びとがいくつかのグループに分かれながらも集住している親ムラと二棟一組一群〜五群からなる子ムラがあった。小さなムラは、必ずしも親ムラからの分村ではなく、縄文時代以来の最小の生活単位として営々としてつづいてきたムラもあったであろう。

穴倉と高倉　ムラの中には住居だけではなく集会所・倉庫・共同作業場などの建物があったと思われるが、それを証明することはなかなか難しい。いま多くの人びとが認めている住居以外の建物は高床倉庫（高倉）であり、同じ貯蔵用施設として貯蔵穴（穴倉）がある。

穴倉は居住地のそばに集中してつくられることが多い。一九七四年（昭和四十九）八月、対馬を訪ねたとき、島のあちこちで倉庫群が眼についたが、なかでも浜辺で居住地の近くに密集してつくられている長崎県上県《かみあがた》郡上対馬町志多留《したる》のものは見事であった。同行した菅谷文則《ふみのり》氏（橿原考古学研究所）、山本三郎氏（兵庫県教育委員会）らと倉の配置図をつくり、写真をとって村の人に話をきいた。

「倉の中には何が入っとんですか」

「うん、着物やらコメやらワカメやらかな」

「村の倉ですか」

「いいや、めいめい家でもってる。これがオレの倉だ」

「そうですか、そしたらなぜ家から離れたとこにかためて建てとるんですか」

「火事がこわいからや、家のそばにあったらもえてしまうやろ」

「なるほど…」

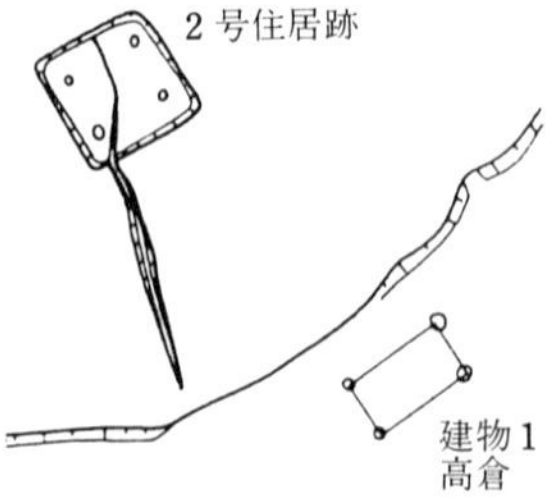

いまから一〇〇〇年後、この村を発掘調査したとすれば、「志多留遺跡では居住地からやや離れて倉庫群がつくられており、おそらく村の共同管理であろう」という報告が出るかもしれない。しかし、実際はそうでなかった。

徴税体制が整備されてきた飛鳥・奈良時代になると、官衙《かんが》の主要な構成要素の一つとして高倉群を設けるようになった。このような傾向は、五世紀後半にはすでに現れていたらしく、ワ

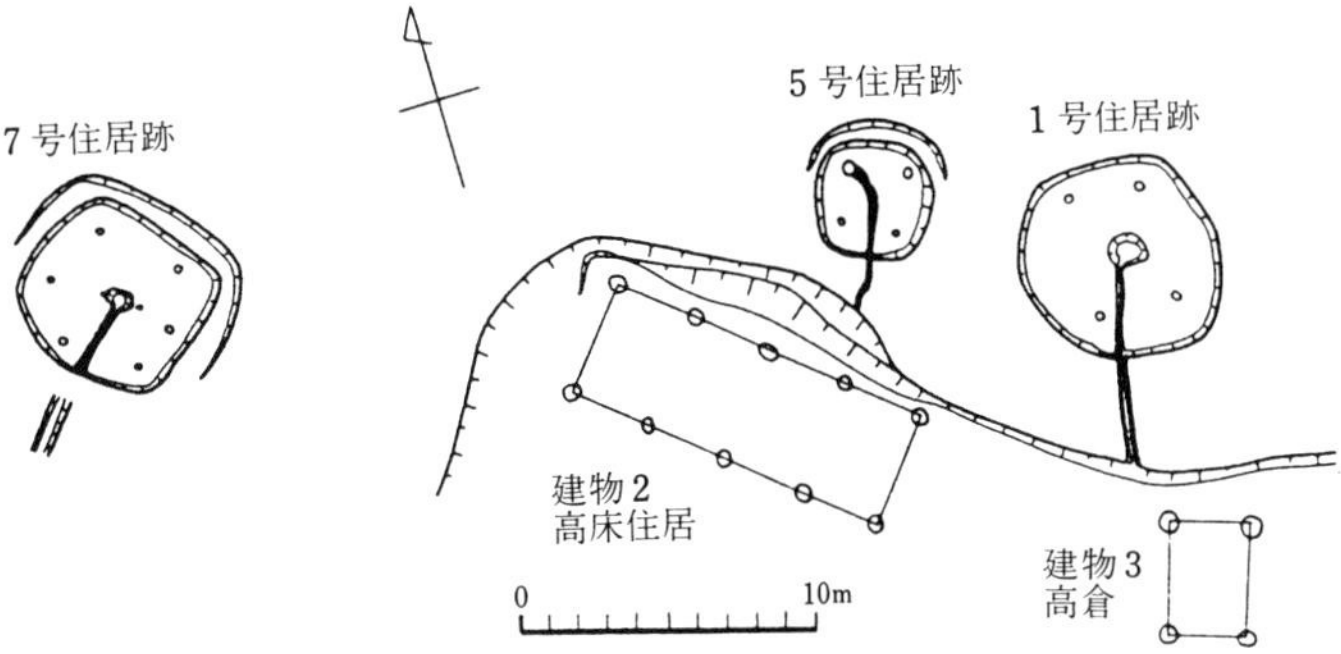

図29　高床住居・高倉と竪穴住居（岡山県押入西遺跡）

カタケル大王（雄略天皇）の居館には「外門」をもつ「大蔵《おおくら》」があったという（『清寧紀』即位前記）。その例証は、和歌山市鳴《なる》滝《たき》遺跡の五世紀後半の高倉群にある。これらは政府、あるいは豪族が管理する「公」の倉である。古墳時代には、群馬県佐波《さわ》郡赤堀村赤堀茶臼山《あかぼりちゃうすやま》古墳の家形埴輪群の配置からみても、豪族管理の倉が居館内に設けられていたことわかるが、弥生時代はどうだろうか。

岡山市の津島遺跡には、弥生時代前期の高倉が竪穴式住居からやや離れて三棟つくられている。高倉は、それぞれ溝で区画されているようであり、集落の共同管理と考えられる。共同管理と思われる高倉のあり方は静岡市登呂《とろ》遺跡（弥生後期）などにあり、地域と時期を問わず、少なくとも弥生時代を通じて行われていた一つの管理形態と思われる。

ところが、このような一般的傾向と異なる集落が、岡山県津山市の押入西《おしいれにし》遺跡（弥生中期）と大阪府高槻市の紅茸山《べにたけやま》遺跡（弥生後期）にある。

押入西遺跡は、丘陵斜面に一一棟の竪穴式住居と三棟の高床建築がある。高床建築は、丘陵斜面をカットしてつくった幅一〇メートル余りの平坦面に建てられており、竪穴式住居群とは段によって隔てられている。高床建築の一つ（建物2）は、一間×四間（三八〇×一〇八〇センチ）と大きく、他の二棟（建物1・3）は、一間×一間（三五〇×二〇〇〜二五〇センチ）で小さい。おそらく、村長《むらおさ》が宅地造成をして長大な建物2に住み、二棟の高倉を管理していたのであろう。

紅茸山にはじめて住んだ人びとはムラの中の小高いところに住居を構えた。その後、ムラは東と西に発展し、それぞれ八棟の住居がつくられた。ところが高倉は西側のムラに一棟つくられているが東側のムラにはない。同じムラでも高倉をもつ人びととともたない人びとがあり、その管理は倉をもつ人びとが共同で当たったかもしれないが、高倉に近いムラの中でいちばん大きい住居の住人が管理していたように思われる。

このように、弥生時代のはじめからムラの中に高倉を建てることはよくあることであった。常識的には高倉は米倉と考えられているが、発掘事実としては貯えられたものはまったく不明であり、その構造も静岡市有東《うとう》遺跡や福岡市湯納《ゆのう》遺跡出土の建築部材によって推定復元されているにすぎない。それにしても、ムラの中に高倉を建てて何かを貯え、村人共同か村長かが管理していたらしい。実例としては共同管理を思わせる高倉が多いけれども、村長管理の数少ない例から類推すれば、共同管理といっても村長の指示にもとづくものであり、実態に合わせて自宅の近くに建設したのが後者の例であろう。それにしても、高倉を自宅のそばにひきよせる村長は弥生時代には少なかった。権力を実像に結びつけるのは、古墳築造に象徴される次代になってからである。

4　戦さの様相

戦士の墓　一九八六年（昭和六十一）も戦さでたおれた人の墓が発見された。大阪府四条畷《しじょうなわて》市雁《かり》屋《や》遺跡の二〇基の弥生時代中期木棺墓の一つから一一本の石鏃《せきぞく》が出てきた。石鏃は、壮絶な弓矢戦のなかでたおれた戦士を象徴するものと報道された。

戦士の墓でもっとも有名なのは、山口県豊浦郡豊北《ほうほく》町の土井ヶ浜遺跡の「英雄」である。「英雄」は七八人以上の人びとと共に海岸の墓地に眠っていた弥生前期の人である（第一二四号人骨）。胸から腰にかけて一五本の石鏃が打ち込まれていた。

「英雄は多くのムラに登場したらしい。北部九州では、弥生前期末から中期前半にかけて銅剣・銅《どう》戈《か》、石剣・石戈の切先が棺内から出土することが多い（永井昌文・橋口達也「磨製石剣嵌入人骨について」『スダレ遺跡』穂波町教育委員会、一九七六年）。福岡県嘉穂郡穂波町のスダレ遺跡では、「第二胸椎の右側椎弓板に石剣（異論もある）の剣尖部が折れ込んでいた。刺突方向からみて加害者は石剣を逆手にもって振り上げ、背後から一撃した。被害者は二ヵ月ほどして、ついに落命した」と永井昌文氏（九州大学医学

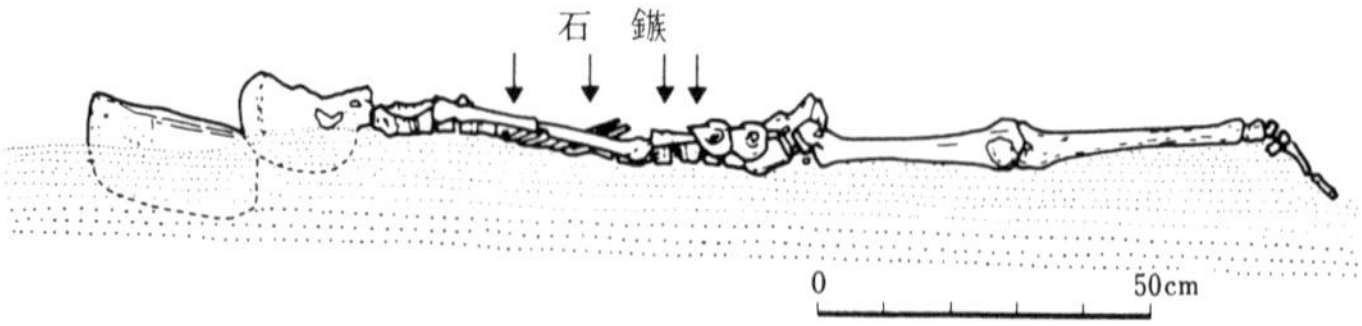

図30　弥生の「英雄」（山口県土居ヶ浜遺跡第124号人骨）

部教授）は生々しく推測している。

近畿には従来、「石槍」とよばれていた石製短剣があるが、大阪府八尾《やお》市の恩智《おんじ》遺跡では柄に樹皮をまき、奈良県の唐古《からこ》・鍵《かぎ》遺跡ではその上に鞘《さや》をもっていた。柄を握り、逆手に振り下ろすことができる。同年の二月、福岡市の吉武《よしたけ》大石《おおいし》遺跡の甕棺内からは鞘をもった銅剣がはじめて現われ、銅剣が実用されていたことをさらに証明した。

また、福岡県筑紫野《ちくしの》市永岡遺跡の一〇号甕棺には悲惨な被葬者がおさめられていた。被葬者は、永岡でもっとも長身（推定身長一六七・三センチ）の熟年男性であるが、額から右眼にかけて致命的な傷痕があり、さらに右手首を骨折していた。頭部の傷は治癒の形跡があるので、しばらくは生存していたらしいが痛ましい（永井昌文「出土人骨について」『福岡南バイパス関係埋蔵文化財調査報告』第五集、福岡県教育委員会、一九七七年）。

橋口達也氏も推定しているように、弥生前期末から中期前半は各地域において可耕地の拡大を求めた時期であり、土地と水にからむ戦いが頻発したものと思われる。大阪府豊中市勝部《かつべ》遺跡の腰部に突きささる（？）石製短剣、大阪府東大阪市山賀《やまが》遺跡の木棺内の石鏃や北部九州の武器の切先を棺内にもつ二二例

（橋口達也、前掲書）など、ときには弓矢、ときには剣・戈による戦いが地域内に広がっていた。

大阪府の池上遺跡に北部九州特有の有柄式磨製石剣一点の出土はあるものの、近畿弥生人に突きさる九州系武器、九州弥生人に突きささる近畿系武器は、いまのところ認められない。それは、吉備《きび》系武器、出雲《いずも》系武器の場合でも同様である。したがって、戦いは同一文化圏のなかでの争い、あるいは、「分かれて百余国」（『魏志』倭人伝）といわれるクニ相互の戦いが主たるものであったのだろう。

弥生前期末に出現し、中期に盛行する環濠集落は、ムラムラ相戦い、クニグニ相戦う状況に備えた防禦集落として出現したのであろう。

高地性集落　北部九州で、体内に突きささった武器の切先が姿を消すころ、弥生時代中期後半に中部瀬戸内沿岸から大阪湾岸にかけて高地性集落が出現する。

高地性集落とは、弥生時代の主たる生産地と考えられる水田可耕地からみてはるかに高い場所、比高五〇〜三〇〇メートルの高地に営まれている集落である。比高五〇メートル前後ならまだしも、比高一〇〇メートルをこえると、日々の田畑の仕事はとてもおぼつかない。仮にそれが可能であったとしても、高所に住まなければならない日常生活上の理由が見当たらない。山仕事をした人びとのムラであったとすれば、弥生時代中・後期という特定時期にさかんにつくられる理由がない。いつ、どこにあってもよいはずである。そこで、小野忠熈《ただひろ》氏（当時、山口大学教授）は、高地性集落のいくつかについて「倭国大乱」（『後漢書』倭伝）にかかわる軍事的集落と考え、若干の異論はあるものの多くの人びとの賛同を得た。

一九五六年（昭和三十一）、兵庫県芦屋市の会下山《えげのやま》遺跡の調査に参加したとき、のちに村川行弘氏（当時、大阪府立北野高校教諭）が泉跡と名付けられた、じめじめした湧水地《ゆうすいち》が山の尾根近くにあった。もっとも、調査中に麓を流れる高座《こうざ》川までバケツをもって水汲みに下りたが、三〇分ほどで往復できたので、さほど不自由はしなかった。

兵庫県飾磨《しかま》郡家島町の大山神社遺跡は、瀬戸内海に浮かぶ男鹿《たんが》島の山頂（標高二二〇メートル）一帯にある。調査のとき船で渡って、毎日海から登り、海まで降りるのには苦労した。それでも山頂には湧水地があり、登山家の水汲場になっている。

香川県高松市の石清尾山《いわせおやま》古墳群（標高二三二メートル）を訪ねたとき、猫塚の近くに小池があった。もしかしたら弥生土器が落ちていないかと、同行の広瀬常雄氏（香川県教育委員会）にきいてみたら、あるという。

このように、軍事的集落であっても、あるいはそうであればこそ水は必要である。日常生活に不便なところに居を構えているように見えながら、水場をもっている。比較的長期間の生活を見通したうえでのムラづくり——「要塞」である。

高地のムラの守りと生活　「要塞」の中に入ってみよう。

岡山市の貝殻山遺跡は、標高二八四メートルの山頂に近い平坦部にムラをつくっている（以下、近藤義郎「岡山県貝殻山遺跡」『考古学研究』七九、一九七四年、をもとに弥生中期後半の状況を想像する）。山の中腹には大きな池があるし、ムラの一画にも湧水地がある。山からは瀬戸内海を往来する船がよく見えるし、平野側のムラの様子もよくわかる。ムラは、あまり大きくない。二〇×四〇メートルぐらいの範囲に四軒（あるいは五軒）ばかりの住居を建て、屋外に共同の調理場（未発見）があるようだ。一番大きな住居は六角形（五・八×六・三メートル）で、壺・甕・高坏などの日常容器と塩づくりに使う小壺や鉄の剣、けずり小刀（刀子《とうす》）をはじめ、一一個もの穂摘具《ほつみ》・石鏃・石製短剣（石槍）・まつりに使う分銅形土製品（板状の土人形）などをもっている。他の住居にも、日常容器をはじめ穂摘具や石鏃・石製短剣がある。ムラのはしにゴミ捨場（具塚）があり、こわれた土器類とハイガイやカキの殻、タイの骨などが捨てられている。

ある日は田畑に、ある日は狩りに、ある日は海に、そしてある日は見慣れぬ船を見つけて烽火《のろし》をあげる。

もう一つ、会下山のムラ（弥生後期）にも入ってみよう（村川行弘・石野博信・森岡秀人『増補　会下山遺跡』芦屋市教育委員会、一九八五年）（本書図18参照）。

韓人の浜と呼ばれている芦屋川河口に近い砂浜に船を乗り上げると山々がせまって見える。ときどき来るので矢を射かけられることもない。以前には、倭《わ》に二つとない矢（漢式三翼鏃）をおくったこともある。海岸から一・五キロばかりゆるい坂道を登っていくと山裾《やますそ》に出る。途中に小さなムラが一つ二つ見えた。山上から伝達されていたらしく、山裾の見張りが案内に立ってくれた。山頂の高さは二〇〇メートル、ここからでも一〇〇メートルは登らねばならない。しばらくは川沿いに登り、やがて斜面をつづれ折りに登る。途中、水を汲みにいくのであろう、壺をもった子供に出会う。

登りきったところには柵があり、番兵が立つ（U地点）。小さな湧水があり、身をぬぐう。眼の前に三棟の家がある（L・N・X住居）。家の横を通って尾根にたどりつく。途中、斜面に墓地（M土壙墓群）らしき場所と屋外の共同調理場（焼土坑）が見えた。調理場の下の斜面はゴミ捨場になっているらしい（一九五六年調査地点）。風は南西の谷から吹きあげてくるのでさほど臭わない。

尾根にあがったところにも二棟の住居がある（C・E住居）。斜面の住居にくらべると立派だ。聞いてみると、鉄の用具をたくさんもっているのは尾根上の住居の人びとらしい（C住居―鉄片、E住居―鉇《やりがんな》・釣針・鉄片、F住居―鉄斧・鉇・釣針・鉄片）。

ここ（E住居）から四〇メートルほどさきに村長の住居（F住居）が見える。その間には柵があり（P地点）、厳重に見張っている。普段はとても入れないらしい。厳かに入り門に立つ。村長と挨拶を交し、招じ入れられる。入口から奥まで九メートルもあり、向かって右側は広々としていて、そこに大きな炉がある。このムラで家の中に炉をもっているのは、村長だけだという。向かって左側には棚があり（小柱穴群）、土器や砥《と》石《いし》やいろいろのものが置かれている（この部分に、とくに黒色土が多い）。ガラス玉の首飾りもちらりと見えた（ガラス小玉出土）。入口近くの屋根には、銅鏃や磨製石鏃をつけた矢がかけてあった（両者とも床面から浮いて出土）。

ムラの祭場　村長の話によると、この家のすぐ裏（Q地点）と山頂（S地点）に祭場があるという。祭場は、尾根の両側に平坦面をつくり、西側には磐座《いわくら》が、東側には小屋があるらしい。東の小屋には巫覡《ふげき》（神に仕える男女）が籠り、西の磐座で火と男根をかたどった石を使ってまつりを行う。磐座は、人の腰ほどの石を組んでつくる。中は空洞になっており、「二つ石」「三つ石」を入れるということは教えてくれたが、他に何を納めるかは話してくれなかった。

まるで、伝えきく琉球のウタキのようである。ウタキは、神の象徴である山頂（叢林）の近くに、神のヨリシロとしてのイビ（厳霊）が擬せられ、その数歩手前にイビの拝所としてカミアシヤゲ（壁のない四本柱の建物）、あるいはイビノ前（石の香炉か自然石）が設けられる。カミアシヤゲ、イビノ前はウタキの入口であり、その直下に集落を最初に開発した人が住まう。

東の小屋がカミアシヤゲで、磐座はイビノ前なのだろうか。そういえば、村長の先祖がこのムラを開いたのだと村人が語ってくれたことがある。

S祭場の様子はよくわからない。何でも三㍍ほどの範囲を竪穴状に掘り、中央部に一本の柱を建てるようだが、話しぶりでは上屋はないらしい（遺構内の堆積土は灰黄色土でサラサラしており、有機質が少ない）。使う容器は、半分近くが高坏らしく、他の住居の高坏が二割程度であるのと大変違っている。高坏が五割近くを占めるのはQ祭場も同じだ（森岡秀人「出土土器よりみた会下山集落の生活様式」前掲書）。

祭場こそないが、ムラの中で上位の人と下位の人が住み分けているのは大阪にもあるらしい（大阪府南河内郡河南町東山遺跡)。

遺跡が語る二つの戦い　会下山からは、前面の海と神戸の方はよく見えるが、大阪の方は隣の城山が邪魔して見えない。ただ、村人によると、城山には会下山の見張所があるらしい(弥生後期土器包含層あり)ので、事あるときには烽火で伝え合うのだろう。会下山の斜面にあった屋外調理場は事あるときには烽火台になったにちがいない。

会下山と城山は一・五キロ、会下山の東にある保久良《ほくら》神社のムラとも一・五キロで、まるで漢の烽台の間隔(約二キロ)とよく似ている(大庭脩「漢帝国の対外関係」『図説中国の歴史』二、講談社)。この付近の人たちは、漢の制を習ったのだろうか。

「会下山訪問者」の見聞のとおり、ムラには村長がおって日常生活を営み、事あるときには烽火をあげる。この点では会下山のムラと貝殻山のムラは共通している。違いの一つは、後者が穂摘具をもち前者がもたない点にあるが、前者は弥生時代後期で石製穂摘具(石庖丁)の消滅するときであり、木製農耕具をもっていなかったとは言いきれない。祭場の有無に差があるが、現段階では会下山のムラのほうが特異であり、比較することは難しい。むしろ、弥生時代中・後期を通じて日常生活を営みうる高地性集落が継続していた、と考えるほうがいいだろう。

日常生活を営みうる、とはいうものの、海(釣針—会下山遺跡、香川県三豊《みとよ》郡詫間《たくま》町紫雲出山《しうでやま》遺跡など)や平地(穂摘具—貝殻山遺跡、兵庫県神戸市伯母野山《おばのやま》遺跡など)に結びつく用具をもちながら一〇〇メートルをこえる高所にムラを構えるのは異常である。

私はかつて、環濠集落を「水城《みずき》」とし、高地性集落を「高城《たかき》」として、両者に共通する防禦性を重ね合せて考えるべきであることを提案した（「三世紀の高城と水城」『古墳文化出現期の研究』学生社、一九八五年）。それはいまも正しいと思うけれども、環濠集落がほぼ弥生時代全期間を通じて継続するのに対し、比高一〇〇〔メートル〕をこえる典型的な高地性集落は、弥生中期に中部瀬戸内と大阪湾岸に、弥生後期に近畿と周辺部にそれぞれ限られるという現象をみると、その歴史的意義は、分けて考えるべきであろう。つまり、環濠集落は頻発する同一文化圏内の戦いに備えたものであり、それは弥生時代全期間を通じて継続した。それに対し、高地性集落は、文化圏を異にする地域間の戦い、あるいは、それぞれの地域の政権中枢にかかわる戦いのための「城」であったのではないか。

したがって、比高四〇〔メートル〕を前後する程度の「高地性集落」は、その地域の一般的集落立地の傾向にもよるけれども、原則としては環濠集落と同様に、同一文化圏内の戦いに備えたものと考えておきたい。

5　生産と流通

多量生産・広域流通　福岡市今山石器製作所でつくられた太型蛤刃石斧《ふとがたはまぐりばせきふ》（伐採具）と福岡県飯塚市

立岩産の穂摘具が、福岡県を中心とする広い範囲に分布していることは古くから著名である。それに対し近畿では、二上山《にじょうさん》サヌカイト産出地はあるものの、それは原石採取にとどまり、それぞれ自分のムラで生産し、消費しているものと考えられてきた。

しかし、酒井龍一氏（奈良大学）の指摘（「弥生時代中期・畿内社会の構造とセトルメントシステム」『文化財学報』三、奈良大学、一九八四年）によれば、近畿の一つの親ムラといくつかの子ムラを含む領域は、径約五㌔ずつで相接しているという。そうすると、原石入手のための往復は、どうしても他領域を通過しなければならない。他領域通過の諒解が相互についているという理解も可能であろうが、土器の移動が親ムラを媒介にして行われているという指摘を重視すれば、サヌカイト原石もまた各親ムラを通じて移送されるシステムが存在していたと考えたほうがよいだろう。そうすると、二上山に近い特定の親ムラによる原石の一括採取と移出という行為が浮かび上がってくる。それをうけた消費地の姿が、兵庫県川西市加茂遺跡の荒割りされたサヌカイト原石群の一括収納土坑であろう。

また、産出地でも近年新たな遺跡が加わってきた。大阪府羽曳野《はびきの》市の中谷《なかたに》遺跡と奈良県北葛城郡香《か》芝《しば》町の田尻峠第二地点遺跡で径一㍍《メートル》あまりの不整形土坑が重なり合うように掘られており、その中に多量の剝片《はくへん》とともに石製短剣（石槍）未製品が十数本廃棄されていた。原石を採取し、現地で石製短剣を製作した跡である。つまり、近畿でも一定器具に限ってではあるが、多量生産・広域流通があったことが類推できるのである。近畿の弥生遺跡で太型蛤刃石斧の未製品を出土する遺跡は数少ない。将来、多量生産遺跡が検出される可能性が予測しうる品目である。

鳥取県東伯《とうはく》郡羽合《はわい》町長瀬高浜遺跡の弥生前期の玉生産も、特定品種の多量生産・広域流通をしめすものであろう。西日本、弥生時代には、各地域の実情に応じた特定品種の多量生産・広域流通があったものと思われる。より広範囲であるが、青銅器の鋳造もその一つであろう。

海のない奈良県唐古・鍵遺跡で海の魚の骨が出土している事実は、沿岸部における漁村の成立――広域流通を考えさせる。

自己生産・自己消費　立岩産穂摘具の生産地に近い福岡県直方《のおがた》市の感田《かんだ》遺跡には、立岩産穂摘具が入っていない。現地の石を採取し、ムラでつくり、ムラで消費している。この傾向は、福岡県北九州市馬場山遺跡の灰色砂岩・凝灰質砂岩製の石戈半製品についても同じである。

長崎県北松浦郡田平《たびら》町の里田原《さどたばる》遺跡、島根県松江市の西川津遺跡、兵庫県神戸市の玉津田中遺跡、大阪府の池上遺跡、奈良県の唐古・鍵遺跡など、弥生時代の木製品を出土する遺跡ではスキ・クワをはじめとする半製品をともなうことはごく普通のことである。つまり、木製品は伐採から加工、消費まで自己完結的にムラの中で行なっているのである。樹木が豊富であること、加工技術が容易であることによるのであろう。大阪府東大阪市の瓜生堂《うりゆうどう》遺跡には半製品がないという田代克己氏（帝塚山短期大学）の指摘は、領域内の子ムラ単位の分業がありうることをしめすものであろう。ただし、池上遺跡の刳《く》り物の高坏ではなく、唐古・鍵遺跡のロクロによる挽《ひ》き物の高坏は、特定集落による集中生産を想定しておいた方がよいかもしれない。

近畿の弥生時代玉作りも自己生産・自己消費型のあり方をしめす。兵庫県尼崎市の田能《たの》遺跡と川西市の加茂遺跡は、同じ猪名川水系で六キロの位置にある大集落であるが、ともに碧玉《へきぎょく》製管玉《くだたま》の半製品が数点ずつ出土している。それは大阪平野の各遺跡とも同じである。近畿で墓への副葬が少ない玉類は、ムラごとに細々と生産されていたらしい。

神戸市の玉津田中遺跡では、水洗選別作業によって、土坑ごとにコメ・アワ・ヒエなどが分けて納められていた可能性が、いま検証されつつある。もしそうであれば、一つのムラで高倉群による多量保管が認められないこととあわせ考えると、コメ雑穀類は領域内生産・領域内消費と考えることができるであろう。

6　まつりのあり方

専用祭具の成立　専用祭具とは、祭祀にだけ使う用具の意味であり、青銅器はその一つにすぎない。縄文時代以来のミニチュア土器・土玉・男根状製品・分銅形土製品（土人形）、木偶（木人形）などと、新たに現れた大型化された銅剣・銅鉾《どうほこ》・銅戈《どうか》と銅鐸《どうたく》、木剣・木刀・木鳥、丹塗《にぬ》りし大型化した土器など、きわめて多彩である。

ミニチュア土器は、日常容器とともに土坑内に納められていたり（唐古・鍵遺跡）、火災住居の三隅に置かれたりして（東京都板橋区成増《なります》一丁目遺跡四一号住居）多目的に使用されている。男根状製品（兵庫県西宮市五ヶ山遺跡）、分銅形土製品（岡山県赤磐《あかいわ》郡山陽町用木山《ようぎやま》遺跡）、木偶（滋賀県大中の湖南遺跡）などは、居住地で使用され、墓地にともなうことはない。木剣・木刀については、模擬戦を想定する考え方があるが明らかでない。木剣・木刀と木鳥などがみつかった山口県阿武郡阿東町宮ヶ久保遺跡がよく知られているが、福岡県・大阪府・奈良県・静岡県などにあり、その分布は広い（中村友博「弥生時代の武器形木製品」東大阪市遺跡調査会年報、一九七九年）。

土器の丹塗り・大型化は、北部九州の弥生中期社会ではじまる。口径一五センチ余、底径三〇センチ余、高さ一〇〇センチ余の筒形器台と丹塗り大壺が墓地での祭祀に使用されたあと、近くの埋納坑に納められる。住居内から出土することはない。筒形器台に幡《はた》か木製武器を立てかざしたのではないか、という柳田康雄氏の想像は娯しい。筒形器台の使用は、弥生中期で終り後期に継続しない。

北部九州で筒形器台が消えてからしばらくして、弥生後期後半の吉備地方で器台と壺の丹塗り・大型化がはじまり古墳時代に継続する（岡山県真庭郡落合町中山遺跡の特殊器台など）。両者には数世代に及ぶ時間差があるので、系譜をたどることは難しいが、器台と壺の丹塗り・大型化と墓前祭祀用具としての使用という点で不思議に共通している。筒形器台は甕棺社会を出ることはなかったが、吉備の特殊器台は古墳と結びついて近畿（奈良県桜井市箸墓《はしはか》古墳など）に登場し、その特殊な文様の系譜は形骸化しつつも四世紀を通じて継続し、遠く関東（群馬県太田市朝子塚《ちょうしづか》古墳など）に及ぶ。

家・ムラ・クニのまつり　まつりには、少なくとも家のまつり、ムラのまつり、クニのまつりがあったと思われる。事実としては、家のまつりは定かでない。ムラのまつりは、居住地縁辺の多量の完形土器群（愛媛県松山市宮前川遺跡など）やそれを納めた土坑（兵庫県加古川市東溝遺跡など）の存在によって知ることができる。村人による歌舞飲食――宴のあとの容器群であろう。

クニのまつりには、青銅製祭器が登場する。島根県簸川《ひかわ》郡斐川《ひかわ》町の荒神谷《こうじんだに》遺跡の銅剣三五八本・銅鉾一六本・銅鐸六個の一括埋納はただごとではない。銅剣が一種類に限られることは出雲で製作したことをしめしており、銅鉾と銅鐸に型式差があることは他地域、おそらく九州と近畿から搬入したものであることをしめしている。これだけの量の青銅製祭器がほぼ同じ場所に埋納されているということは、出雲独自の強い意志がみなぎったからである。出雲の弥生文化のなかで、独自の強い意志を読みとることができるのは、その終末に出現した四隅突出《よすみとつしゅつがた》型方墳と、ほぼ同時期と認められる山陰系土器の拡散現象をおいて他にない。四隅突出型方墳は、その古い形態が広島県三次《みよし》市周辺に認められるとはいうものの、分布の中心は島根・鳥取両県にあり、遠く富山市杉谷四号墳や兵庫県加西《かさい》市周遍《しゅうへ》寺山《んじやま》古墳に及ぶ。山陰系土器は、西は北部九州、東は近畿・北陸から関東、南は四国に及び、同時期の近畿系土器や東海系土器の拡散範囲に優るとも劣らない。

この時こそ、出雲が弥生時代のクニの祭具を集中的に廃棄し、新たな出発を果たしたに違いない。

鳥取県東伯郡北条町米里《よねさと》遺跡の銅鐸が古墳時代前期の土器（小型丸底壺）を伴なっているらしいことと、一九八五年（昭和六十）にみつかった奈良県桜井市大福《だいふく》遺跡の銅鐸が古墳時代初頭（纏向《まきむく》一式期）の方形周溝墓の周溝内に埋納されていたことは、荒神谷遺跡の青銅製祭器群埋納時期に関するさきの推測を補強してくれる。

このことは、西日本に広く分布する弥生時代のクニの祭器が、各地域における新しい時代の幕開けとともに埋納廃棄されたことを物語っている。

近年、佐賀県鳥栖《とす》市の安永田《やすながた》遺跡と福岡市の赤穂浦《あこがうら》遺跡で銅鐸鋳型が発見された。いずれも古式銅鐸を鋳造し、中国地方西部（伝鳥取県鐸、広島市東区安芸町福田鐸など）で同類型のものが出土している。近畿ではいまのところ古式銅鐸の鋳型は出土していない。ことによると銅鐸鋳造は北部九州ではじまり、近隣諸地域に広まったのではないか。ただし、北部九州にはその後の銅鐸が一例も出土していないので、朝鮮式小銅鐸と同様に実用品としてつくっていたのかもしれない。やがて銅鐸は東方の近畿に伝わり、近畿の人びとが祭器としてまつりあげていったように思われる。このように考えると、北部九州での古式銅鐸鋳型と近畿を中心とする濃密な銅鐸分布の実態がたやすく理解できるのではないか。

地域独自の文化の胎動　西日本の弥生文化は、北部九州で従来縄文土器と認識されていた突帯文《とったいもん》土器の段階にはじまり、ほぼ同時期に近畿に波及した。それは、近幾にとどまらず東海地方の突帯文土器に影響を及ぼし、さらに山梨県の水神平《すいじんぴら》系土器（東海地方の縄文系弥生土器）と遠賀川《おんががわ》系土器（北部九州系の弥生土器）の分布状況（中山誠二「甲斐における弥生文化の成立」（『研究紀要』二、山梨県立考古博物館、一九八五年）をみても、予想以上に早く稲作は東方へと伝播したようである。

弥生前期末・中期初めには、各地に独自な文化が成立した。北部九州の甕棺墓と青銅利器、近畿の方形周溝墓《ほうけいしゅうこうぼ》はその最たるものである。方形周溝墓は、近畿を中心として西方よりは東方に拡がった墓制であり、ここに北部九州と近畿の離反、近畿と東海・関東との連係がはじまる。

弥生中期後半になると広域の戦さがはじまり、後期の大戦は近畿に集中した。後期後半以降、名地に大連合が結成されはじめた。方形周溝墓を受け入れようとしない筑紫、特殊器台系祭祀を共有する吉備、四隅突出型方墳をもつ出雲（山陰）、前方後方墳を確立し、S字口縁甕（東海地方独特の土器）を拡散させる東海等々である。

各地で前方後円墳誕生への胎動がはじまったのである。

（原題「西日本のムラの営みと変貌」『日本の古代4　縄文・弥生の生活』中央公論社、一九八六年）

弥生の計画集落

条里施行にともない、「五〇戸をもって一里となす」のは擬制か実態か。もし、実態であるとすれば自然集落ではなく、計画的な集落配置がありうるのではないか、という疑問を永年もっていた。その解答の一つとして、荘園開発にともなう計画集落の一例として、九世紀中葉から十世紀中葉の長野県松本市三間沢川左岸遺跡をあげたことがある(本書八三頁)。三間沢川左岸遺跡には、約七五〇〇平方㍍の中に一三〇棟の穴屋(竪穴住居)と高屋(高床住居)があり、とくに穴屋は同一方位に配列されている。九世紀以降には、このように計画的に配置したと思われる住居群＝計画集落は比較的多い。九世紀以降の全国的な新田開発を想定させる考古資料の一つであろう。

同じ現象が弥生時代にある、とは予測していなかった。一九九二年(平成四)長野県考古学会三〇周年記念大会「中部高地における弥生集落の現状」に参加し、その大会資料を一覧したとき、整然とした配置の住居群がいくつか目につき、時代を確認した。資料には弥生時代と書かれており、発表もそうであった。はたして計画集落と言えるのか、事例の検討からはじめたい。

丹保《たんぼ》遺跡（長野県下伊那郡上郷町）（山下誠一「飯田・下伊那地方の弥生集落」長野県考古学会三〇周年記念大会資料集、一九九二年）　この遺跡は天竜川右岸低位段丘面にあり、天竜川との比高差は三〇メートルである。遺跡の北東と南西には生産域と想定される湿地帯の窪地がある。調査面積は約一万平方メートルで、弥生後期の竪穴住居跡を一三二軒検出しており、全体では三〇〇軒をこえると推定されている。住居跡の重複状況からみて五、六時期に細分できるとのことであり、六小期だとしても一時期に五〇軒の住居が存在したことになる。住居群はほぼ同一方位で、小溝による区画もあるようだ。

本村東《ほんむらひがし》 沖《おき》遺跡（長野県長野市）（千野浩「善光寺平南部〔長野市域〕における弥生集落研究の現状」長野県考古学会三〇周年記念大会資料集、一九九二年）　この遺跡は、浅川扇状地遺跡群の一つであるが、他の集落にくらべて大規模である。弥生時代後期（善光寺平Ⅴ—三期、従来の箱清水式中葉で、北陸の法仏式新相併行）の隅丸長方形住居が二六軒検出されており、うち四軒以外はほぼ方位が揃っている。善光寺平では、「Ⅴ期以降の住居跡形態は隅丸長方形に統一され、四～六本主柱と入り口部の出入り口施設に伴う可能性が高い二本一対の小ピット、ならびにその横の小貯蔵穴といった究《（ママ）》めて画一的な様相が確立されるが」、整然とした住居配置は画一化の中のもう一つの現象かもしれない。

岳の鼻遺跡（長野県上田市）（塩崎幸夫「上田・小県の弥生集落」長野県考古学会三〇周年記念大会資料集、一九九二年）　弥生「後期後半の二二軒の竪穴住居が検出されており、――当地域では最大規模の集落と考えられる」。住居分布図をみると、北西から南東にかけて一本の幹道があり、幹道に直交する枝道が二〜四軒の住居群を区画しているように思われる。

白《しら》草《くさ》遺跡（埼玉県川本町）（石坂俊郎「埼玉県の弥生集落」長野県考古学会三〇周年記念大会資料集、一九九二年）　約三万四〇〇〇平方メートルの遺跡全域が発掘調査され、弥生後期（吉ヶ谷式）の竪穴住居二一基が検出された。北西部の住居群は、等高線に沿って配置されており、全体に小型住居が主体である。

山籠遺跡（三重県津市）（石黒立人「伊勢湾地方の弥生集落」長野県考古学会三〇周年記念大会資料集、一九九二年。同「山籠遺跡」『埋蔵文化財発掘調査概要II』三重県教育委員会、一九九〇年）　弥生中期後半（IV期）の方形・長方形竪穴住居が整然と並び、一部は溝で区画されているようにみえる。

弥生の計画集落　弥生時代に計画集落はあるのだろうか。中期後半の三重県山籠遺跡の列状に並ぶ住居群に道をつければ、「都市計画」の存在を考えさせるし、長野県丹保遺跡の同時期五〇軒と推定される同一方向住居群もまた、自然集落としては異常である。弥生中期後半以降、滋賀県近江八幡市出町《でまち》遺跡や静岡市汐入《しおいり》遺跡などで集落内の〝家地〟と〝道〟の成立を指摘しうる状況（本書一五二頁）からみても、弥生時代の計画集落の存在を想定すべきであろう。そのように考えると、石坂俊郎氏が紹介された「埼玉県の弥生集落」の中で、東松山市駒堀遺跡の弥生後期（吉ヶ谷式）の大型住居を含む一四軒の竪穴住居群はよくみかける自然集落であるのに対し、川本町白草遺跡の一定範囲内に列状に並ぶ小型住居群は計画集落として両者の差が明らかになってくる。計画集落を摘出することによって、新田開発などの特定機能をもった弥生集落の計画的拡大が明らかになってくるであろう。いまのところ〝新田開発〟は弥生後期に活発化し、古墳早期（庄内式期）に拡大するように思われる。

「住居と集落」を研究テーマの一とする私にとって、この大会は娯しみであった。二十数年前に住居跡を集成したころとくらべて資料の質と量は格段の差である。本稿では、計画集落を注視したけれども、この時大木紳一郎氏や若狭徹氏が指摘されたように、群馬県群馬町保渡田《ほとだ》・荒神前《こうじんまえ》遺跡などの方位の異なる四軒の竪穴住居群が同時存在するムラがあることにも留意しなければならない。つまり、何ら検証することなく、同一方向住居は同時存在とは言いがたいという指摘であるが、ここで取りあげた集落の住居配置は画一性が高いと考えた。注意しながら検証を進めるということであろう。

他にも多くの注目すべき報告があった。例えば、他の地域であまり注意されていない平屋

（平地住居）の囲部施設と思われる建物をとりまく囲溝跡の存在、愛知県朝日遺跡の韓国・松《しょう》菊里《きくり》型住居に加えて、上伊那の原田遺跡に同型住居があるという神村透氏の指摘、小山岳夫氏による〝外来系土器の多い遺跡の住居は方形化し、在地系土器に限られる遺跡の住居は伝統的な長方形住居が継続する〟という外来文化と住居変容に関する指摘、佐久平の周防畑遺跡や山梨県金の尾遺跡などの主柱に長方形角材——板柱を用いる事例の紹介など、住居と集落に関して新たな展望をもった大会であったと思う。

（新　稿）

二　弥生・古墳時代の家地の変遷

はじめに

一九八九年（平成元）六月一日、静岡県浜松市大平遺跡を訪れた。「あの丘陵です」という鈴木敏則さんの指差す方向には、湖の向うに比高約三〇メートルほどのなだらかに丘が広がっていた。「これは何という湖カナ」「サナルコです」。私は、一瞬「サナギコ」と聞えたような気がした。銅鐸《どうたく》の地である遠江の土地の神に誘いこまれたのかもしれない。「まわりは遺跡だらけです」「佐鳴湖遺跡群だったらカッコイイのになあ」と無責任なことを言いながら現地に着いた。プレハブで全体の状況を聞いてから外に出た。話を聞いているとき、「そんなにうまく住居群が分かるもんかナ」と思っていたが、現地で、「これが溝で、ここからここまで――」とくり返し教えてもらっているうちに、「解釈ではない、事実なんだ」と納得した。眼の前にある、ほぼ一時期の建物群を見ているうちに、何の関係もないのに一瞬のうちに火山灰に埋まった群馬県子《こ》持《もち》村黒井《くろい》峯《みね》遺跡を想い出した。重なり合った建物群を解きほぐして、同時期に存在した住居や倉などを特定することはきわめて難しい。したがって集落論は、推定の積み重ねになってしまう。「これはいい。ほぼ同時存在の建物群が一眼で分かる。四世紀のムラの全貌がいま、眼の前にあるんだ」と改めてまわりを見まわした。柵や溝で囲まれたさまざまな単位の建物群が分かる四世紀の集落遺跡はいまも他にない。

本稿では、大平遺跡の事実をもとに、家地《やち》成立に至る過程を考えてみたい。ただし、居館概念にまどわされないために、〝家と土地〟という程度の意味の「家地」の変遷をたどることからはじめよう。以前に使用した「屋敷地」（石野博信『集落と豪族居館』綜括、雄山閣出版、一九九〇年）「宅地」と同義であるが、近世の大名屋敷や現代の「お屋敷」「邸宅」に含まれている〝立派な家と土地〟と区別するために「家地」という用語を使用する。

1　一世紀の家地

滋賀県近江八幡市出町《でまち》遺跡は、一九八三年（昭和五十八）から調査がはじまり、一世紀（弥生時代中期後半＝近畿第四様式期）に溝や柵で区画された家地があったことが実証され、その報告書が一九八四年から一九八七年にかけて刊行された（岩崎直也ほか『出町遺跡発掘調査報告書』近江八幡市教育委員会、一九八四年。岩崎直也・角上寿行ほか「出町遺跡」『近江八幡市埋蔵文化財調査報告書』七・一三、一九八五年）（図31参照）。

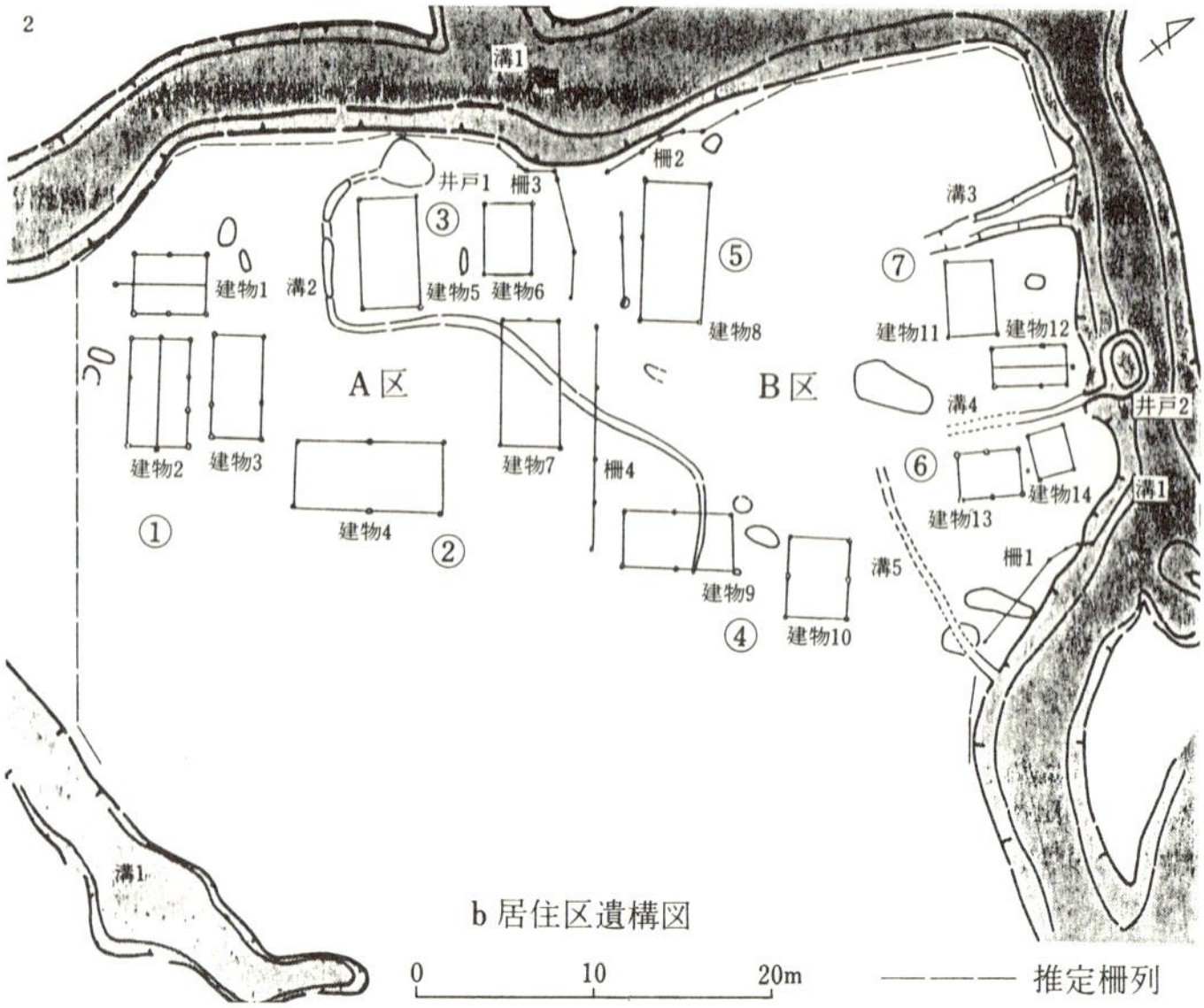

図31　1世紀の家地(滋賀県出町遺跡)

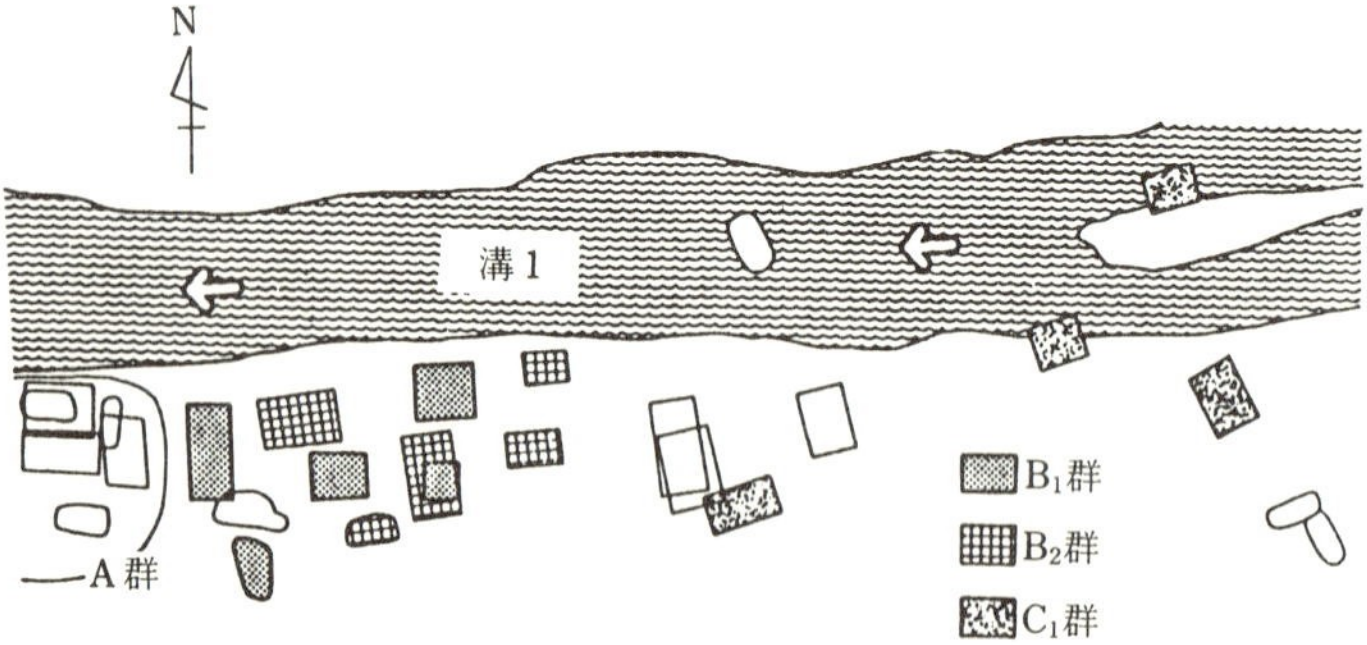

図32　1世紀の平屋・高屋群(愛知県勝川遺跡)

それ以前にも住居群の単位は摘出されていたが、囲郭施設は不明瞭であった。

出町遺跡b居住区は、四〇×六〇メートルの不整長方形の範囲が幅四～八メートルの溝で区画され、さらにその内部が柵と小溝によって大きく南北二つに、小さく七つに区分されている。A区とB区は柵列によって区画されているが開放的で、東側の出入口と広場を共有し、溝1によっても連結している。

A区には三つの建物群がある。それぞれ一二〇～一七〇平方メートルの範囲に二、三棟の建物を建てる。建物群③（建物5・6）は溝2によってL字状に区画され、溝の端末には井戸がある。

B区には、とくに区画施設をもたない建物群④⑤と小溝によって区画されている建物群⑥⑦がある。建物群⑥⑦は建物規模が小さいこと、他の建物群から離れて溝で区画されていることから、住居ではなく高倉であるかもしれない。

なお、出町遺跡b居住区の建物群は、すべて平屋（平地式住居）か高屋（高床式住居）で穴屋（竪穴式住居）はない。この点でも、やや異質な家地と見られる可能性があるが、おそらく、予想以上に普遍的な例であろう。つまり、出町b居住区を一世紀の首長層居宅と位置づけるのではなく、一般的な集落構成の一例と考えておきたい。

区画施設はもたないが、一世紀の平屋・高屋群からなる家地を復元しうる資料が、愛知県春日井市勝川《かちがわ》遺跡にある（樋上昇「勝川遺跡」『弥生時代の掘立柱建物』埋蔵文化財研究会、一九九一年）（図32参照）。三〇棟をこえる平屋・高屋が自然流路と溝に囲まれた二〇×八〇メートルの範囲に集中する。樋上氏によると、

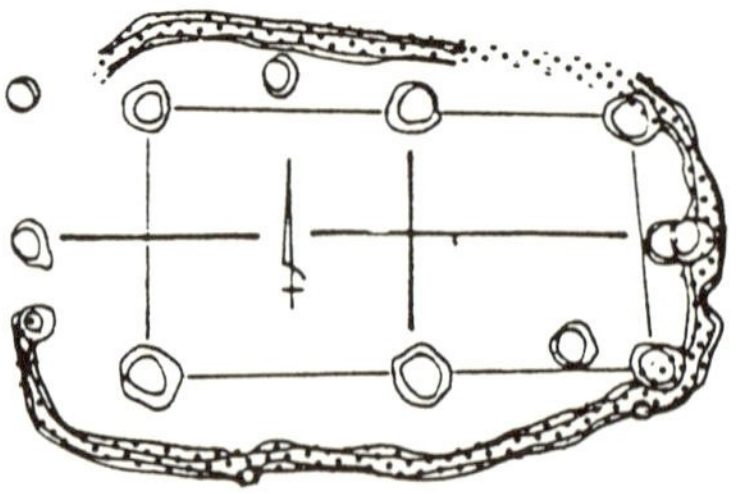

図33　紀元前２世紀の建物１棟を囲む溝
（新潟県尾立遺跡）

「建物の規模は一×一間、二×一間、二、二間、三×一間があり、うち二×一間が主体を占め、なかには高床式と考えられるものもある。構成は四棟一組で、北あるいは南に空間をもつ、コの字型の配列をとる」、という。図32によると、北側に広場をもつ四棟の建物群がB２群からB１群へとほぼ同位置でつくりかえられていることが分かる。二つの建物群は、東側にやや小さい建物が、西側にやや大きい建物を配置する点でも共通しており、同じ人びとが同じ機能をもったままつくりかえた家地のように思われる。

B２群には、コウヤマキの棺材五枚を納めた土坑が伴っており、「木器などの製作を行なう生産域」と推定されている。〃住居から工場への通勤〃ではなく、〃職住一体〃と考えれば、同一職種をもった家地の継続と理解することができる。

この他、弥生時代中期には、一棟の建物を溝で囲む例は各地にある。例えば、新潟県長岡市尾《お》立《たて》遺跡では、縄文時代晩期の大洞A'式と弥生時代中期前半（近畿第二様式併行）の弥生土器を伴う建物に接して溝がめぐる（駒形敏朗・寺脇裕助『埋蔵文化財調査報告―藤橋遺跡・尾立遺跡・旧富岡農学校跡遺跡―』長岡市藤橋遺跡等発掘調査委員会、一九七七年）（図33参照）。建物は、一×二間で棟持主をもち、妻側の一方に出入口があるらしい。溝をめぐらす穴屋（竪穴式住居）も類例が多いが、弥生中期の大阪府高槻市天神山遺跡などのように屋外の排水施設としてつくられたものが、弥生後期の岡山県北房町谷尻《たんじり》遺跡の巴《ともえ》形銅器をもつ大型穴屋のように、囲郭施設として機能する場合があったのであろう。

2　二、三世紀の家屋

二世紀（弥生時代後期）には、連接する方形区画内に建物群を配置する例がある。静岡市汐入《しおいり》遺跡は、静岡平野の南端、登呂遺跡の東南一キロの平野にある（杉山彰梧「汐入遺跡」『昭和五十四年度発掘調査発表要旨』静岡県考古学会、一九八〇年。鈴木隆夫「汐入遺跡」『静岡県史　資料編1、考古1』静岡県、一九九〇年。図34は『弥生時代の掘立柱建物』（前掲）より改変）。東西一一〇×南北八〇メートルの調査区のほぼ中央部に幅三〜五メートルの道があり、道の両側の水路と直交する水路によって、方形の四区画があることが分かる。さらに、西北部の区画には幅一二メートル余の両側溝をもつ道があり、二つの区画に分かれるようにも見える。各区画を図34に標示したようにA〜E区と呼ぶ。汐入遺跡の建物は、環溝をもつ平屋か高屋か登呂遺跡のような外堤をもつ平地式の穴屋と環溝をもたない高床建物がある。住居とそれ以外の建物の区別は難しいが、環溝は高床・竪穴を問わず、地表面をも使用するための排水溝とみて、環溝をもつ建物は住居、もたない建物は高倉と仮定すると、各区の建物は表2のように整理できる。

家地は、方形か長方形で面積は約一〇〇〇平方メートルから二〇〇〇平方メートルに及ぶ。ただし、家地の大き

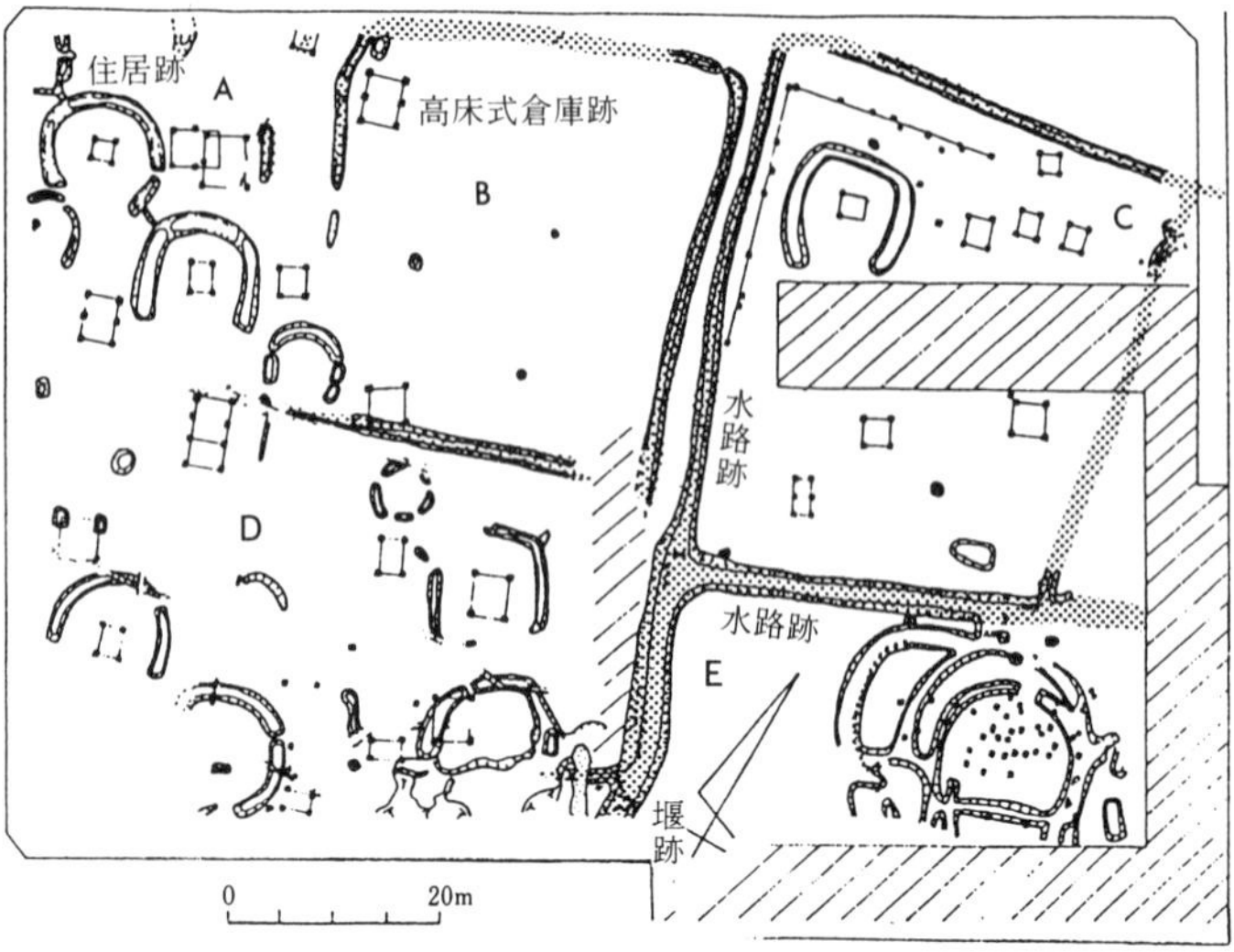

図34　2世紀の方形家地(静岡県汐入遺跡)

表2　汐入遺跡の家地と建物

		家地				
		A	B	C	D	E
建物	住居	2+	0	1	3+	1+
	高倉	2	2	7– 柵	4+	0+
	面積(平方メートル)	800+	1400	1600	2200	900+

さをほぼ推定できるB・C・D区と比べると一四〇〇〜二二〇〇平方メートルで、その差はやや縮少するものの、不揃いな長方形区画が連接することは変わらない。一つの家地には二、三棟の住居と二〜四棟の高倉が建っていたらしい。高倉とした建物のうちには、埴輪《はにわ》から推定できる祭祀的建物や納屋などが含まれている可能性があるので一つの住居が高倉一棟以上を保有していたと考えることはできない。いま言えることは、二世

紀の家地には複数の住居と複数の住居以外の建物があり、その数は合わせて四、五棟らしいという程度であろう。それでも、二世紀の家地の大きさと屋地内のおよその建物数を推定できた意味は大きい。

さらに、汐入遺跡の家地の中で特異なのは、B区とC区である。B区には、西北部と南西部に高倉が各一棟あるだけで全体は広い空間のままである。建物を建てない公共の広場であるとすれば、A区との間に推定した幅一二メートルの道の存在も分かりやすい。その場合には、二棟の建物は高倉ではなく、公共広場にともなう共有施設であるかもしれない。

C区には、一棟の環溝住居の道側にL字型の柵列を設け、東と南に高倉とした高床建物を七棟以上もつ。弥生集落で、方形家地をもつこと自体稀有のことであるのに、さらに柵列をめぐらすのは異質である。他の家地に比して付属棟が多いことと柵をめぐらすことを重視すれば、集落内の有力者の家地の一例と考えることができる。ことによると、静岡県における二世紀の首長居宅の一例が見えているのかもしれない。それは、一世紀の兵庫県川西市加茂遺跡や二世紀の佐賀県吉野ケ里遺跡に認められるように、環濠集落内に方形区画を設けて居住地とする例と共通する。

二世紀後半で一つの建物をコの字型の溝で区画する例が石川県押水町宿《しゅく》東《ひがし》山《やま》遺跡にある（北野博司ほか『宿東山遺跡』石川県埋蔵文化財センター、一九八七年）（図35参照）。約五×七メートルの長方形住居の外側に幅一メートル内外の溝を斜面の下側にコの字型にめぐらしている。住居の斜面の上側には古墳があるため明らかでないが、一般的には斜面の上側をカットして平坦面をつくってから住居をつくるので、おそらく長方形区画に囲まれていたと思われる。その上、溝底には一・五〜二メートル間隔で、径二〇〜三〇センチ、深さ一〇〜二〇センチの穴が七、八個並んでおり、柵が設けられていた可能性が高い。北野氏は、住居規模と外部施設と鉄器などの出土から、「本竪穴の階層的優位性」を推定しておられる（北野博司ほか『宿東山遺跡』石川県埋蔵文化財センター、一九八七年、五二頁）。ありうることであろう。ただし、囲郭施設をもつ穴屋が優位な住居と限らない例は、群馬県の遺跡などで確認されている。群馬県群馬町保渡田荒神前遺跡で、三世紀（従来の弥生末期―庄内式併行期）に同時に存在していたと推定できる五棟の穴屋などが検出されている（若狭徹『保渡田・荒神前・皿掛遺跡』群馬町教育委員会、一九八八年）（図36参照）。多くの穴屋は周堤をもつが屋地の区画施設ではない。しかし、2号住居や3号住居の周堤は、必ずしも穴屋の壁と併行せず、かつ五メートル以上も離れているので、周堤による区画内に付属建物や畠地などをもつ場合があるのかもしれない。

二、三世紀の高屋一棟を溝や柵で区画する例がいくつかある。福岡県春日市須玖《すく》永田《えいだ》遺跡では、高屋群の中で比較的規模の大きい二×三間の高屋を長円形の溝で区画する（丸山康晴・平田定幸『須玖永田遺跡』春日市教育委員会、一九八七年）。

三世紀の静岡市小黒《おぐろ》遺跡では、一×二間（三・五×五メートル）の高屋のわまりを六×一〇メートルの長円形の溝で区画し、溝内に柱穴を掘って柵をめぐらしている。妻側の一方の溝が切れており、出入口としている（中野宥ほか『静岡・清水平野の弥生時代』登呂博物館、一九八八年）。両者とも建物と区画施設が接近して

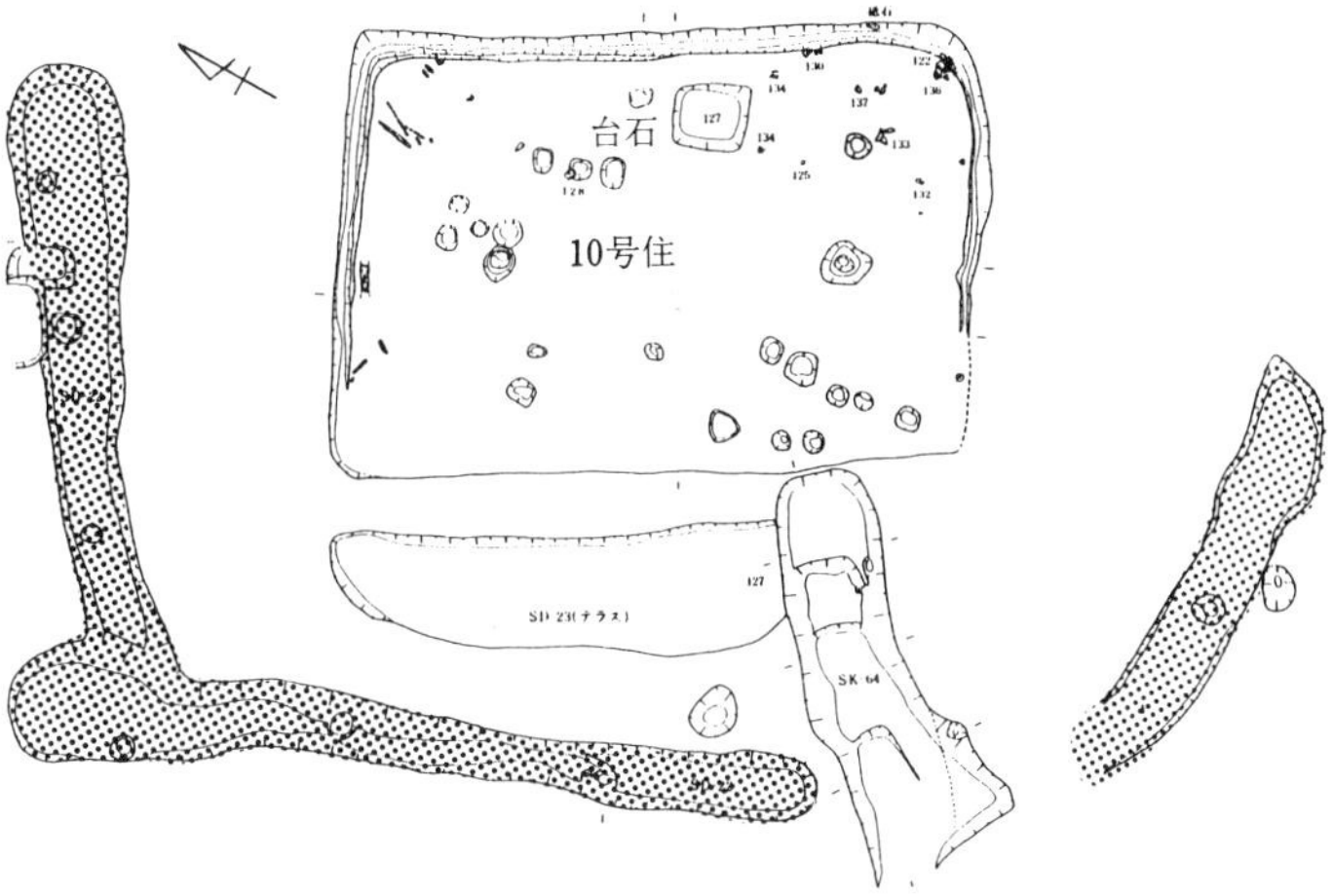

図35　2世紀のコ字状囲郭溝(石川県宿東山遺跡)

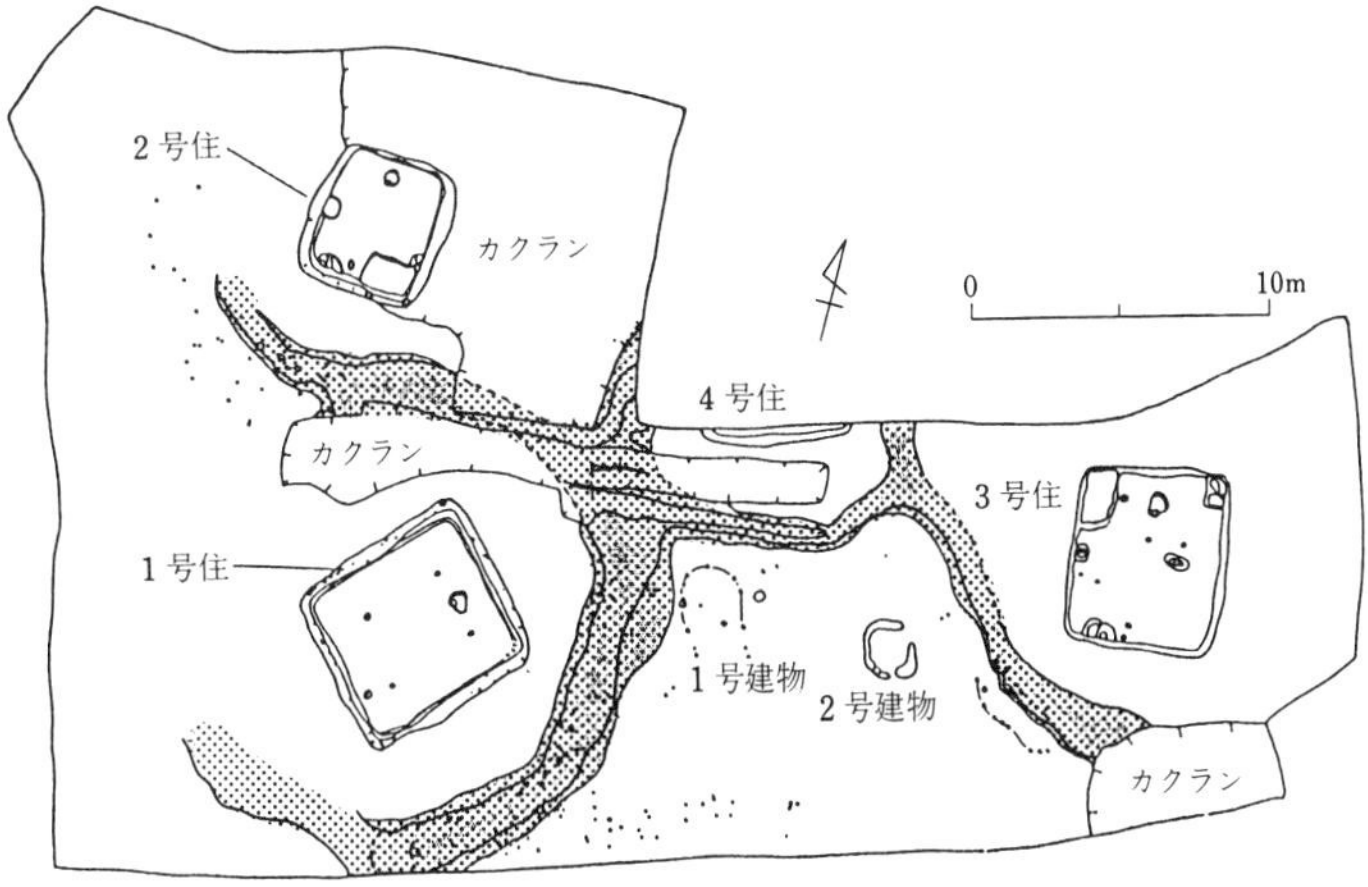

図36　3世紀の穴屋の周堤(群馬県保渡田荒神前遺跡)

いて、家地とは言いがたい。

3　四世紀の家地と居館

四世紀で不整方形区画を連接し、穴屋と高屋を併存する家地が静岡県焼津市小深田《こふかだ》遺跡にある（原川宏ほか『焼津市埋蔵文化財発掘調査概報II』焼津市教育委員会、一九八二年。図37は、石野博信『古墳時代史』雄山閣出版、一九九〇年）。ここでは幅二メートル前後の溝によって三五×四〇メートルの範囲が長方形に区画され、区画内には三棟の穴屋と七棟の高屋と井戸がある。家地一四〇〇平方メートルは、さきにみた二世紀の汐入遺跡とほぼ同じであり、建物構成と共に二世紀以来の一般的な家地と建物のあり方の一例をしめすものであろう。同様の家地は、幅二、三メートルの道をともなって連接している。

静岡県浜松市大平《おおひら》遺跡の四世紀の家地と建物は、一世紀以来の家地の系譜と三世紀にはじまる方形居館の両者を兼ね備えた集落のように思われる（鈴木敏則「古墳時代の前期の集落」『静岡の原像をさぐる！』静岡県埋蔵文化財調査研究所、一九八九年）。

大平遺跡では、約二〇〇〇平方メートルを前後する家地の中にそれぞれ五棟前後の穴屋と高屋を配置する四つの家地と高屋だけの三つの居館がある。広い家地に二、三単位の建物群を配置するのは、一世紀の出町遺跡や二世紀の汐入遺跡以来の伝統であり、溝と柵で囲む方形家地内に、区画に併行する数棟の建物を配置するのは、京都府城陽市森山遺跡や大分県日田市小《お》迫《さこ》辻《つじ》原《ばる》遺跡など四世紀以降に普及する、いわゆる豪族居館と同じである。さきに、大平遺跡について「弥生拠点集落の延長上にある」と

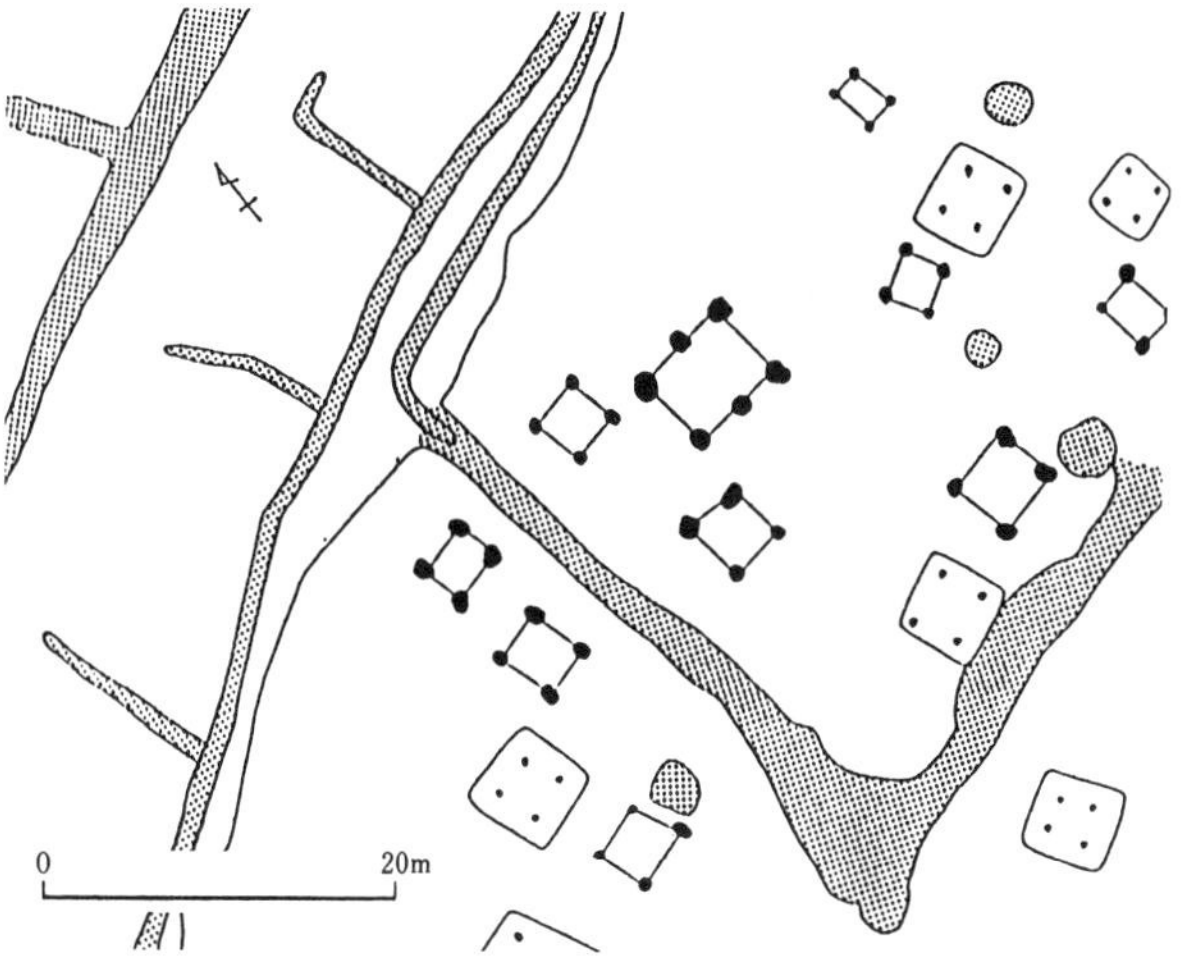

図37　4世紀の家地(静岡県小深田遺跡)

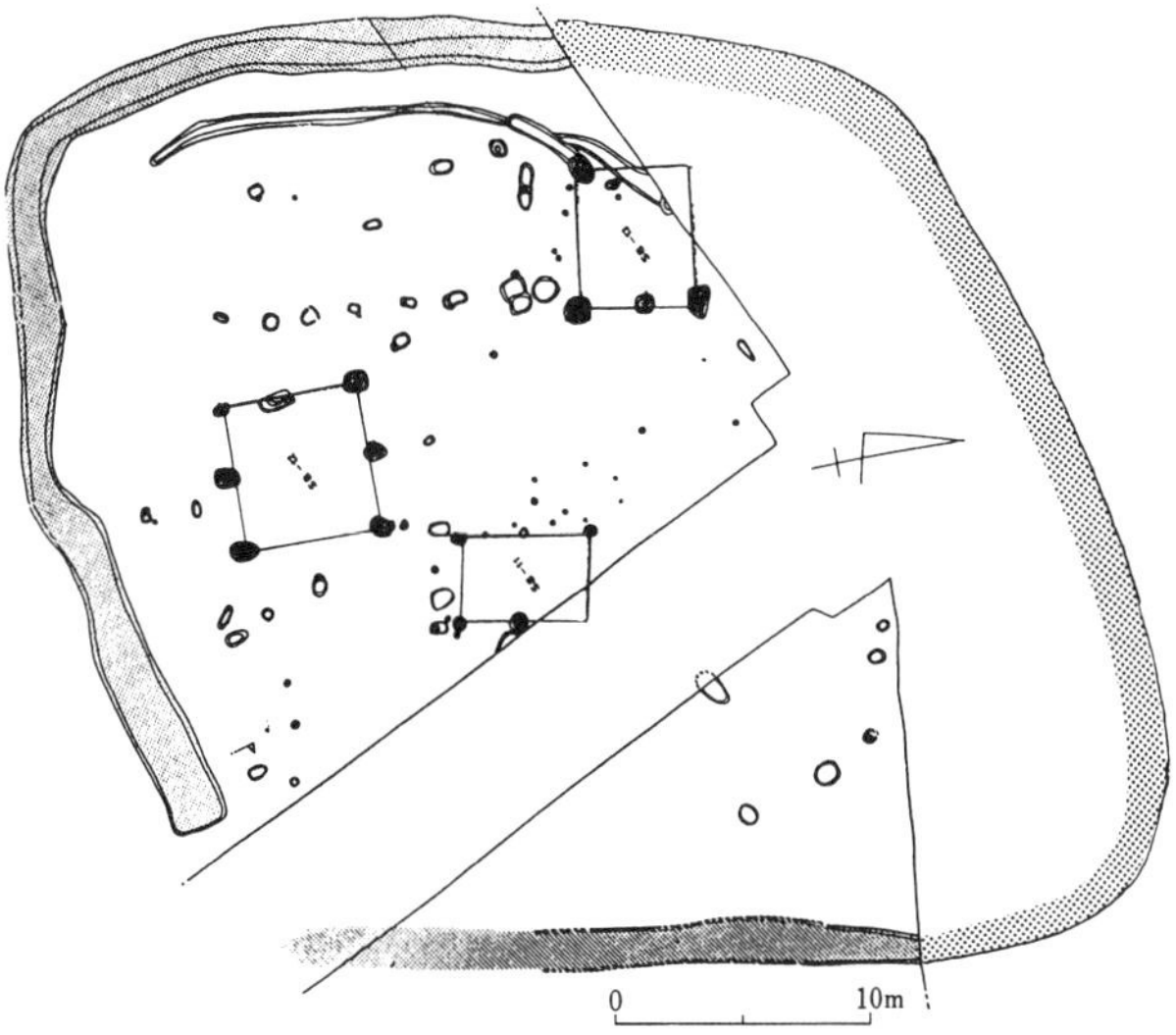

図38　4世紀の不整方形家地(静岡県土橋遺跡)

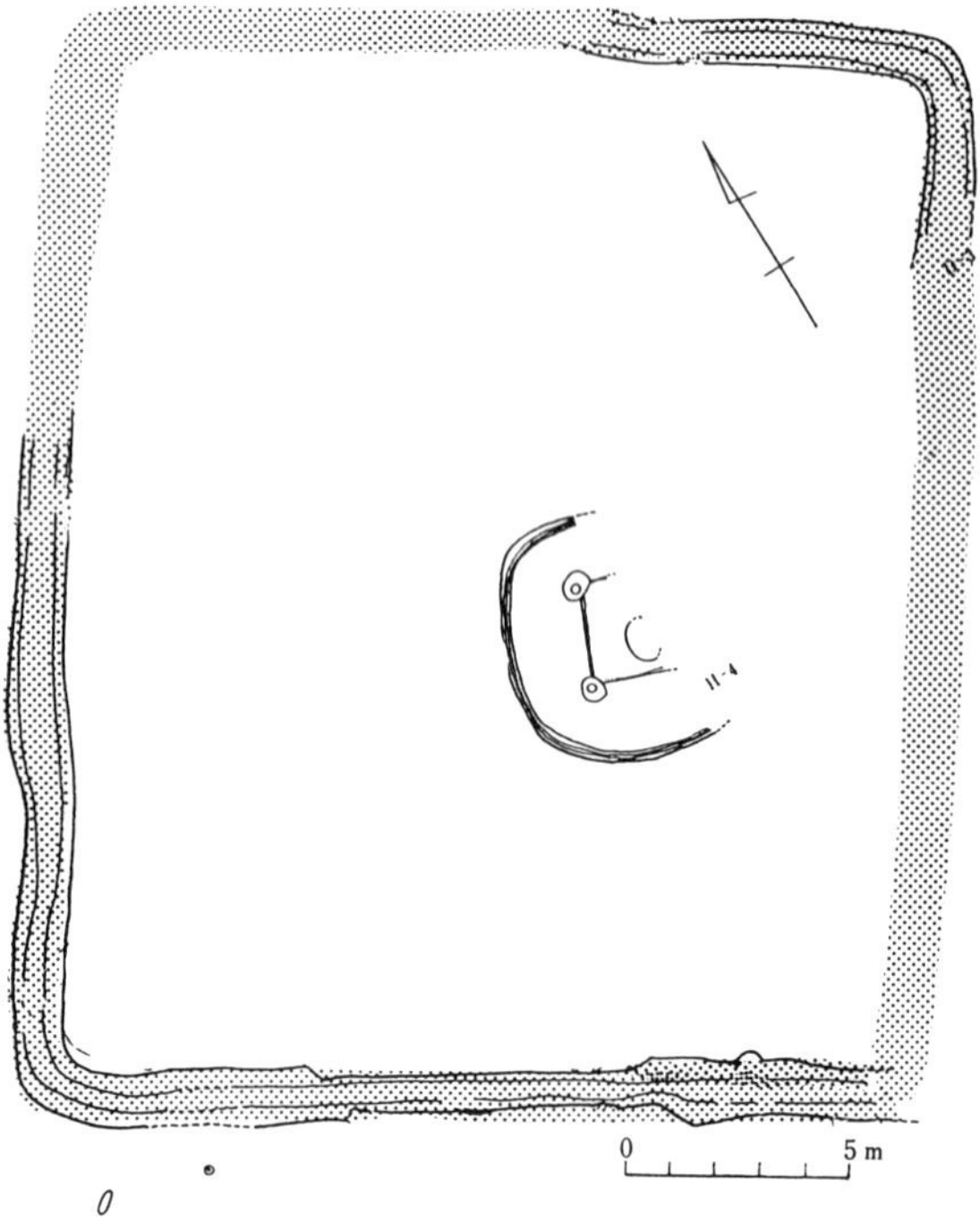

図39　4世紀の方形家地（岡山県雄町遺跡）

評価し、「首長居館が集落構成員の屋敷群とさほど距離をおかずに建てられている姿は、弥生環濠集落内の首長居宅が環濠外に出ると共に、環濠内の集落構成員も特定単位ごとに屋敷を構えながらも集住する状況に見える」（石野博信『古墳時代の研究2―集落と豪族居館・総括―』雄山閣出版、一九九〇年）と総括した考えは変わっていない。

　四世紀の方形区画の豪族居館は、九州から東北地方までに認められているが、注目されていない二つの例を紹介しておきたい。

　ひとつは静岡県袋井町土橋《つちはし》遺跡にある（寺田義昭ほか『一般国道1号線袋井バイパス埋蔵文化財発掘調査報告　土橋遺跡』袋井市教育委員会、一九八五年）（図38参照）。土橋遺跡は沖積平野の微高地上にあり、三〇×

三〇メートル以上の長方形に幅二メートルの溝で区画し、中に三棟の高床建物がある。内側は柵列でＬ字型に区画されているようだが明らかでない。

他は、未だ四世紀の方形環濠がないとされている山陽地方にある。岡山県雄町遺跡第三調査区に雄町一三式期の穴屋と方形環濠がある（正岡睦夫ほか「雄町遺跡」『埋蔵文化財調査報告』岡山県文化財保護協会、一九七二年）（図39参照）。一辺二〇×二三メートルの範囲を幅一メートル余の溝で区画し、ほぼ中央部に穴屋が一棟ある。高屋らしい柱穴群があるが明瞭ではない。内部の建物がはっきりしないが、少なくとも吉備地域にも四世紀に方形の家地があることだけは指摘できる。

4　五、六世紀の家地と居館

五世紀以降、豪族居館はいくつかの類型をもちながら展開していくことは確実である。そのような中で、静岡県浅羽町古新田《こしんでん》遺跡は五世紀後半という早い段階で左右対称の建物配置をとる点で特異である（柴田稔『古新田Ｉ』遺構編、静岡県浅羽町教育委員会、一九九二年）（図40参照）。

古新田遺跡のＩｂ期の建物群は、西群に主館域があり、東群に群倉域がある。主館域は、北に主殿を置き、その南側の東西に各二棟づつ副屋を配置して全体にコ字型の構成とする。群倉域は六棟の高倉をコ字型に配置し、その南に庇付高屋二棟をおく。西群は政治の場であり、東群は経済と宗教の場と想定しうる。

古新田遺跡の建物群は、Ｉａ期に主館域からはじまり、Ｉｂ期に主館域と群倉域が併存し、II期には主館域が移動して継続するらしいが、IIIａ・ｂ期には二、三棟の単位群が点在するだけとなる（Ｉa期とII・III期の建物配置図は省略）。つまり、集落の盛期はＩｂ期であり、地域首長として君臨したのもＩ期だけであろう。大平遺跡の集落動向と比較すると、大平集落は拠点集落の流れをくむ集団に支えられた在地色の強さが認められるが、古新田集落は突然に出現し、急速に衰退する政治色の強さが感じられる。

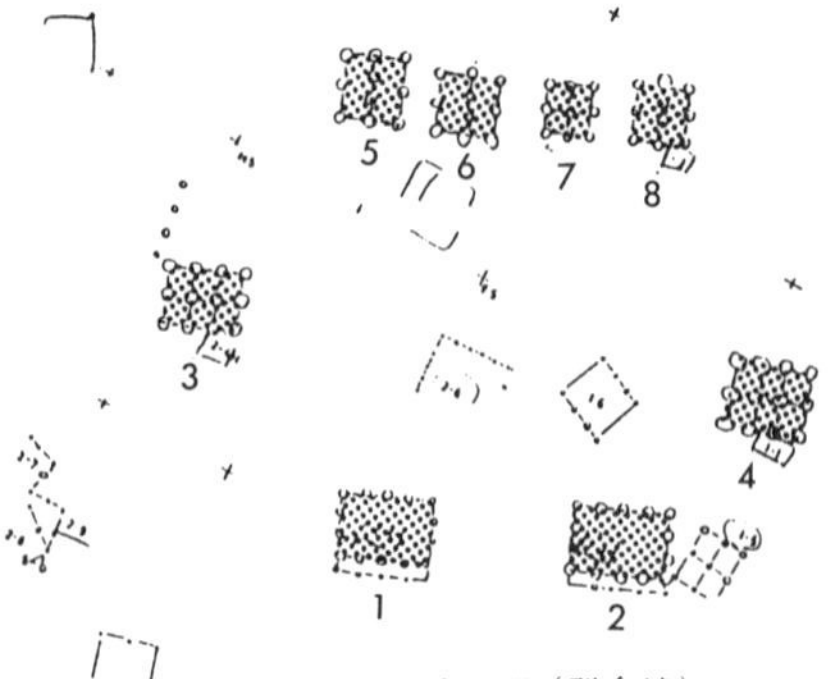

東　群（群倉域）

五、六世紀の囲郭施設をもつ庶民の家地を思わせるのが群馬県子持《こもち》村黒井峯《くろいみね》遺跡にある（石井克己「黒井峯遺跡」『古墳時代の研究2』前掲）。一辺三〇〜四〇メートルの範囲を柵で不整形に囲み、中に、平屋四棟、穴屋（伏屋）一棟、高倉一棟、家畜小屋一棟と畠を二ヵ所につくる。六世紀の黒井峯ムラに認められる家地と建物構成は、一、二世紀の一般的な家地復原のもっともよい参考例である。

いま、発掘資料による中世屋敷の復原が積極的に行なわれつつあるが、家地と建物配置の基本理念は、一世紀に萌

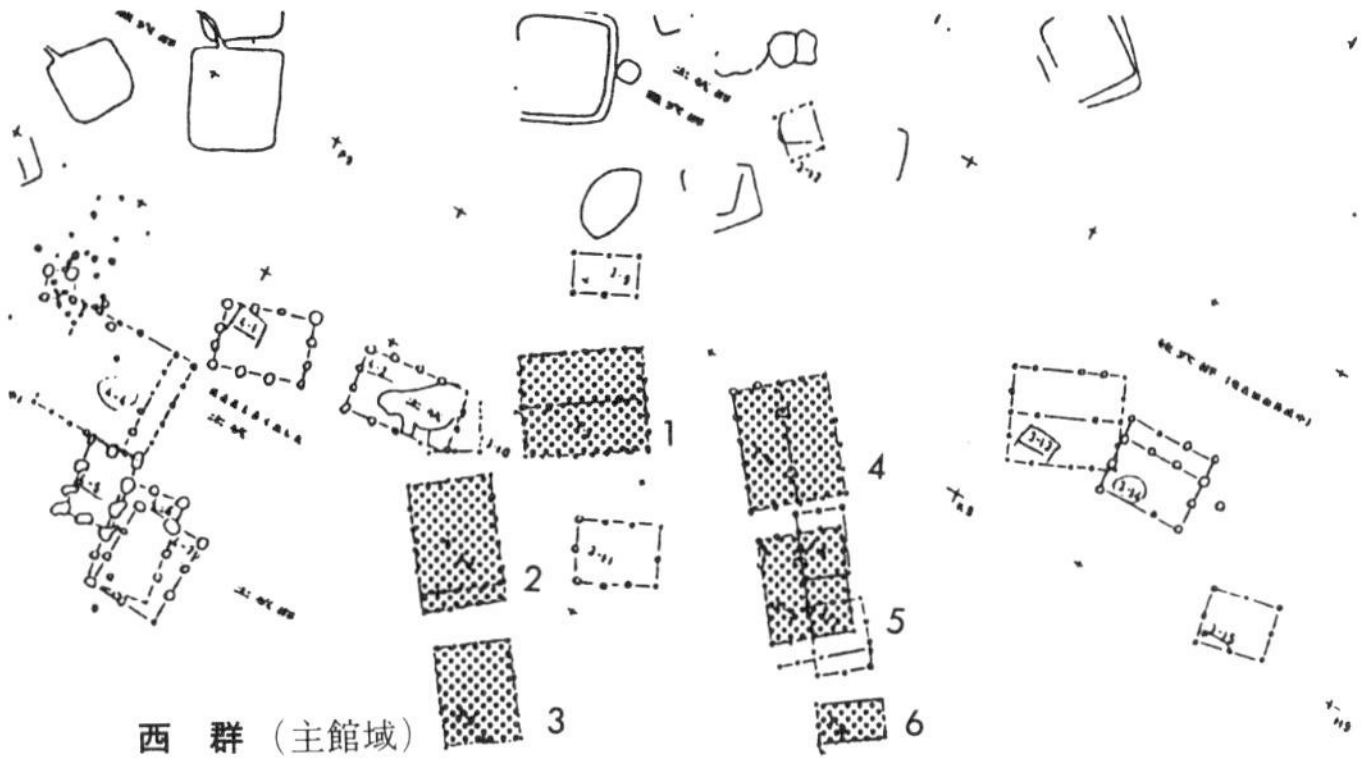

図40　5世紀の豪族居館(静岡県古新田遺跡)

芽し、その後連綿と継続しているように思われる。

おわりに

四世紀の大平ムラは、年代的にも地理的にも家地構成上も、三世紀以前と五世紀以降の接点であった。

四世紀は前方後円墳の拡張期である。大平ムラの居館居住者は、大きな前方後円墳に葬られる階層でないことは、居館の規模とムラをとりまく柵列と、さほど変わらない囲郭施設や高屋の大きさから類推できる。五世紀に佐鳴湖《さなるこ》をはさんで築造される入野古墳は浜松市博物館と地域の人びとによる測量の結果周濠をもつ径四二メートルの円墳とのことであり（「入野古墳の学習会」連絡紙一～七、浜松市博物館、一九九二年）。大平居館居住者の後裔であろうか。四世紀にはすでに、宮城県山前遺跡のように東北中部にまで幅一〇メートル以上の環濠と突堤をもつ大型居館と前方後円墳が築造されており、全体の傾向の中では大平居館は囲郭施設が小規模である。

他方、大平ムラの家地は二〇〇〇平方㍍の広さと多くの建物をもち、一世紀以来の家地の一つの発展型であることが分かった。さらに、四世紀の家地は基本的には六世紀にも継承された。しかし、一、二世紀も四世紀も、大きな家地には複数の建物群があるが、二、三家族の共同生活の場であったかもしれない。その具体的な検討は、黒井峯遺跡のように個々の建物の機能が夏の住居・冬の住居・倉・納屋・家畜小屋などと明確に区別できる集落例を基本として今後可能である。

（原題「弥生・古墳時代の家地の成立と展開―大平遺跡の背景素描―」『浜松市博物館報』V、一九九三年）

弥生楼閣と卑弥呼の館

楼閣と建築材

一九九四年(平成六)六月二十四日、奈良県唐古《からこ》・鍵《かぎ》遺跡に西暦一世紀の楼閣《ろうかく》が復元竣工した。唐古池に浮かぶ、高さ一二・五メートルの重層建築は、従来の弥生建築に対するイメージを変えることとなろう。穴屋(竪穴建物)から高屋(高床建物)へのイメージチェンジといえる。

話は三〇年ほどさかのぼる。一九七一年(昭和四十六)七月ころ、鳥取県青木遺跡を調査中の清水眞一さん(現奈良県桜井市教育委員会)から「弥生時代の掘立柱建物跡がまとまって出てきた」という連絡をうけた。掘立柱建物とは、平屋(平地建物)か高屋のことであり、共伴遺物が少ないために時代の認定が難しい。私は疑がった。弥生時代に平屋か高屋だけのムラがあるとは考えがたいし、高倉を集中して建てることはさらに考えがたい。〝疑わしいときは現地を見る〟ことが大事であり、警察がいう〝現場百ぺん〟に通ずる。清水さんに連絡をとり、米子市の小さな下宿に泊めてもらって現地を見た。

　平屋・高屋は青木遺跡F・J地区に集中していた。そこは比高約一五メートルの広々とした丘陵上で、径二〇～四〇センチ、深さ三〇～五〇センチの柱穴が無数に発掘されていた。表土をとるとすぐ柱穴が出る、という。それなら、「どうして弥生時代と言えるのか」と聞いたら、「これを見て下さい」と一つのプレハブに導かれた。テーブルの上には、柱穴の中から出てきた土器片が、柱穴番号ごとに所せましとおかれていた。時代が分かる土器片でももっとも新しく、もっとも多いのは弥生時代中期後半、つまり一世紀のものである。古墳時代以降につくられる土師器《はじき》や須恵器《すえき》は一片もない。柱穴内の土器は、柱穴を掘ったときにそれ以前から周辺に散らばっていた土器片が混じる場合もあるし、建てかえなどの時に柱をぬいたあと入りこむ場合もあるので注意して資料としなければならないが、これほど一世紀の土器片がまとまると、建物群の時期は、この時期だと考えるのが普通だ。私は現地で納得した。

　大変なのはこのあとだ。報告書（『青木遺跡発掘調査報告書Ⅰ』F・J地区、一九七六年）によると、F・J地区には六一棟の平屋・高屋があり、その大きさは一間×一間から二間×七間、面積にして五平方メートル（約三畳）から二九・九平方メートル（約一八畳）である。当時、弥生時代の高床建物はほとんど倉と考えられており、静岡県登呂遺跡のように五、六棟の穴屋に高倉一棟の組み合わせが一つの弥生ムラの姿とされていた。そのため、約三〇年前に青木遺跡の実態がきちんと報告されているにもかかわらず、青木ムラの一世紀の高床建物群はあまり注目されずに時がすぎた。

そして、一九九二年（平成四）四月、唐古・鍵遺跡の楼閣絵画が登場した。唐古・鍵遺跡は、近畿の「弥生の首都」である（田原本町教育委員会編『弥生の巨大遺跡と生活文化』雄山閣出版、一九八九年）。「首都」には、幅五〜一〇メートルの環濠が五〇〇×六〇〇メートルの範囲にめぐらされ、その南側の「首都」の入口近くの濠内に楼閣絵画土器が置かれていた。描かれている楼閣は、中国風の重層建築であり、中国都城には南面する門の左右に重層建築の闕《けつ》を建てる（『中国の都城遺跡』橿原考古学研究所附属博物館、一九八三年）。楼閣絵画の出土位置は、中国古代の都市計画の思想が一世紀の近畿に入っていたことを示唆している。そうであれば、楼閣絵画は単なる〝絵そらごと〟ではなく、唐古・鍵に建っていなければならない。ムラの入口の左右に高床建物を建てている実例は、福岡県迫額《さこびたい》遺跡（二世紀）にある（夜須町教育委員会、石井扶美子氏のご教示による）。意識した調査によって、類例は増加するであろう。

一世紀の日本列島に中国風重層建築が建っていた、と私は考える。しかし、建っていない、と考える人も依然として多い。仮に建っていたとしても、二世紀以降、古墳時代を含めて高度な建築技術の痕跡が認められないのが、「建っていない」と考える人の一つの根拠であろう。

「高度な建築技術」を具体的に考えてみよう。高さ一〇メートルをこえる重層建築を建てる場合、①太い柱、②各柱に方形孔をあけて横材で緊結する貫《ぬき》構造、③枘《ほぞ》による上層と下層の結合、が重要であろう。

①太い柱は、楼閣絵画以降、発見が相ついでいる。飛鳥・奈良時代の宮殿建築に匹敵する直径三〇センチをこえる柱は、滋賀県下釣《しもまがり》遺跡（二世紀）、同・伊勢遺跡（二世紀）、大阪府池上遺跡（一世紀）、佐賀県吉野ケ里遺跡（二世紀）、福岡県以来尺《いらいじゃく》遺跡（一、二世紀）、福岡市雀居《ささい》遺跡（二世紀）などの西日本に多い。一、二世紀以降集落内の特定の建物に太い柱が使われていた。

②の貫孔をもつ柱は少ない。それでも、富山県桜町遺跡（縄文中期）の最古例をはじめとして、島根県上小《かみこ》紋《もん》遺跡（二世紀）や兵庫県原田中遺跡（二世紀）の類例が知られていた。さらに今年に入って、岡山市南方《みなみかた》遺跡で一世紀の貫孔のある柱材が検出された（『南方遺跡第二回現地説明会資料』岡山市教育委員会、一九九四年）。柱材は、直径三〇センチ、長さ四メートル余で長方形の貫孔がある。柱材は弥生中期中葉（一世紀）につくられた井堰の構築材として転用されていたので、建物としてはそれ以前に建てられたことは確実である。

③の枘差結合の建築材はさらに少ないが、前述の島根県上小紋遺跡（二世紀）の柱頭には桁《けた》をうける角枘がつくられている（宮本長二郎「高床建築の成立と展開」『東アジアの古代文化』七三

号、一九九二年)。

太い柱や貫孔や枘のある建築材は、二年前まで弥生時代はもとより、古墳時代にもないと言われていた材であり、眼の前にあっても〝時代の新しいもの〟として見過ごされてきた可能性が高い。楼閣絵画の発見を契機として、考古学研究者と建築史家の関心が高まり、「高度な技術」の類例は急増するに違いない。

古墳時代人は、四世紀以降の建築技術の粋を「家屋文鏡」(奈良県佐味田宝塚古墳)や家形埴輪として残してくれている。家屋文鏡には穴屋・平屋・高屋と高倉が描かれているし、家形埴輪《はにわ》には大阪府美園《みその》古墳例などに屋根組の束《つか》や桝《ます》が描かれている。今後、束や桝や肘木《ひじき》などの建築部材を積極的に見出していく眼を持てば、夢の楼閣は各地に建ち並んでくるだろう。

(原題「弥生楼閣と建築材」『月刊文化財発掘出土情報』一九九四年)

女王卑弥呼の館をさぐる

「卑弥呼《ひみこ》の館」は、まだ発見されておりません。したがって、当然だれも見た人はいません。ですから私の想像力を駆使して話を進めたいと思います。

卑弥呼といいますと、日本古代上の有名人ですから、皆さん一応のことはご存じと思いますが、プロフィールから紹介させていただきます。

中国の歴史書である『魏志《ぎし》』倭人伝《わじんでん》によりますと、三世紀に邪馬台国《やまたいこく》という国家があり、その女王であったとされる人物です。一、二世紀の倭《わ》国、つまり日本ですが、この時代は戦乱時代で大いに乱れていたようであります。そうしたなかで一九〇年ごろ、卑弥呼が女王の位に就きます。そして魏の国に使いを送って外交を展開します。こうした状況の下で、中国系の文化が日本に入ってくることになります。

邪馬台国は三世紀に狗奴《くな》国と戦い、卑弥呼は二四七年か二四八年ころに死んだと推定されます。「大いに冢を造る。径百余歩」と『魏志』倭人伝に書かれております。この後、男王を立てますが国中が治まらず、一族の娘・壱与《いよ》を立ててようやく治まったと伝えられています。

出土壺と巨大楼閣　さて本題の卑弥呼の館ですが、『魏志』倭人伝の記述によりますと相当大きな建物です。弥生時代にそんな大きな建物があったのか、ということが問題になってまいります。

従来の常識ですと、弥生時代の建物は縄文時代以来の伝統的な竪穴《たてあな》式住居と考えられていました。近年、この定説が覆えされました。

田原本の唐古《からこ》・鍵《かぎ》遺跡といいますと、近畿地方の首都ともいうべき代表的な弥生集落です。ここの南側の出入り口の溝跡から、一世紀のものと見られる巨大な楼閣の絵を描いた壺の破片が発見されました。

これは、中国漢代の明器に描かれている建物の絵と酷似しています。つまり、中国系の建物であるということで注目されたのです。一世紀の九州は、鏡や青銅器にしろ中国系のものが多いのですが、建物でも大きなものが発見されており、吉野ケ里遺跡からは直系三〇チセンの柱跡が認められています。これは政治的・宗教的な交流があったものと推測されています。

唐古・鍵遺跡の楼閣の絵に戻りますが、これは日本人が中国に行って、向こうの建物を見てイメージしたものなのか、中国人が日本に来て故国をしのびながら描いたのか、そのあたりのことは、いまのところよく分かりません。

さて、当時の中国ではどうかということですが、村の入り口に闕《けつ》という櫓《やぐら》を建てます。これは漢代の中国ではごく普通の様式です。

唐古・鍵遺跡の楼閣を描いた壺が村落の入り口から発見されたことから、これは中国の思想や文化様式を受け継いだものとみられます。そうすると、中国から大量の技術者が来日したと考えられるのですが、遺跡から中国系の文物は発見されていません。この点についていろいろと考えてみたのですが、中国からやって来た技術者は一人で、この人が日本人を指揮したら十分だという説もあります。

ほかの例を見てみましょう。一世紀（弥生中期）の兵庫県加茂《かも》遺跡ですが、ここの居住区の中に一辺約一〇〇メートルの方形の板塀《べい》で囲んだ聖なる空間ともいうべき区画があります。この中に大型の建物があったと推定されます。

また、滋賀県の下釣《しもまがり》遺跡では径三〇センチの柱根そのものが発掘されています。

ところで、鳥取県淀江《よどえ》町の稲吉《いなよし》遺跡から弥生時代の祭場の様子を描いた土器が出土しています。ここには高床式建物の絵があるわけですが、ここで私が注目しているのは、羽根飾りを着けた舟をこぐ人の絵です。これと同じ絵が中国雲南省から出土した銅鼓《どうこ》にも描かれています。銅鼓というのは祭りの際に使う楽器のようなものですが、橿原《かしはら》市の坪井遺跡からも同じような鳥人を描いた土器が出土しています。また、先年中国を訪れました時に、たまたま同じ姿の「鳥人」をまつりの場で目撃しまして、いよいよ弥生時代に中国系文物が流入したという自説の確信を深めた次第です。

村構造と中国の影響　さて話は戻りますが、集落の建物配置という点で、滋賀県の出町遺跡の例を見てみましょう。これは弥生時代の宅地跡と推定されますが、柵列で囲われた屋敷構えの跡が確認されています。また静岡県の汐入《しおいり》遺跡では、溝と一部柵で囲まれた宅地跡が発見されています。

これらの遺跡に共通していえるのは、家屋はいわゆる竪穴式の穴屋ではなく、平屋かまた高床の建物であるということです。

西日本で発見された大型建物の遺構は、柱穴の推定から大きいものでは幅三㍍、長さ八㍍、深さ二・五㍍というのがあります。これから推定できるのは、太くて長い柱を立てていたことと、六、七㍍のスロープを使って柱を滑り込ませるように立てたということです。したがって、高床の比較的大きな建物ということができると思います。そして、このような建物は九州、岡山、そして近畿地方で発見されています。

ところで、これまで弥生時代の村落についていろいろ述べてきましたが、じつはこれまで例に挙げた遺跡は、いずれも部分的な発掘調査しかされておりません。唐古・鍵遺跡といいましても実際に発掘されたのは、全体の五〇分の一程度です。その点、佐賀県の吉野ケ里遺跡は唯一村落全体が発掘され、村の構造が完全に解明されています。それによると外堀と内堀の二つの堀があり、柵列で四角に囲った中心的部分があります。これは、中国に例のある、石垣を出っ張らして櫓を立てたものと見られています。したがって、ここにも中国の影響を見てとることができるわけです。

さて三、四世紀になりますと、大型集落跡として纏向《まきむく》遺跡の例があります。ここは箸墓《はしはか》といわれる前方後円墳があり、卑弥呼の墓の可能性があると言われているところです。ここには祭祀《さいし》専用の建物があります。つまり構造上、不必要な柱穴がある異形の建物で、たとえば新嘗《にいなめ》祭のような儀式が行われていたのではないか、と推察されます。

『魏志』倭人伝によりますと、卑弥呼は「鬼道《きどう》を能くする」とあります。この「鬼道」というのは、今日でいう道教にあたる中国伝来の宗教と思われます。新しい宗教が、卑弥呼の登場とともに導入されたものと思われます。

建物配置の参考として、五世紀の例ですが群馬県赤堀茶臼山《あかほりちゃうすやま》古墳の埴輪《はにわ》の配置復元図についてお話しします。中央に広場を伴った大きな建物があります。そして、その宮殿風の建物から左右対称に整然とした建物配置が推定されており、のちの飛鳥・奈良時代の宮殿をほうふつさせます。

しかし、いまここで話題にしている卑弥呼の館は、まだその段階ではないと私は考えています。それはもっと原始的といいますか、三世紀ではもっと雑然としたものではなかったかと思います。

邪馬台国は纏向遺跡か　さて、いろいろと申し上げてきましたが、そろそろ卑弥呼の館について、ある程度具体的に描いてみましょう。

まず、卑弥呼の館は三世紀のものであり、整然とした建物配置にはなっていなかったと思われます。そして溝または柵で方形に区切られた区画の中にだいたい一〇〇メートルまで、平均的に四〇〜五〇メートル程度の建物が、付属する建物を従えて立っていたと推定されます。規模は柱の太さがだいたい三〇センチくらい、柱穴が一〜一・五メートル程度の、かなり高い建物と考えてよいでしょう。

この具体的なイメージは大阪の弥生博物館に模型がありますが、私はちょっと違うのではないかなと思います。もっと建物の数は少なかったのではないでしょうか。

最後に卑弥呼がいた邪馬台国がいったいどこにあったのか、ということです。これはここで述べるテーマではありませんが、あえて私見を言わせていただくならば、奈良盆地の天理市の南から桜井市の北側と推定できるのではないかと思います。一つの根拠は、庄内式土器という三世紀の特殊な土器をつくり、集中的に使用している地域であることと、外来系土器の比率が高い都市的要素が認められることです。同じ条件の集落遺跡は、福岡平野にも岡山平野にも関東平野にもあり得ますので、それぞれの邪馬台国を想定するのも娯しいことだと思います。


（『奈良新聞』一九九四年三月二十六日）

III　古代建築と対外交流

一　古代建築からみた渡来人の波

1　旧石器時代——日本に現われはじめたやや固定的な住居——

数百万年前、地球に人類が現われたとき、極東アジアにはまだヒトはいませんでした。大陸から分離して、のちに日本列島となる地域にヒトが現われはじめたのは、いまから数十万年前のことで、彼らはじつにたくさんの石器群を残しています。

その後数十万年間、日本列島には多くの人びとが来住し、多種多様な列島文化を育てていきます。その過程で、渡来者はそれぞれ固有の文化に根ざした建物を建ててゆきました。ここでは、旧石器時代から奈良時代におよぶ日本列島の建物群の中でも、独特な建物を例に取りあげながら、渡来人がもたらしたいくつかの波をたどってみましょう。ここからも、「日本人のルーツ」のひとつが見えてくるものと思われます。

日本列島に最初にやって来たヒトは、いつ、どこから来たのでしょうか？　それはまだわかっていません。

いままでの人骨の発掘調査から、かつて兵庫県の明石《あかし》市近郊で発見された「明石原人」が、北京《ペキン》原人と同様に五〇万年くらい前の前期旧石器人かと考えられたことがありますが、その詳細はまだ明らかにされていません。また、静岡県で発見された浜北《はまきた》人などの化石人骨も知られていますが、これは五万年ほど前の「新人」とみられています。

では、日本列島に人が根付きはじめた跡を建物の遺跡から追ってみるとどうでしょうか。最近、宮城県高森《たかもり》遺跡などで約三〇～六〇万年前の前期旧石器が発掘調査され、その存在が確認されつつあります。ただし建物跡についてはその存在が未確認なため、現在、居住を思わせる最古の例として有力なのは約一〇万年前の宮城県馬場壇《ばばだん》遺跡から出た焼土《やけづち》でしょう。この焼土は草葺《ぶ》き屋根の上を覆っていた土が焼け落ちたものと考えられています。ただ、この段階の住居は地上に痕跡を残すような構築物ではなく、雨露をしのぐ程度の覆い（シェルター）であったと思われます。

約二万年ほど前の後期旧石器時代になると、日本列島各地にやや固定的な住居跡が現われます。鹿児島県上場《うわば》遺跡や広島県ガガラ遺跡、大阪府はさみ山遺跡などがその例で、この段階は列島全体に遺跡が増加する時期でもあります。ここでは、建物の上屋《うわや》構造が復元されているはさみ山遺跡についてみていきましょう。

はさみ山遺跡梨田《なしだ》地点の住居跡は、直径六㍍の皿状のくぼみで、くぼみの縁に径一〇㌢ぐらいの内側に傾く柱穴《はしらあな》が一・二メートル《メートル》ぐらいの間隔で掘られていました。柱を内側に向けて立てかけ、毛皮や樹皮などで屋根を葺いて住居としたと思われます。ほかの後期旧石器時代の住居も、ほぼ同じ構造です。これは「数日かぎりの住居」といわれているアフリカ・カラハリ砂漠のブッシュマンの草小屋よりは、東シベリアのツングース族の「しばらく住まいの住居」に近い、やや固定的な住居です。

これらやや固定的な住居は、北米大陸の先住民の例をはじめとし、世界的に広く認められる建物であるため、どこかとどこかを結ぶといった特定地域との系譜関係を求めるのは困難です。しかし、柱を並べて空間を遮断する点においては北方的であり、ひとつのルーツとして考えられるのは、朝鮮半島からシベリア草原地帯辺りが想定できそうです。

2 縄文前期——壁のある平屋——

縄文時代早期には穴屋《あなや》（竪穴住居）が一般的になり、以来、平安時代まで日本列島の主要な住居形態として継続しました。平屋《ひらや》（平地住居）や高屋《たかや》（高床住居）といった住居は、一般的な住居であるとともに古墳時代の豪族居館として建てられ、七世紀以降に普及してきます。したがって、それまで縄文時代の人びとは、穴屋の暗い世界にだけ、住んでいたとみなされてきたのですが、一九八五年（昭和六十）の山形県押出《おんだし》遺跡の調査によって、平屋で壁があることが実証され、明るい建物の存在も考えられるようになりました。

押出遺跡は、紀元前四〇〇〇年（縄文前期）ころの集落です。ここでみられる建物は、径一〇～一五センチの丸太杭《ぐい》を径四～六メートルの円形に打ち込んで壁とし、中央に一本の柱を立てています。縄文時代の

中国・西安半坡22号住居

山形県押出遺跡２号住居

図41　壁のある先史住居

図42　中国系彩文土器
（山形県押出遺跡）

穴屋は、普通、四～六本の主柱《しゅちゅう》で屋根を支え、屋根を地面まで葺きおろしますが、押出の建物にはこの主柱がなく、壁で屋根を支える点で平屋と共通し従来の穴屋とは基本的に異なります。そこで、縄文時代の穴屋をあらためて見なおしますと、とくに前期以降に壁溝内に小穴が連続的に掘られている例があり、穴屋にも壁があったことがわかるようになりました。

一方、中国・陝西省《せんせい》西安半坡《せいあんはんぱ》遺跡は、紀元前四五〇〇年ころの集落ですが、押出遺跡とよく似た住居跡が二〇棟あまり検出されています。径五～七メートルの円周上に壁柱を密接に立て、円錐《えんすい》型の屋根を乗せています。壁は、草と泥土で壁柱ごとに塗り込めています。

さらに、山形県には以前から三崎山から出土した中国殷《いん》代の青銅刀子《せいどうとうす》に類似したものが注目されており、押出遺跡からは中国の彩文《さいもん》土器（顔料を用いて文様を描いた土器）に類似する赤漆地《あかうるしじ》に黒漆《くろうるし》で曲《きょく》線文《せんもん》を描く土器が出土し、中国との親縁関係が類推できます。そういえば、半坡遺跡をはじめ中国北部にある断面袋状《だんめんふくろじょう》の貯蔵穴が日本の東北地方を中心に分布しているのも、両地域の関係をしめす有力な資料となりそうです。

3　縄文時代にもあった高床建物

一九七七年（昭和五十二）に長野県阿久《あきゅう》遺跡で大型の柱穴群が調査されてから、縄文前・中・後期に「縄文高楼《こうろう》（高い建物）」が存在したことが注目されるようになりました。もっとも調査後数年間は「方形配列土《ほうけいはいれつど》坑群《こうぐん》」という用語がしめすように建物の柱穴とは認知されずに、単なる穴が方形に集まっているものとして、「円形配列土坑群」とともにストーンサークル（自然の石を環状に配置したもの）と同系のウッドサークル（同心円状に配置した柱穴）の変種とも考えられていました。

阿久遺跡は縄文前期の集落跡で、その一画に径一〇〇センチ余りの柱穴が三×七メートルの範囲に方形状に配置されています。これが縄文時代ではなく古墳時代以降の集落であれば、何の疑いもなく高床建物跡として認知されたでしょう。ところが、「縄文時代に高床建物があるはずがない」というわれわれの先入観は、一九八八年（昭和六十三）出土の富山県の桜町遺跡の一本の柱によって打ち破られました。桜町遺跡から紀元前二五〇〇年の柱・角材・板などがまとまって出てきたからです。柱は、径二〇センチ、長さ三〇〇センチ以上で、材と材をつなぐために長方形にあけられた貫穴《ぬきあな》が二ヵ所あり、その上に壁材を通す小穴があります。貫穴の位置から考えると、床下八〇センチ、二階部分九〇センチ、総高三八〇センチ余りの高床建物が復元できるのです。

ところが、建築史の常識では、貫穴を通す技術は鎌倉時代以降と考えられていました。そのため、一九七一年（昭和四十六）に奈良県纏向《まきむく》遺跡で三世紀の貫穴のある杭を発掘したときも、三世紀であることを疑問視した人がいたほどです。ですから建築史からみれば、縄文の建築材に貫穴があるなどというのはきわめて非常識なことになります。たしかに、現在も縄文時代でその例をみるのは、ただひとつですし、弥生時代でも島根県上小紋《かみこもん》遺跡など二、三の例だけですから、全体に普及しなかったことは事実です。しかし、出土例は少ないながらも、縄文時代に高床建物はあったということは確かなのです。

ここで中国の例を探せば、紀元前四五〇〇年の中国浙江《せっこう》省河姆渡《かぼと》遺跡から貫穴のある建築材が多量に出土し、建物の基礎部分がそのまま残っていました。高床式の細長い建物で、凸《とつ》字状の方形や円形の枘《ほぞ》（木材などを接合するときに、穴をあけた材にはめ込むために、一方の材につくった突起のこと）、長方形の枘《ほぞ》穴《あな》を工作した部材、あるいは一材で枘と枘穴をそれぞれ両端に工作した部材など、多様な類型の枘・枘穴をもつ部材が出土しています。

一方、中国社会科学院考古研究所の安志敏《あんしびん》氏は、縄文前期にさかんに行なわれた玦状《けつじょう》耳飾を資料として、中国江南《こうなん》地域と日本海沿岸との関係を主張しています。日本と中国の玦状耳飾にはそれぞれ形態差があるために異論も出ていますが、建物の類似例なども含めて、ここにはひとつの可能性が考えられます。つまり、縄文前期においては、両地域間に海上の道を利用した交流が行なわれていたと

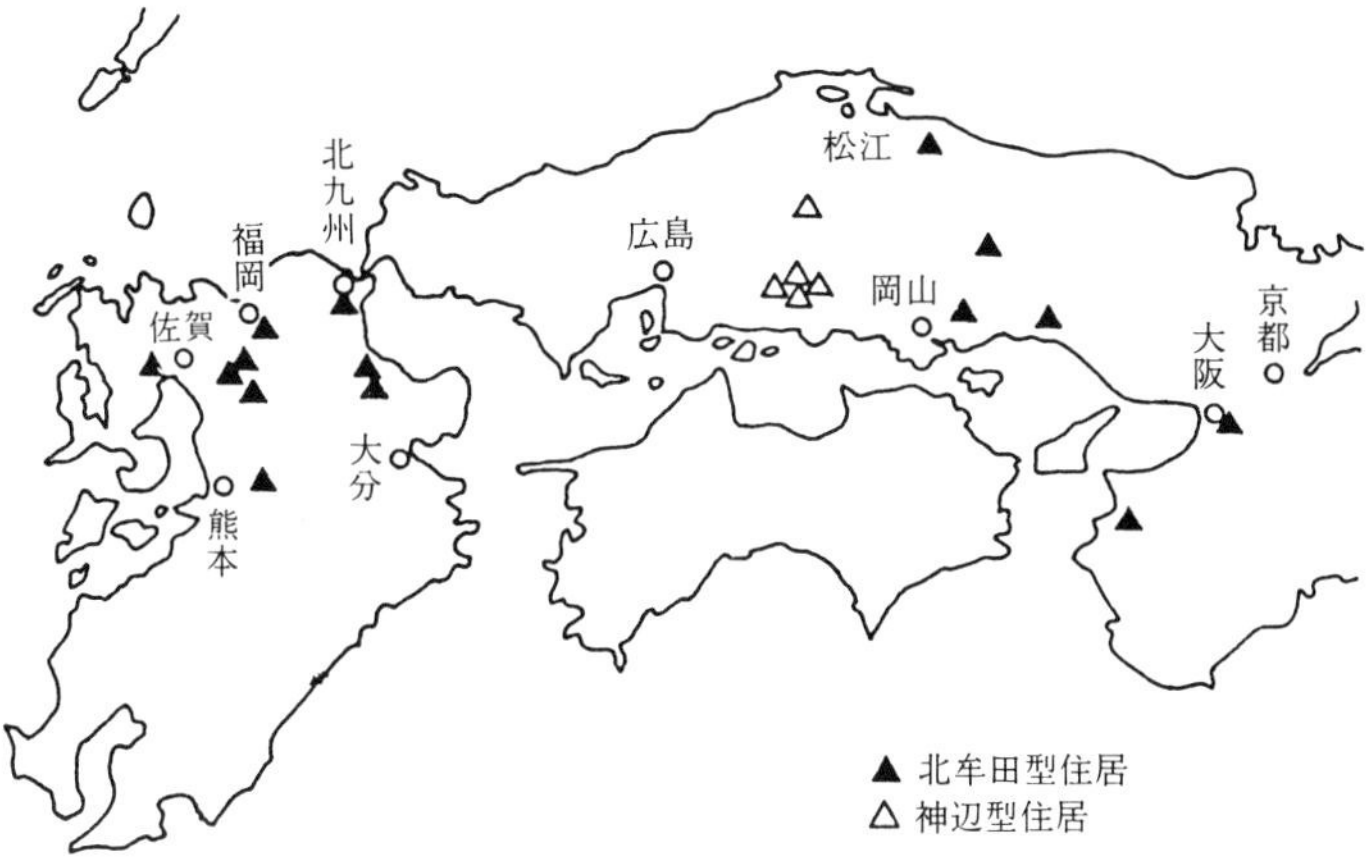

図43　松菊里型住居の分布

するもので、それは十分あり得ることだと思えます。

4　弥生前期——渡来人が住んだ住居跡——

福岡県今川遺跡をはじめとして、北部九州を中心とする西日本各地の村には、韓国の松菊里《しょうきくり》遺跡から出土した住居とよく似たものがあります。そのため、これら住居は松菊里型住居（二本柱の平面円形住居で柱の間に炉がある）ともいいます。松菊里型住居はおそらく水稲《すいとう》農耕とともに日本列島に伝わったものですから、稲が伝わった時代に韓国から新しい技術をもった人びとが西日本に移り住んだ村だったと思われます。今川遺跡の銅鏃《どうぞく》（青銅製のやじり）は、中国北辺の遼寧《りょうねい》式銅剣を再加工したものですし、銅ノミは松菊里遺跡のものとよく似ています。

弥生前期になると、縄文時代に続いて穴屋（竪穴住居）の建物がみられますが、そのほかに平屋・高屋の住居が急激に増加しました。従来では弥生前期からはじまる高倉（高床倉庫）が注目されてきましたが、近年、いくつかの発見によって、平屋・高屋だけを残す村が各地にあることがわかってきました。

大阪府山賀《やまが》遺跡には、穴屋がなくて前期中葉の一八棟の平屋・高屋があるのに対して、隣村の美園《みその》遺跡の建物は穴屋だけです。調査を担当した岡本敏行《としゆき》氏（考古学）も指摘しておられるように、平屋・高屋だけの村は水稲農耕をはじめ新しい技術をもった渡来人たちの村と考えられます。平屋・高屋の村は、弥生中期には鳥取県青木遺跡や香川県矢ノ塚遺跡などに継承されていますし、また、滋賀県出《で》町《まち》遺跡や静岡県汐入《しおいり》遺跡では、道や柵囲いのある家地が現われます。

5　弥生の楼閣

一九九二年（平成四）、奈良県唐古《からこ》・鍵《かぎ》遺跡出土の土器片に描かれていた一世紀の重層建物は世間を驚かせました。じつは弥生絵画に建物が描かれることはめずらしくありません。いままで発見された弥生土器の中には、人間や動物たちとともに高倉と平地建物が描かれている例は少なくないのです。

しかし、この土器に関して驚かされたのは、まるで中国漢代の楼閣《ろうかく》（明器《めいき》＝墓に納める器具）をそのまま描いたと思われるほどよく似ていたからです。この土器片は、製作技法からみて唐古・鍵遺跡を含む奈良盆地でつくられたことは確かで、絵画は土器を焼く前に描かれています。では漢代の楼閣がなぜ日本の土器に描かれているのでしょうか。その可能性はおよそ三つあります。

(1) 大和の人が中国に渡り、帰ってから記憶にもとづいて描いた。
(2) 中国人が大和に来住し、描いた。
(3) 漢代の楼閣が唐古・鍵にも建っていた。

いずれの場合でも、唐古・鍵にいた弥生人が漢代の楼閣を知っていたことは確実でしょうし、この点から中国と直接交流があったことを知ることができます。

それに加えて同年、滋賀県下釣《しもまがり》遺跡・伊勢遺跡と一、二世紀の大型建物遺跡が相ついで発見されました。下釣遺跡では、径三〇センチの太柱の根元が残っており、伊勢遺跡では一×二メートル、深さ一・五メートルという日本最大の勾配（傾斜）をもつ柱穴がずらりと並んでいました。長い柱を立てるときには、柱穴に勾配をつけないと立ちません。つまり、大きな勾配をもつ柱穴があるということは、高層建築があった証となるのです。同じ近畿から弥生時代の高層建築跡が出てきたことによって、漢代の楼閣が大和の地に建っていた可能性はさらに高くなりました。この可能性に立てば、当時楼閣を建てる技術をもった漢の大工棟梁《とうりょう》が渡来して、大和に楼閣を建てるために指導したということも想定されます。

6　家形埴輪の世界 ——マスとツカと大壁——

四～六世紀には日本列島の多くの地域で家形埴輪《はにわ》が製作され、建物の上屋構造がはっきりしてきます。その中に、従来まったくなかった建築技術としてマスとツカがあります。いずれも屋根を支える建築部材で、材を立てて屋根を支えるのがツカ（束）、ツカと屋根の間の四角い調整材がマス（枡）です。

三重県石山古墳や大阪府美園古墳の家形埴輪にはマスとツカが描かれており、少なくとも四世紀には使用されていたことがわかります。マスとツカは、飛鳥《あすか》時代以降、寺社建築に多く用いられている素材で、建築物の柱上にあり、軒を支える部分に使われます。それが四世紀の家形埴輪に描かれているということは、高度な建築技術が前方後円墳《ぜんぽうこうえんふん》の築造とともにすでにはじまっていたことをしめしています。

そうしますと、中国の史書『三国志《さんごくし》』の中の魏《ぎ》書東夷《しょとうい》伝《でん》・倭人《わじん》の条に描かれている、三世紀の邪馬《やま》台国《たいこく》の女王卑弥呼《ひみこ》の邸内にあった宮室《きゅうしつ》・楼観《ろうかん》・邸閣《ていかく》などにも、これらの新技術が当然使用されていたことが考えられるでしょう。

さて、家形埴輪には、線を刻んだり、粘土を帯状に貼りつけて柱を表現した眞壁《しんかべ》建物と、柱を草や土で覆ってしまう大壁《おおかべ》建物とがあります。弥生絵画の建物はすべて眞壁ですが、二、三世紀には神奈川県子ノ神遺跡の家形土器などに大壁建物があります。大壁建物は、四、五世紀には近畿を中心に広がり、六世紀には関東が分布の中心となります。現実の大壁建物としては、五世紀の奈良県南郷《なんごう》遺跡

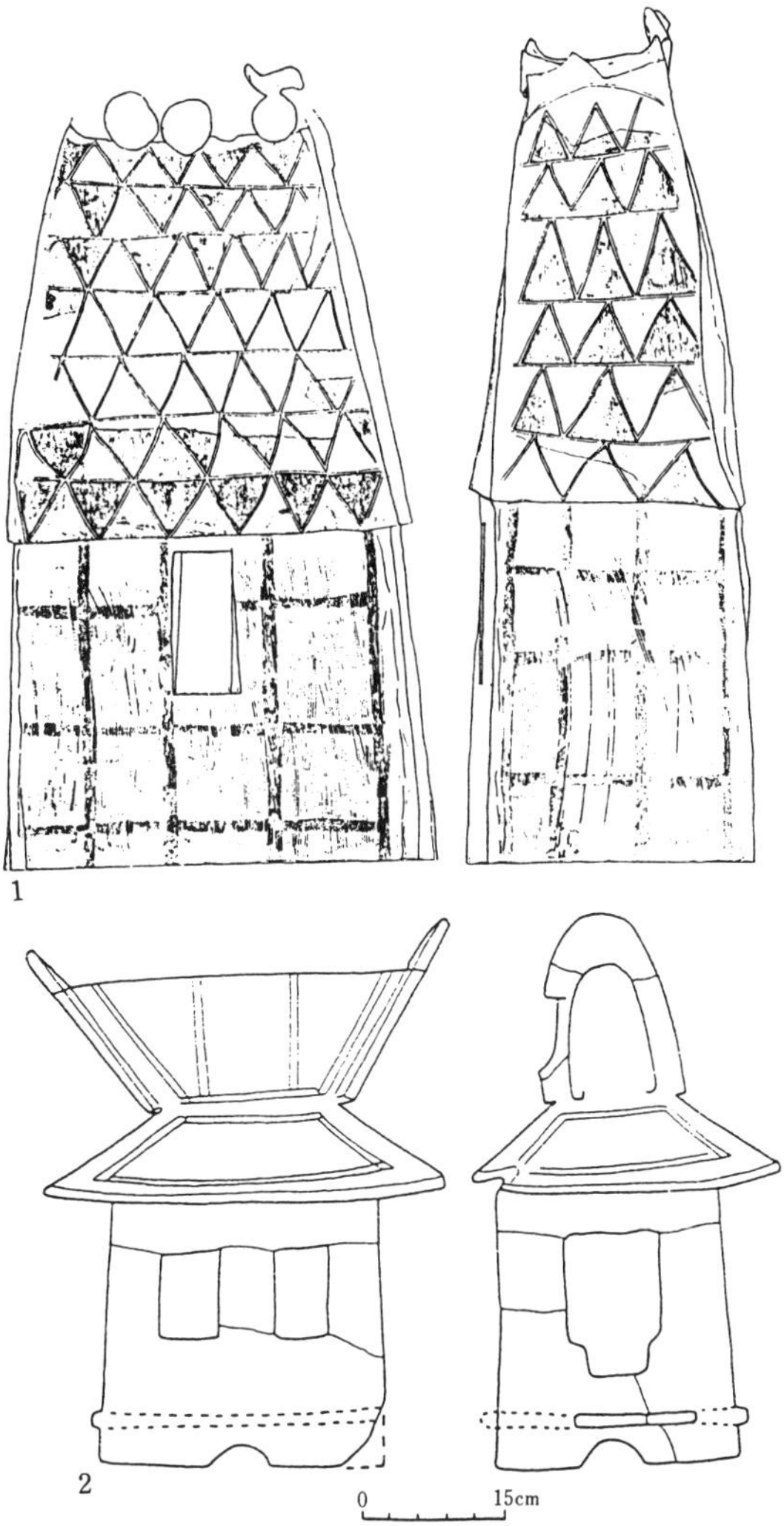

図44　家形埴輪にみる大壁づくりの家

1 千葉県殿部田古墳出土　2 奈良県メグリ塚古墳出土

がもっとも古く、六世紀の滋賀県穴太《あのう》遺跡が拡大期にあたります。南郷遺跡では、五世紀の鍛冶工房があって先端技術をもった渡来人の居住を想定させますし、穴太遺跡もまた、周辺の横穴石室（横に入口のある、大きな石を積んでつくった墓室）などの特色から渡来人の居住が想定されていた地域です。また、穴太遺跡には朝鮮半島や中国東北部に多いオンドル（床下暖房機能）をもつ住居があることから、移住者の集団居住地であったのではないかと思われます。

このように、六世紀の関東に広がった家形埴輪にみられる大壁建物の集中は、六、七世紀の諸文献に記録されているような、渡来人たちの集い住むための基盤がすでに関東にあったことを教えてくれます。

7 奈良時代――正倉院建築のルーツ――

ところで、奈良時代に建てられた正倉院《しょうそういん》の宝物は、「シルクロードの終点」として、またユーラシア大陸文化交流の華として語られています。多くの宝物が収められている倉は校倉《あぜくら》として知られていますが、なぜそこにあるのかは、あまり注目されていないようです。

校倉造は、ログハウス（丸太を組んで造った家屋）と同じで材木を横に積み重ねて壁をつくり、屋根をのせます。つまり、柱を使わない点でほかの建築と基本的に違うのです。では、この校倉造はどこから来たのでしょうか。

奈良時代には宮殿にも寺院にも、どこにでも校倉があったようです。このことは、奈良市にある平《へい》城宮跡《じょうきゅう》の校木《あぜき》（校倉の壁に使う木）の出土や、『大安寺流記資財帳《だいあんじるきしざいちょう》』などに記載されていることからもわかります。また、いま現在も、奈良の唐招提寺《とうしょうだいじ》に二棟残っています。

さて、校倉造がどの地域とつながっているのか、時代をさかのぼりながらみてみることにしましょう。七世紀には、中国の史書『旧唐書《くとうじょ》』の中で、高句麗《こうくり》についてつぎのように記述されています。六三五年に高句麗が唐軍と戦ったとき、「於城上積木為戦楼、以拒飛石」（城の上に木を積みて戦楼となす。以て飛石を拒む／巻一九九上）とあり、七世紀の高句麗では校倉のように木を積んで楼を築いたことがわかります。

さて、六世紀では茨城県舟塚《ふなづか》古墳の家型埴輪にある入母屋造《いりもやづくり》の平屋が挙げられますが、この平屋の壁には八条の突帯《とったい》（粘土の帯）があり、丸太を横積みしたようにも見えますが、それが校倉造のものかどうかは明らかではありません。

五、六世紀には、中国の壁画古墳に校倉造の建物が描かれています。五世紀後半の高句麗（中国吉《きっ》林省集安《りんしゅうあん》）の麻綫溝《ませんこう》一号墳の壁画の中に、一宇二倉《いつうにそう》（ひとつの屋根の下に並ぶ二つの倉）の高床校倉があります。同様の絵は朝鮮高句麗の八清里《はっせいり》古墳にもあるので、校倉は五、六世紀の高句麗でも、ある程度普及していたようです。

三世紀には、『三国志』魏書巻三〇に「其国作屋、横累木為之、有似牢獄」（其の国、屋を作るに横に木を累ねる。牢獄に似る）とあって、弁辰《べんしん》（韓国洛東《らくとう》江流域）には横に木を重ねた校倉ふうの建物があったことがわかります。近年調査された韓国の大成洞《たいせいどう》古墳群の井桁組木槨墓《いげたぐみもっかくぼ》（材木を井型に組んだ墓室）の痕跡には、調査を担当した考古学者の申敬澈《しんけいてつ》氏が指摘しておられるように北方系の要素が多々みられ、直接には中国吉林省域の夫余《ふよ》族（古代ツングース系民族のひとつ。一～三世紀中ころに全盛）との関係が考えられています。

この井桁組木槨墓の系譜をさらにたどっていくと、紀元前五、六世紀のロシア共和国アルタイ自治州にあったパジリク王墓にまでさかのぼり、さらにはスキタイ系（前六～前三世紀、黒海北岸に強大な国家を建設したイラン系遊牧民族）の古墳と結びついて、その地は黒海《こっかい》北岸のウクライナ共和国にまでおよぶ可能性があります。

以上、文献や古墳にたよりながら、正倉院建築のルーツを求めてスキタイの故地にまで至りましたが、正倉院建築に直接かかわっていたのは、高句麗壁画古墳がしめす六世紀の高句麗あたりが穏当なところではないかとみています。

旧石器時代以来、日本列島への文化の波は数えきれないほどありました。本稿では、建物を中心に、中国大陸や朝鮮半島との関係をおもにたどることになりましたが、もちろん北方や南方との交流も当然考えられます。そして、現日本人のルーツは、あらゆる人びとの列島への渡来初期に限らず、それ以後も断続的に列島に打ち寄せて来た、かずかずの波の複合として形成されていったのだと思います。

（原題「建築からみた渡来人の波」『歴史探究講座　日本人のルーツを探る』四、道具のきた道、日本通信教育連盟生涯学習局、一九九三年）

二　正倉院建築の源流

正倉院宝物の由緒は、多くの人によって語られている。宝物が納められている建物については、大正から昭和初年ごろに伊東忠太・足立康・村田治郎・岸熊吉氏らの建築史家によって系統論が議論されて以来、あまり語られることがない。そのような中で、石田茂作氏の『校倉《あぜくら》の研究』（便利堂、一九五一年）は日本列島内の奈良時代以降の校倉造建物が網羅的に検討されており、村田治郎氏の「東洋建築系統史論」（『建築雑誌』五四四号〜四六号、一九三一年）は世界の井桁組《いげたぐみ》建築の一種として正倉院建築を位置づけておられる。

一九九一年（平成三）八月十九日、〝ゴルバチョフ大統領失脚〟とクーデターが報じられた日、私はロシア共和国アルタイ自治州の「パジリク王墓群日ソ共同調査」（日本側代表、江上波夫氏）に参加してソ連・中国・モンゴル国境地帯のベルテック高原にいた。大統領の救出によって私たちも予定どおり調査を進めることができた。調査対象は、紀元前五、六世紀と言われているスキタイ系クルガン（古墳）で、柩《ひつぎ》は木槨《もっかく》に納められている。七〇年前のルデンコ博士による調査では、地下が凍結していて遺体そのものをはじめ、織物も遺物もそのままの状態で取り出され、いま、エルミタージュ美術館に展示されている。木槨材もよく保存されており、地下の井桁組建築＝校倉造・正倉院《しょうそういん》建築と感じた。出土品の特色から黒海《こくかい》北岸（ウクライナ共和国）を根拠地とするスキタイ系文化と推定され、ヘロドトスの『歴史』に記録されているスキタイ系文化の東端にあるアリマスポイ（隻眼の種族）かと考えられた（岩波文庫、中巻二二頁）。昨年の調査でも木槨墓はいくつか見出され、眼前に見ることができた。私は正倉院の校倉造を思い、四〇〇〇キロの距離と千数百年の時間を埋めてみたいと思った。

正倉院は、日本国奈良県にある奈良時代・八世紀の建物である。当時、校倉造は珍しくなかったようで、唐招提寺《とうしょうだいじ》をはじめ多くの寺社に現存しているし、都である平城京跡からも校木《あぜぎ》が出土している。以下、おもにアジアの井桁組建築を順次年代の古い方へたどってみよう。

1 正倉院以前の校倉建築

七世紀の資料は文献にある。六三五年（貞観十九）、高句麗《こうくり》が遼東城《りょうとう》で唐軍と戦ったとき、「於城上積木為戦楼、以拒飛石」（『旧唐書《くとうしょ》』巻一九九上）とあり、木を積んで楼を築いたことがわかる。同様の「積木為楼」という記載は、『新唐書』巻二二〇にもある（村田、前掲論文）。

五、六世紀には倭《わ》の埴輪《はにわ》と高句麗の壁画古墳がある。茨城県新治《にいはり》郡玉里《たまり》村の舟塚《ふなづか》古墳に少し変わった家形埴輪がある。入母屋《いりもや》造平入りの住居の壁に突帯が九本めぐっている。埴輪に突帯がめぐるのは

図45　家形埴輪にみる
丸太横積建築
（茨城県舟塚古墳出土）

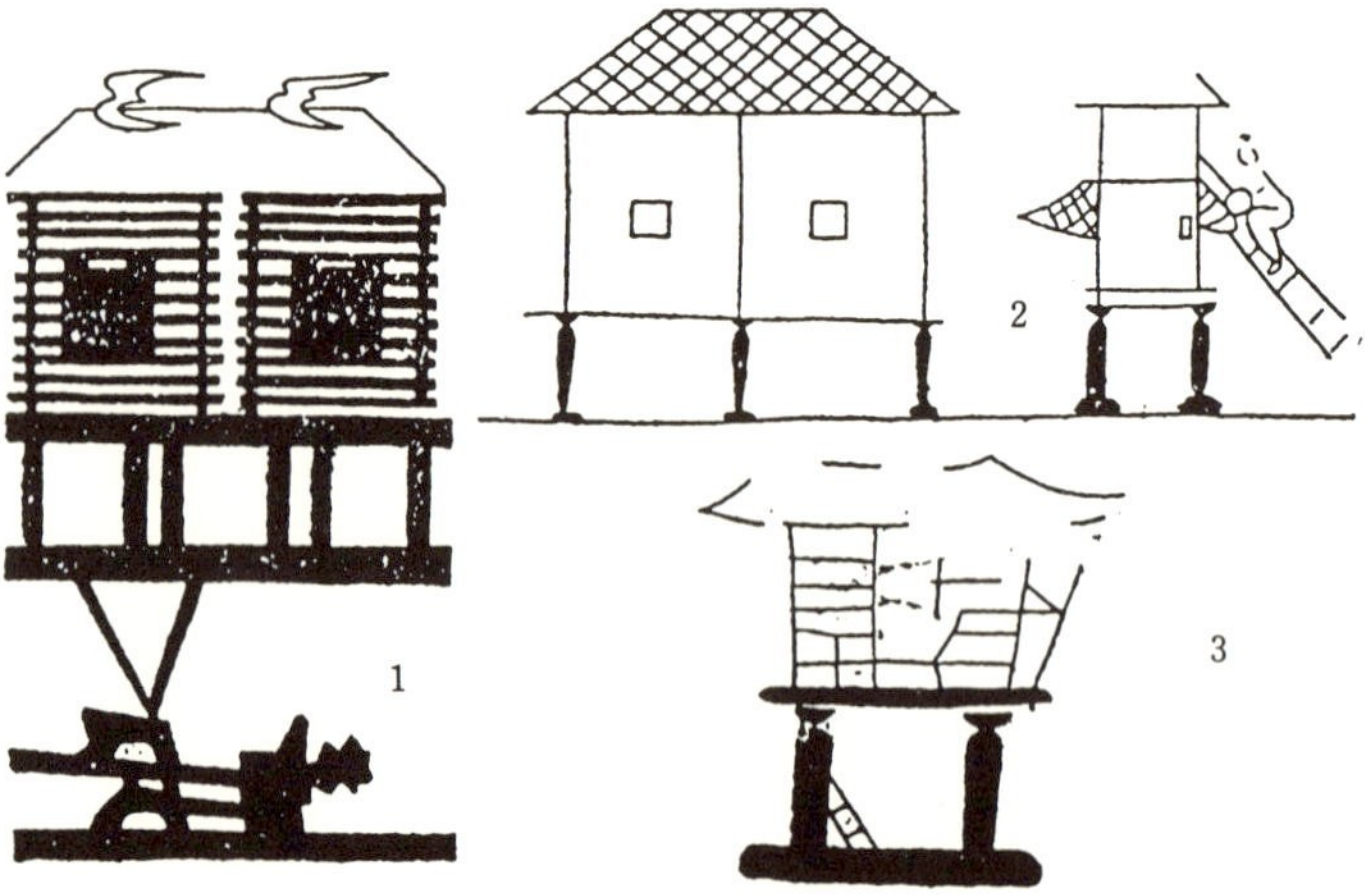

図46　高句麗（集安）の古墳壁画に描かれた校倉
1　麻綫溝1号墳　2　徳興里古墳　3　八清里古墳

普通なので、〝その数が少し多い〟という程度でさほど注目されていないが、丸太材あるいは角材を横に積み重ねた壁と見えないだろうか。ただし、そうであったとしても建物のカドには柱が表現されているので、正倉院のような井桁組みではなく、柱に小穴（溝）を掘って材を落としこむ技法であろう。この技法は、校倉造が発達しているロシア共和国アルタイ地方や現在の日本などに認められる。

五世紀後半の高句麗には確実な校倉造がある。中国吉林《きつりん》省集安の麻《ま》綫溝《せんこう》一号墳の壁画の中に、一宇《いちう》二《に》倉《そう》（一つの屋根の下に並ぶ二つの倉）の高床校倉が描かれている。類似の画像は同地域の八清里古墳に

図47　家屋文鏡の板・丸木壁建築

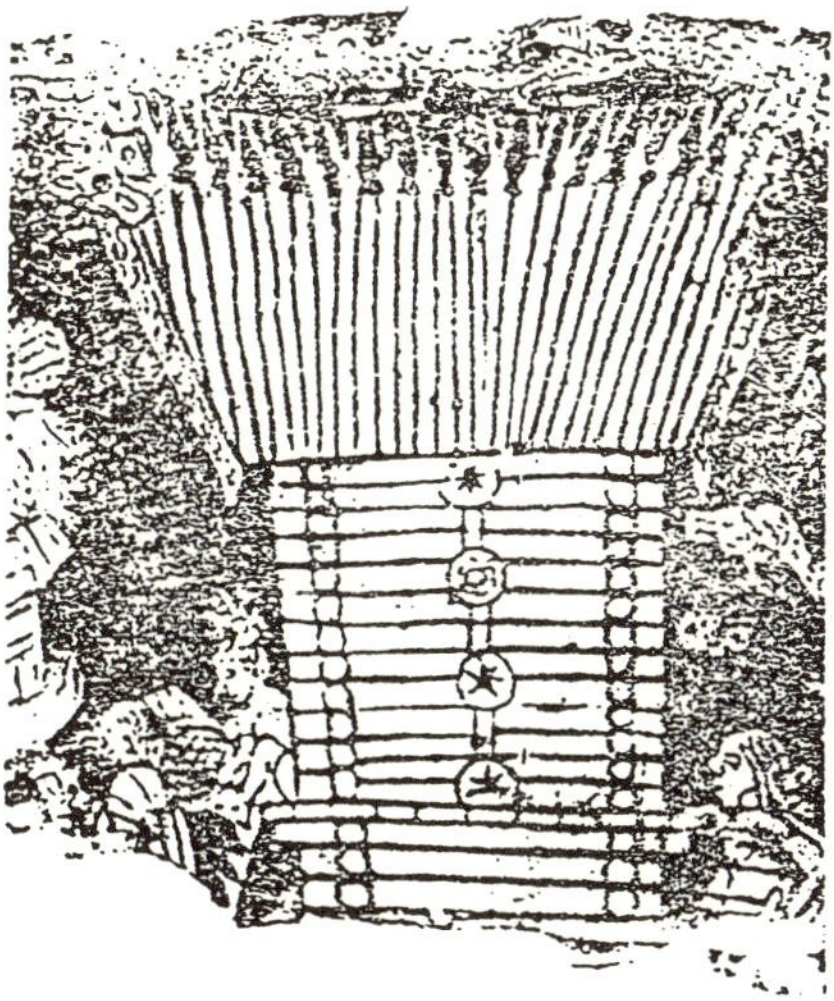

図48　中国雲南省石寨山遺跡の銅鼓に描かれた校倉

もあるので、校倉が五、六世紀の高句麗である程度普及していたことがわかる。

三、四世紀には、日中の文献と考古資料に校倉の兆候がある。魏略によると、「其国作屋、横累木為之、有似牢獄也」(『三国志』魏書巻三〇、弁辰《べんしん》の項)とある。三世紀の弁辰(韓国洛東江流域)に横に木を重ねた校倉風の建物があったことがわかる。村田治郎氏(前掲書)によれば、同書高句麗伝にある「桴京《ふきょう》」はイカダ組の建物であり、そうであれば三世紀の朝鮮半島の南北に校倉があったようだ。

奈良県佐味田宝塚古墳出土の家屋文鏡に丸太壁か板壁の建物が描かれている。佐味田宝塚古墳は、広義の葛城《かつらぎ》地域にある四世紀の前方後円墳《ぜんぽうこうえんふん》で、鏡に描かれている四棟の建物は居館の主要建物をしめしているらしい。建物は伏屋《ふせや》(竪穴住居)、平屋《ひらや》(平地住居)、高屋《たかや》(高床住居)と高倉(高床倉庫)が各一棟ずつあり、伏屋を除く三棟の建物の壁は板壁か丸太壁である。現在の校倉地帯に認められる柱の小穴(溝)に板、あるいは丸太をおとしこむ壁であろう。建物ではないが、断面三角材が出土している奈良県纏向《まきむく》遺跡の井堰《いせき》(三世紀)に同じ技法が使われているのは興味深い。纏向遺跡の断面三角材は、一辺一〇センチ、長さ五メートルの材一本で校木かどうかは明らかではないが、簾壁《すだれかべ》の一部と共伴している。

近年調査された韓国の大成洞《たいせいどう》古墳群の井桁組木槨墓は、調査担当者の申敬澈《しんけいてつ》氏が指摘しておられるように北方系の要素であり、直接には中国吉林省域の夫余《ふよ》族との関係が考えられている(申敬澈「大成洞古墳の概要」『東アジアの古代文化』六八、一九九一年)。

紀元前三世紀には、中国雲南《うんなん》省の石寨山《せきさいざん》遺跡の青銅器《せいどうき》に校倉が描かれている。石寨山文化は、江上波夫氏によってスキタイ系文化との関連が指摘されており、校倉もまたその一環として内陸アジアから南中国に伝えられたのであろう。

図49 ロシア共和国アルタイ自治州アルジャン遺跡の井桁組木郭墓

その内陸アジアの一画、ロシア共和国アルタイ自治州にパジリク王墓をはじめとする紀元前五、六世紀のスキタイ系クルガン（古墳）群があり、多くは校倉風の木槨墓である。スキタイ系クルガンの分布は広く、西は黒海北岸の本来のスキタイの地（ウクライナ共和国）から、東はモンゴル共和国、中国東北部へと連なる。その間の、中国・漢代の木槨墓は井桁組ではなく、系譜は異なるように思われる。

これとは別に、中国・漢代に校倉建築があったことは文献で確かめることができる。『前漢書』巻二五、郊祀志に、

乃立神明台井幹楼度五十余丈

とあり、顔師古の注には、

井幹楼、積木而高為楼、若井幹之形也、井幹著、井上之木欄也、其形或四角或八角、

とある。

つまり、漢の武帝《ぶてい》のころ（前二世紀）、木を積み重ねた四角か八角の高楼がつくられていたのである。時期的にはスキタイ系の校倉が先行しており、その影響をうけているかもしれない。

八世紀の校倉の淵源をたどって、前五、六世紀のスキタイ文化にたどりついた。スキタイ以前の確実な校倉建築はいまのところない。ただし、前一〇〇〇年の鉄器時代のゲルマン人の住居や前一五〇〇年の青銅器時代後期のバルカンの住居などが、ユーゴスラビアのアスパルン考古学博物館で丸太横

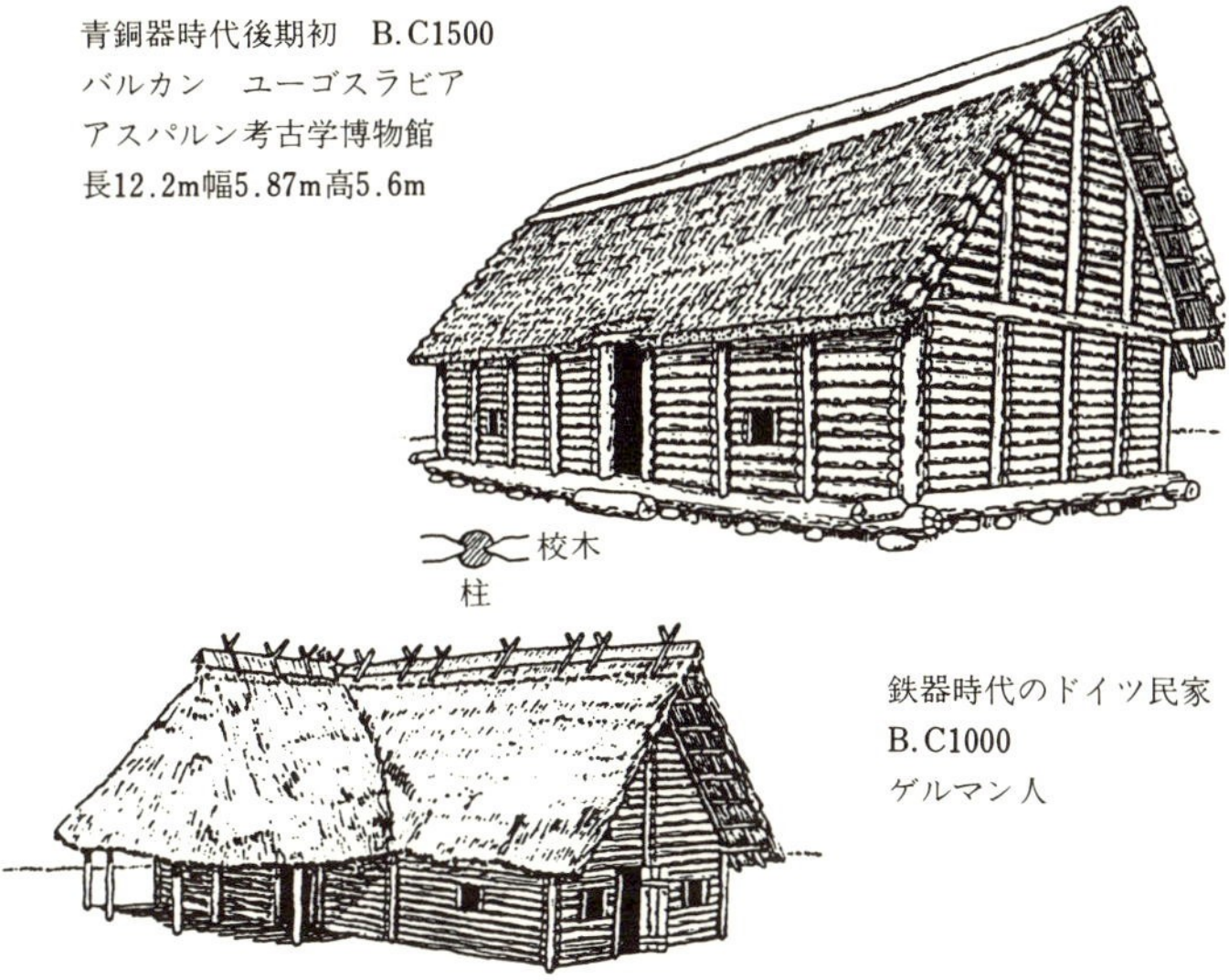

図50　ヨーロッパ先史時代の丸太横積建築

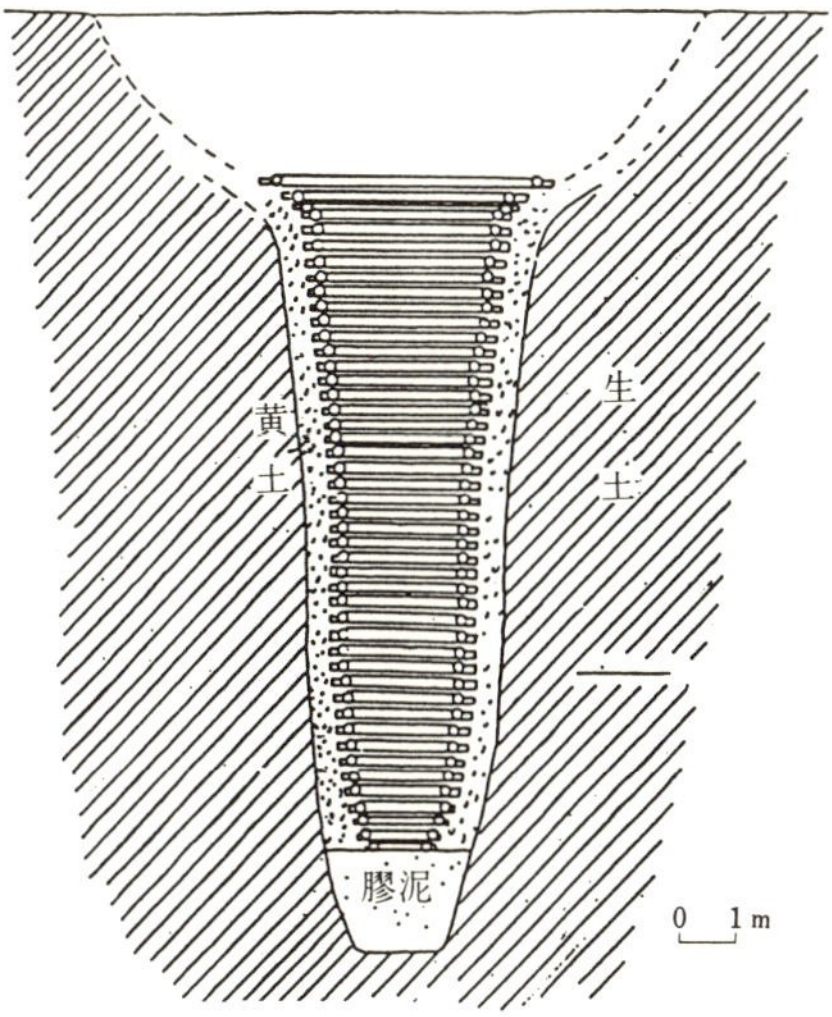

図51　中国河南省白営遺跡の井桁組井戸枠

積壁に復原されているのが気にかかる（川島宙次『世界の民家』相模書店、一九九〇年）。復原は柱を使っていて井桁組でない点で本質的に異なるが、関連する可能性はある。

建物ではないが中国の井桁組の構造物でもっとも古い例が河南《かなん》省にある。白営《はくえい》遺跡に竜山《りゅうざん》文化晩期の井戸があり、上端部径五メートル余、深さ一一メートル余を、「井的四壁用木棍呈〝井〟字形塁畳而成」（井戸の四壁は丸木を〝井〟字形に組み合わせる）。炭素C_{14}の年代測定ではB・P四一〇〇±八〇年で、前二〇〇〇年ころの井桁組構造物である（張明華）「中国新石器時代水井的考古発現」『上海博物館集刊』五、一九九〇年）。

いまのところ、ユーラシア大陸でもっとも古い井桁組建築は、南シベリアの新石器時代後期（前三〇〇〇年〜二〇〇〇年初）に属するアファナシェボ文化を残した人びとの墓であろう。半地下式の木槨構造が、住居にも用いられたと考えられている（ソ連科学アカデミー、サビーノフ博士による）。

丸太組建築は、木材が豊富な地域の普遍的な技術であろう。その中に、材の木取り（三角材・角材・丸太材・板材）や組み合わせ方に差異があり、それぞれの系譜をたどりうるのであろう。正倉院建築の三角材を相欠き互組みにする構法は、日本列島以外ではいまのところ他に見出しがたい。しかし、大きくは井桁組建築としてスキタイ系木槨にまでさかのぼることができる。韓国大成洞古墳群の銅鍑や奈良県纏向遺跡の木製三角鏃など、三世紀の朝鮮半島と日本列島に萌しはじめるスキタイ系文物の流れの中に、正倉院建築の源流が見出せるように思う。

2　正倉院以降の校倉建築

正倉院の時代も、それ以降も校倉建築はつくり続けられている。平安時代に比定されている東寺宝蔵や正倉院聖語蔵から江戸時代末（文化九年）の四天王寺《してんのうじ》宝庫に至るまで、各時代の寺社の宝庫・神庫として伝流している（石田、前掲書）。絵巻物では、十二世紀後半に描かれた『信貴山縁起《しぎさんえんぎ》絵巻』の飛倉もまた校倉である。

図52　『信貴山縁起絵巻』の校倉
（奈良県朝護孫子寺所蔵）

さらに、『平安遺文』にも、「河内国観心寺縁起資財帳」や「広隆寺資財交替実録帳」などに「板倉」と共に「丸木（倉）」、「丸木作」などの記載があり、寺社の倉の一部に丸木倉があったことが文献からも検証できる

図53　東日本のせいろう倉分布図

（中井一夫氏のご教示による）。

　また、現存する民俗建築にも校倉系の板倉がある（冨山博「東日本におけるせいろう造り倉庫について」『日本建築学会東海支部研』一九六四年）。冨山氏によると、せいろう造り倉（校倉系民俗建築の総称）の現存状況は、長野県の諏訪・佐久地方と群馬県の利根・吾妻地方がもっとも多く、その他、山梨・静岡・岐阜・埼玉・茨城・福島の各県に少数分布する、という。西日本は、東日本にくらべて少ないが、京都府北部などに点的に分布するらしい。

　私は、一九九一年（平成三）十二月に長野県南佐久郡小海町を訪ね、いくつかの板倉を見学した。大字《おおあざ》土《ど》村《むら》と笠原の郷倉《ごうくら》（大字共有の倉）は祭祀用具などの置場になっており、笠原の郷蔵は壁外全面にセメントを塗りこんでいた。冨山氏のリストにはなかった大字千代里では郷蔵と篠原清氏宅の二棟の倉を見ることができた。

千代里郷蔵は、厚さ約九センチ、幅約一八センチの厚板の両端をL字型に打欠き、互組みに積上げる。両端と中間の数ヵ所には枘《ほぞ》穴をあけ太《だ》枘《ぼそ》で上下の材を継ぐ。中は二階につくり、一階に棚をつくって仏像や位牌を置いている。棟木《むなぎ》の墨書《ぼくしょ》銘には、「于時文政十三庚寅睦月」とあり、一八三〇年（文政十三）の建築であることがわかる。

篠原清氏宅の板倉も千代里郷蔵とほぼ同じ大きさで、同じつくり方をしている。

木材を横積みして太枘でつなぐ技法は、正倉院校倉造にはないが、平城宮第一次内裏地区の井戸枠に転用されていた断面三角形の校木《あぜぎ》まで遡ることができる（『平城京跡発掘調査報告XI』一四〇頁、奈良国立文化財研究所、一九八二年）。「校木の断面はせい一六〜一九センチ、幅一五〜一七センチとやや不揃いであるが、平均してせい一八センチ、幅一六センチほどでやや縦長の断面を呈する。建物規模は桁行五・七メートル、梁間四・五メートルほどと推定され、唐招提寺経蔵とほぼ同規模の小型の部類にぞくする」校倉の時期は奈良時代の初期と推定されており、確実な出土校木としてはもっとも古い。

図54　長野県小海町のせいろう倉(千代里郷蔵)

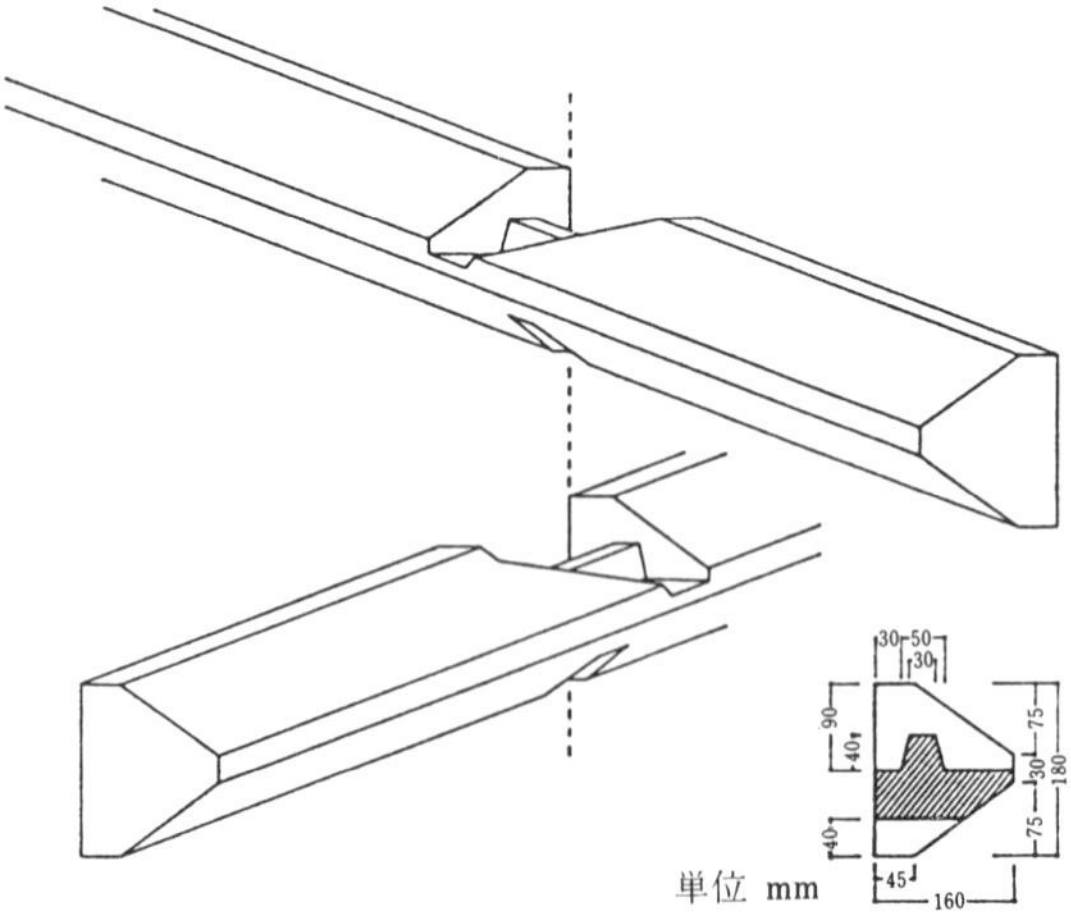

図55　平城宮の校木

おわりに

正倉院校倉造の源流は、紀元前三〇〇〇年ごろの南シベリアにまで遡る。ただしそれは、井桁組建築としての類似であって、歴史的系譜としては難しい。歴史的には、紀元前六〇〇〜五〇〇年の内陸アジアのスキタイ系クルガン群の木槨構造まであろう。それとても、紀元後の中国東北部の夫余系文化が介在してはじめて可能なことである。直接には、金官伽耶《きんかんかや》（韓国釜山《ぷさん》市周辺）の地で近年調査された大成洞古墳群の四世紀の丸太横組木槨墓が、その後の伽耶諸国と倭の関係から見ても正倉院校倉造の歴史的な源流となりうるものであろう。

（原題「正倉院建築の系譜」『関西大学考古学研究室開設四十周年記念考古学論叢』一九九三年）

三　環境と交流の住居史

はじめに

人間は、数百年前から暮らし始めて現代まで、ずっと住まいを持ち続けています。もちろん、人に限らず動物も鳥も巣作りをするわけですが、それぞれの地域の環境によってその住まいが決まってくるということは以前からいわれております。

住まいは環境によって規定されてできているといわれますが、もしかすると住まい自身が環境に反発してつくられているのではないか、こういう逆の見方が可能かと思ったこともあります。それは、暑いところでは暑くないような住まいをつくろうとするわけですし、寒いところは寒くないような住まいをつくろうとする。それぞれの場所の環境でないような現境を、自分の住まい空間、住居の中でつくろうと努力しているのではないかと思ったのです。

しかしながら、やはり結局落ちついたところ、住まいというのは環境と仲良くしないとつくれません。そのとき思ったのは、数年前に亡くなられた私の恩師の末永雅雄先生のことです。先生は大阪の河内に住んでおられたのですが、先生のお宅に行きましたある日、夏でしたけれども、先生はステテコ一丁で家の中をウロウロされていました。座敷で仕事をされながら雑談していたのですが、「このごろお前たちが家にクーラーとかいうものをおいて涼しくしているのは贅沢だ。あんなことはやめろ」ということをいっておられました。これを聞いて私は、「先生のお宅のように風が吹き抜けて行くような住まいだったらいいんですが、普通のマンションとかではコンクリートで囲まれているので暑くてたまらないんです。空調していなかったらとても暮らしていけません。いまは貧乏な人間がクーラーを使うんです。先生の所にはいりません」とつい腹が立って言ってしまったのですが、昔の農家などそのとおりだと思います。一間廊下のような幅の広い廊下があって風通しが良く、クーラーみたいなものを使わなくても涼しく暮らせるという、それが自然と調和した住まいのあり方、先人の知恵なのだろうと思います。

いまは土地がせまく、人間が増えすぎて、さまざまなことがあって、とにかく機械でそれを解決しようとしています。そんなことをしていたらそのうちみんな死んでしまうのではないでしょうか。少なくともその過程にある気がしてしまいます。このようなことからここでは、住まいと環境について考えてみようと思います。

1　冬の家と夏の家

住まいと環境の関わりには、いくつかのタイプがあると思います。一つには、同じ地域の中でも冬と夏によって住まいの構造がちがってくる場合があるのではないでしょうか。第二は、同じ地域でも海辺の村と山の中の村とのちがい、あるいはその中間の農村地帯の住まい、土地の高低による住まいのちがいなど、それは結局生業による住まいのちがいということになるかもしれませんが、そういうちがいはどうなっているのでしょうか。そして第三には、地球上でまったくちがう所、砂漠に住んでいる人もいれば、カナダ・エスキモーのように雪原に住んでいる人もいるわけで、そういうまったく環境の異なる所にいる人たちの住まいのちがいと共通性、場合によっては人としての住まいの共通性があるかもしれないという、かけ離れた環境における住まいの比較です。

はじめに、同じ地域の季節の差による住まいについては、簡単にいいますと冬の家と夏の家ということだと思います。いまは別荘という形で特定の階層の人たちは山のどこかに別荘を持ち、季節に逆らわずに夏は涼しいところに行き、冬は暖かいところに行きますが、これはもっとも環境に順応した住み方ではないかと思います。けれどもそれができるのは一部の人に限られています。

民族学の資料では、たとえば中央アジアで冬の住まいと夏の住まいがはっきり分けられているということがいわれています。こういう例は海外ではいくつもあるのですが、日本のなかでは、ありうることではあっても事実としてあったかどうかわかりませんでした。

ごく最近、群馬県で六世紀の黒井《くろい》峯《みね》遺跡から三つの集落が発掘調査され、現在も調査が続いております。群馬県は「かかあ天下と空っ風」といわれるように風が強く、火山活動の激しいところで、その火山活動によって深さ二メートルぐらいの火山灰に完全に被われた集落が見つかりました。

普通ですと、開墾その他でかつての集落が削られて一部しか残っていないものなのですが、黒井峯遺跡の場合は、穴屋（竪穴式住居）と平屋（平地式住居）が両方とも二メートルくらいの火山灰の下からでてきました。幅三メートルぐらいの穴屋の周辺を囲む堤、土手が出てきて、その周りに柵を使った様子もはっきりわかりました。六世紀の人たちが屋敷を構えていたわけです。そしてその中に建物があり、畑の痕跡も出てきている。その屋敷に行く道も、幅一、二メートルくらいの農道みたいなものでした。

このように、六世紀の群馬県の村のようすがはっきりわかるような出方をしています。それが、ある日突然埋まってしまったのです。この火山活動のあとを発掘していきますと、地表面を生活面にしている平屋の中には塩などが置いてあって、住んでいる最中に埋まったのだなと思います。その断面をみると壁が立ったまま黒こげになっていて、屋根が落ち込んでいるという見事な状態で残っていました。この遺跡のある子《こ》持《もち》村に行くと、「日本のポンペイ」という大きな看板が立っています。

古墳時代の村について、いままでわからなかったことがわかってきましたし、日本で初めて窓の跡の発掘をしました。そんなこともできるのだなと驚いてしまいます。その中の一つとして、平屋の建物には土器がそのまま残っていて、こういうところは人が使っているときに埋まっている。これに対して、穴屋の中には土器がまったくなく、この状況からみて、穴屋の部分は使っていないときに埋もれている。もしかすると、埋もれたのは夏ではないかと思います。夏はみんな平屋の方に住んでいて、穴屋の方は屋敷の中にあるけれども使っていなかったのではないでしょうか。そうすると、六世紀の群馬県の山麓に住んでいた人たちは、夏は平屋に住み冬は穴屋に住むという、一つの屋敷の中でも使い分けをしていたのではないか、ということが考えられるようになりました。そういう例は他にはありませんから、これが日本列島の中で普通のあり方なのか特殊なあり方なのかはいまのところわかりませんが、そういう例が一つ出てきます。

海外の例でいうと、たとえばエスキモーの人たちのすまいは、図56のように上が夏の家、下が冬の家になっている。夏の家の方はアザラシの皮で被うぐらいのテントみたいなもの、冬の家の方は氷をブロックに切ってそれを積んで住まいにする。冬の家の平面図を見ると、奥の方の寝る場所と台所は区別していて、囲炉裏《いろり》の場所も固定して使うようにするなど、部屋の中の使い分けがきちんとされています。

もう一つは、いわゆるアメリカインディアン、アメリカ先住民ナバホ族の人たちの住まいです。彼らはアメリカ南西部からメキシコにかけての地域に住んでいますが、図57の左にあるのが冬の家です。

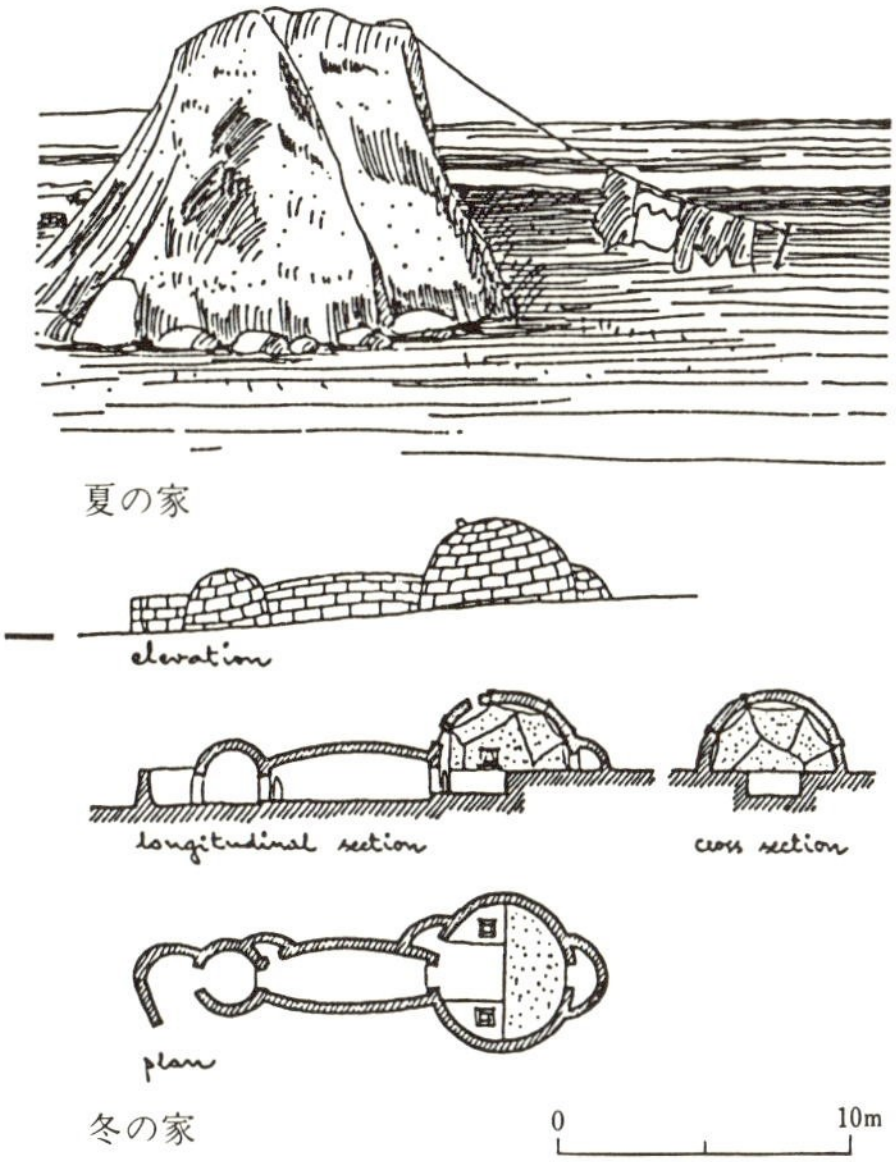

図56　カナダ・エスキモーの夏の家と冬の家

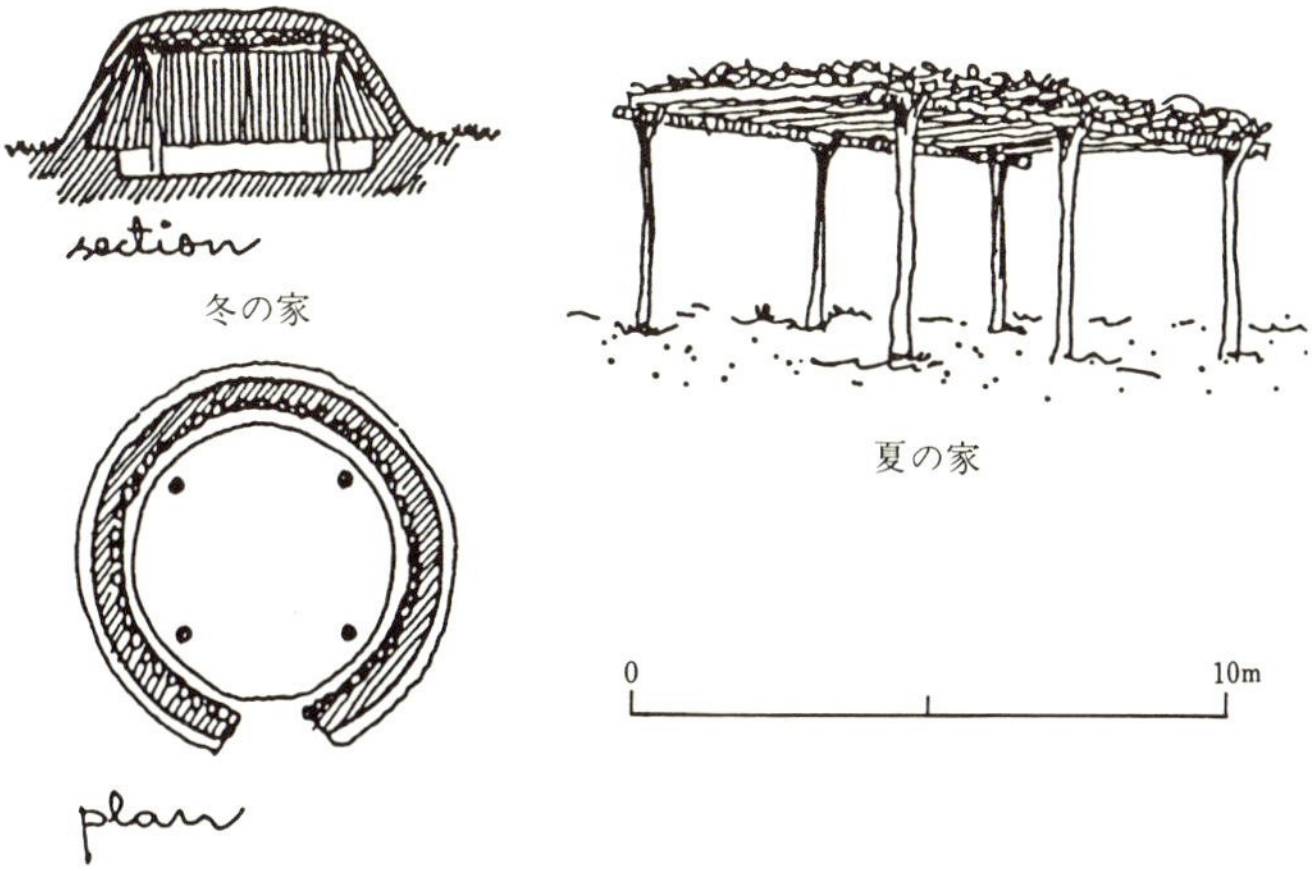

図57　アメリカ・ナバホ族のホーガン(左)とラマダ(右)

周りに材木をたて、その上に平たい材、木を架けて土を乗せるという構造です。私は一九九三年(平成五)の春にナバホの地域に行っていくつかの住まいを見てきましたが、丸太を立ててつくるのとは別に、横に組んだ校倉《あぜくら》造り風の住まいもあります。ナバホ族はもともとカナダの方にいた人が早い時期にメキシコに近い方に下りてきて住んだものですから、木材が豊富な地域のつくり方をしています。冬の家はかなり頑丈につくり、土で被って暖かくするような工夫をしているのに対し、夏の家はまったくちがって、木を数本打った上に草を乗せた単なる日除け、壁も何にもつくらないというものです。

このようなものが日本にあったのかどうかはさっぱりわかりません。日本では雨が多いから無理だったと思いますが、地域によっては夏の住まいと冬の住まいが、同じ程度であってもまったくちがった構造物になっている。群馬県渋川市に中筋《なかすじ》という遺跡がありますが、そこから五世紀後半の、火山灰で埋まった深さ二メートルぐらいの竪穴式住居が見つかりました。そして壁に材木が突き刺さった状態の痕跡が出てきたことから、屋根の勾配、屋根の高さを復元することができました。深さが二メートルあれば人間はこの中に立てる。そして、屋根の上には土を乗せていたことが発掘によってわかっています。そうすると、外からみたら何も見えない。ちょっと高まりのある地面にしか見えません。家があることさえわからない。これは、ナバホ族と同じように、屋根の上に土を乗せるというつくり方をしていたことが考えられます。

同じような発掘例はじつはいままでにもあったのですが、断片的すぎてわかりませんでした。たとえば弥生時代中期、およそ一世紀の奈良県大和郡山市小泉遺跡から、竪穴式住居が火事にあって焼けた土がたくさん出てきました。焼けた土の中にはシバの痕跡がいっぱい付いている塊もあります。そのことから、調査担当者は壁か屋根の材料として土を使った構造物が奈良県にもあったのではないかと考えたのですが、それは断片で証拠としては弱い。ところが群馬県ではっきりとした構造物が出てきてからは、これはありうるのではないかと、見直したいと思います。西日本では九州にそれらしい例がありますが、まだはっきりとした証拠は見つかっていません。冬の住まいとして土で被って完全に密封してしまうような構造の住まい、季節による住まいのつくり分けがあるかもしれません。

2　海の家と山の家

つぎに、同じ地域における海と山との住まいのちがいですが、これは簡単にいいますと、海の家と山の家になるかと思います。大阪女子大学学長の上田正昭先生は「山のエビス（山夷）に対して海のエビス（海夷）を考えなければならない。文献には書いてないが重要なことだ」（日下雅義編『古代の環境と考古学』古今書院、一九九五年）と言われました。考古学的にみても、同じ地域のなかでも海の民と山の民とで当然暮らし方が変わってくると思います。海ぎわに住んでいる人は船に乗って魚を取りに行くし、山の中の人は、米をつくるということはあまり考えられないとしても、焼畑その他狩猟を含めた生活をずっと続けていくという、そういう生業による住まいのちがいが当然あるのだろうと思います。

考古資料をいまの例に当てはめてみたいのですが、これがなかなかむずかしいのです。当てはめにくいというのは、とくに住まいの場合、われわれが調査する場合には引っ越しをした亡骸しか残っていないのです。そこに住んでいた人が必要な物を持ってどこかに引っ越していくと、残っている物はいらないものばかり。それも土と石でつくられている物ばかりで、木でつくった物はみんな腐ってしまって残っていないのです。そういう材料から考えなければいけないので、そこで住んでいた人が魚取りをしていたのか、獣を追っていたのか、その比率はどれくらいだったのかというようなことはなかなかわかりません。貝塚《かいづか》などから、どれだけ貝を食べたかとか、骨が残りますから猪を何%食べたかということはわかるのですが、暮らし向きはなかなかわかりません。このように比べにくいために、日本の縄文・弥生時代に海の家・山の家・田の家という区別があったのかについてはほとんどわかっていないのが現状です。

上田先生がいわれた山のエビスとか海のエビスとかを家に当てはめてみますと、山屋・田屋・海屋、いま風にいえば山の家・海の家という物があるかどうか。そのような目で見ますと、それぞれ特色のある建物の例が若干見つかってきています。

例えば徳島県の黒谷川《くろたにがわ》遺跡から出てきた弥生時代の住居は、上からみると円い家で柱穴が五本ほど

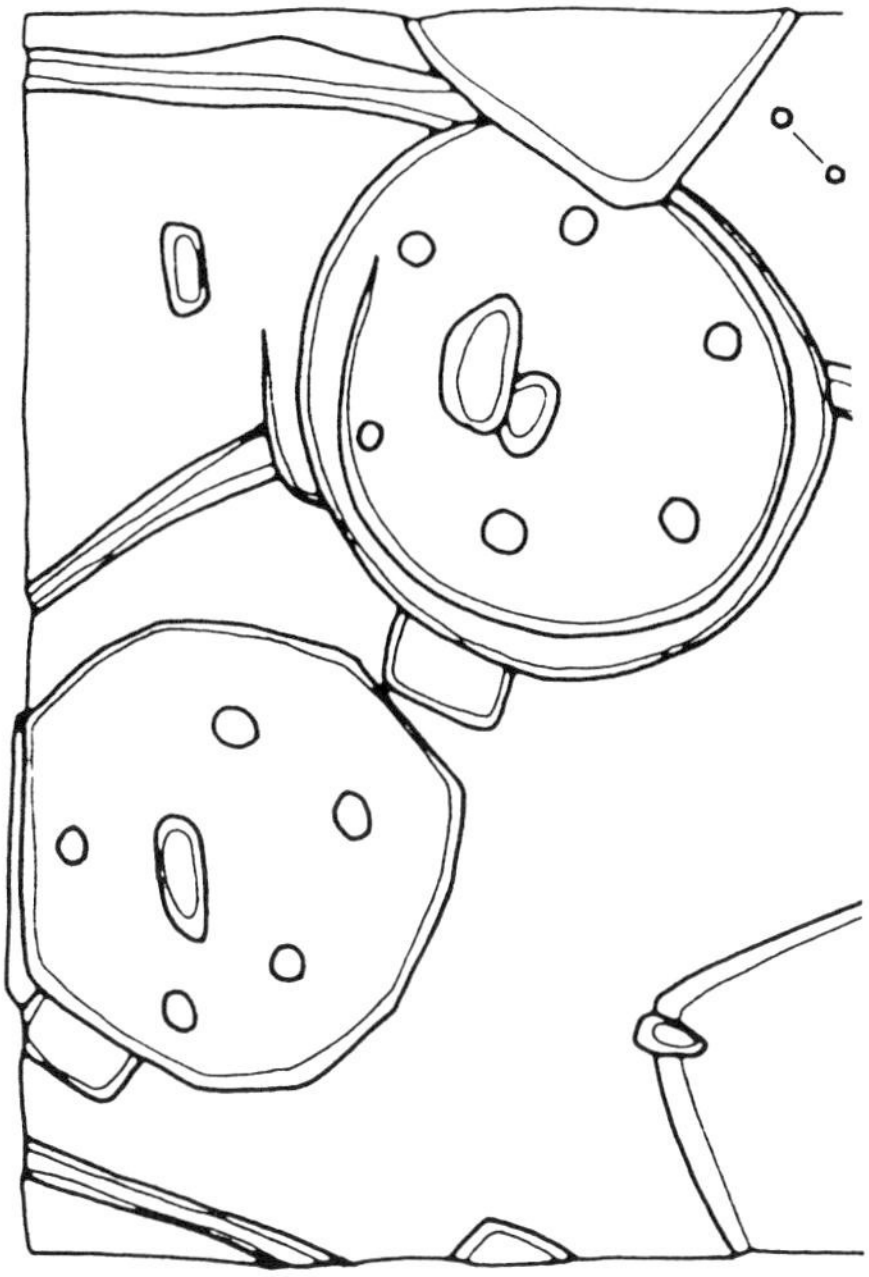

図58　2世紀の海の家
（徳島県黒谷川遺跡）

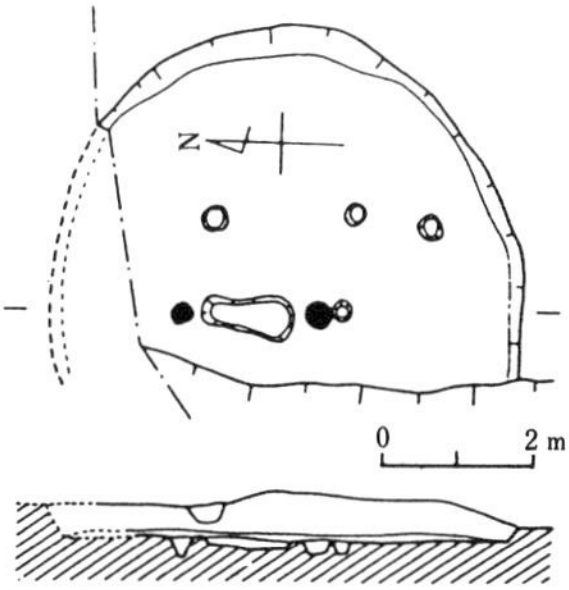

今 川 遺 跡

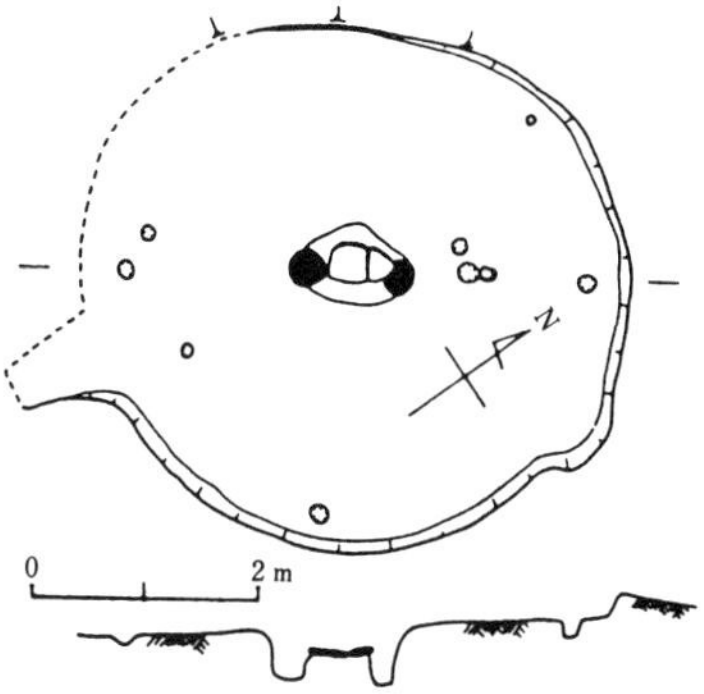

松菊里遺跡

図59　紀元前3世紀における日・韓の海の家

あって屋根を支えているのですが、入り口がきちんと付けてあります（図58）。縄文時代から中世まで穴屋が続くのですが、その中で出入口の施設をはっきりと付け足してあるというのは少ない。穴屋の中に土を置いて階段風につくるとか、あるいは梯子《はしご》を掛けたような痕跡の杭穴《くいあな》があるとかいう例はわりと多いのですが、わざわざ出っぱりを付けて出入口を付けるという例は少ない。真上から見ますと、小さな庇《ひさし》を掛けた楕円形の建物になります。前方後円墳とまではいかないまでも、出っ張りのある円墳みたいな特徴のある住まいになるかと思います。

このような二世紀の弥生時代後期の住まいは、徳島県だけでなく、香川県の高松空港跡地などから見つかっています。香川・徳島という四国東部の一つの共通性がここにある。これらは海岸部の遺跡ですから、弥生時代の海にかかわる人たち、航海民の住まいと考えられます。そういう例を探しますと九州に少しあるのですが、近くだと兵庫県赤穂《あこう》市の布勢遺跡にあり、東瀬戸内の海岸部の住居として認めることができると思います。

広い範囲で見ますと、朝鮮半島に紀元前三〇〇～四〇〇年ごろの松菊里《しょうきくり》という遺跡があります。真上からみると円い住まいで大きさは五、六㍍、真ん中に柱穴が二本あり、柱と柱の間に囲炉裏をつくっているのが特徴です。ところが、これとまったく同じ住まいが福岡県今川遺跡で見つかっています。弥生時代初めの、日本がちょうど米づくりを始めたころ、朝鮮からやってきた人たちのすまいが、かつての港である今川遺跡で見つかったということです。

そこでは、朝鮮式の銅剣を再加工した道具も見つかっています。そのため、直接朝鮮半島からやってきた人びとが住んでいた村ではないかと思います。さらに同じタイプの住居が五、六軒かたまって見つかりまして、これもやはり玄海灘《げんかいなだ》を越えて朝鮮から船に乗ってやってきた人たちの住まいであるとして、このタイプを「松菊里型住居」と呼んでいます。もちろんこの人たちは米を携えてきていますから、海の人だけではなくて農業もしているわけですが、そういう人たちの住まいだといえるのではないかということです。いまのところ、東方では岡山県と、少し新しくなりますが和歌山県大野中遺跡で見つかっております。

この時期だけでなく、朝鮮からはいろいろな段隠で何度も何度も人がきています。そして文化の波が瀬戸内を通って東へ東へと動いてきています。海の民の人びとの住まいのタイプが、そのひとつの例としておさえることができるのです。

そのような海の住まいに対して、山の住まいはどのようなものか考えてみますと、長野県岡谷市に橋原遺跡があります。ここはおよそ二世紀ごろの長方形の住まいで、柱が六本ある住居があちこちにあるのですが、ここで特徴的なのは真ん中に小さな杭を列状に打ち込んでいることです。それとそっくりな住まいが、愛知県のリトルワールド博物館という、世界のあちこちの民家を集めている野外博物館にあります。ここにあるアフリカの住まいがそっくりなのですが、学芸員に聞いてみたら家畜小屋であるといわれてがっかりしました。

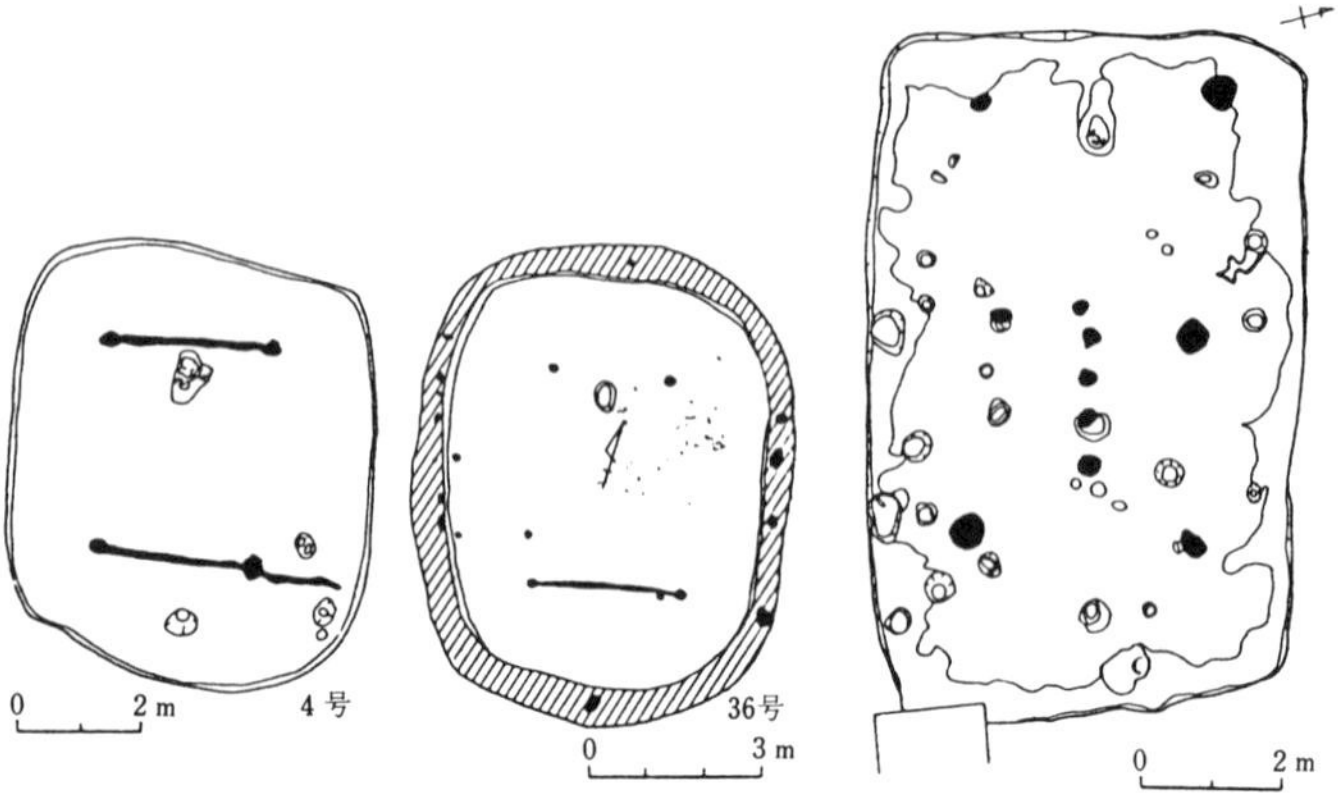

山梨県金の尾遺跡の住居（斜線は高床部）　長野県橋原4号住居

図60　2、3世紀の山の家

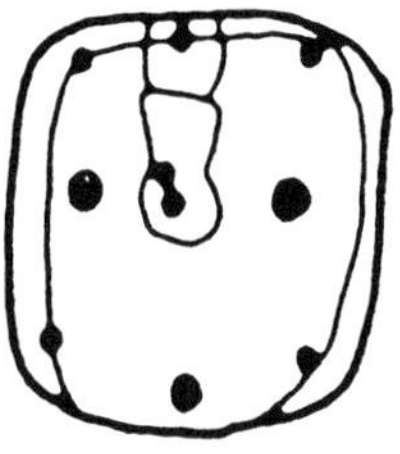

図61　縄文の山の家
（福島県田地の岡遺跡）

このタイプの住まいは、長野県のなかでも北部の善光寺平や伊那谷、佐久平には見られず、ごく限られた諏訪や松本平の地域にしかありません。そういう点では山の住まいの一つとしてあげることができるのですが、分布範囲は非常にせまいという感じがします。これが山の住まいの特徴なのでしょう。しかしながら、住居の分布範囲がせまいからといって山の人びとはあまり動かないのかというと、山で生活する人はかなり広い範囲を動くという話も聞きますし、山の人びとの生活と、住居タイプが一定範囲しか動かないということとはちがうといえそうです。

同じように、せまい範囲に集中するタイプとしては山梨県にひとつの例があります（図60左）。金の尾遺跡の場合は四角の住居で柱を四本立て、二本の柱の間に溝を掘ってついたてをつくっています。山梨県も長野県と同じく山の国ですが、これも二世紀においてせまい地域に限られた山の人びとのすまいであろうと思います。若干広い範囲としては、福島県から新潟県に多いタイプとして、縄文時代中期としては珍しい三本柱の住まいがあります（図61）。普通住居は四角を中心とした構造をしていますが、縄文時代中期五〇〇〇〜六〇〇〇年前の古い段階では、この三本柱が、福島県の中通りと会津盆地から新潟県にかけての山に関わった人たちの住まいの特色です。この中には複式炉《ふくしきろ》と呼ばれる非常に複雑で立派な囲炉裏がつくられています。これはハート型あるいは三角形に小さな握りこぶし大の石を敷き詰めたかなり大きなもので、東北日本に多いことから、寒いところの特色なのかもしれません。こういったものも、縄文時代の山の人びとの住まいに対する工夫と考えられます。

それから「田屋」ですが、水稲農耕を行なっていた人たちの住まいは、日本中で見つかっている弥生時代から古墳時代の竪穴式あるいは平屋の建物なので、ここでは省略します。

3　町　屋

つぎに「町屋」に類するものです。三世紀の『魏志《ぎし》』倭人伝《わじんでん》によると、邪馬台国《やまたいこく》には女王卑弥呼《ひみこ》がいて七万戸の家があったと書いてあります。一軒四人として二八万人、話半分としても一四万人というかなりたくさんの人が住んでいたことになります。そうすると山村・漁村とはちがった都市的な集落ができてくると思います。そこの住まいを考古学的に見ていきましょう。

最近私は、弥生時代に計画的な集落があったのではないかと考えていまして、そういう目で遺跡を見ていきますと、じつはそのような例があります。それは静岡県の汐入遺跡で、住居群の中に道路がきちんとできているのです。両側に幅一メートルの溝をもった幅四メートルの幹道と柵で囲まれている幅二メートルの枝道があります。三〇～四〇メートルの方形区画があり、それが道によって区画され、その中に平屋・穴屋と高屋などさまざまなタイプの住まいが配置されています。これはまさに町屋なのではないでしょうか。

水稲農耕をしている人たちだけでなく、商業も含めた都市的要素をもった町がすでに二世紀に萌芽的に現われ、三世紀の邪馬台国の時代になると、市を伴い、町割りがある程度都市的要件を満たしていると思われるような遺跡がでてきています。日本列島の中に、海の家・山の家に対して町の家が現れてきたこの二、三世紀の段階においては、地域環境に対する区別が住まいの中に反映されていたといえると思います。

4 世界にみる住まいの比較

第三の課題は、大きな環境によって住まいがどのようにちがうかということです。

図62の1は大阪府はさみやま遺跡です。旧石器時代、およそ二万年前の住まいです。一九八六年(昭和六十一)ごろ、元プロ野球選手の梨田《なしだ》昌孝さんがバッティングセンターをつくろうとしました。たまたまそこは遺跡だったので発掘調査をしたら、旧石器時代の遺跡が見つかったのです。そのとき、梨田さんはいい人だなと思ったのですが、バッティングセンターの計画を縮小してくださり、この住まいが残ることになりました。

その住まいの構造が図面上で復元されているのですが、それが図62の2にあるブッシュマンの住まいとよく似ています。これは二万年前の日本とアフリカの現代人が似ているという意味ではなくて、地域は離れていても簡単な小屋がけをするときは基本的に似てくるということです。古い民族建築をやっている人は「一時住まい」といういい方をします。基本的に移動生活をしていて、少しの間そこに泊まるために小屋がけをする。このような一時住まいは簡単な構造で十分ですから、環境に対する適応もあまり気にしません。とにかく寝られればいいという程度のものです。

それに近いものとして図63があります。これは東シベリアのツングース族の住まいです。東シベリアは寒いところですが、彼らはアメリカ先住民のものともよく似ている三角テントをつくります。平面形を見ると、奥が来客を迎えるところで、向かって左側に長男以下家族の住むところ、右側は夫婦の住むところです。小さな部屋の中とはいえ、学生の下宿のような多目的一室利用ではなく、部屋の中の使い分けをしています。

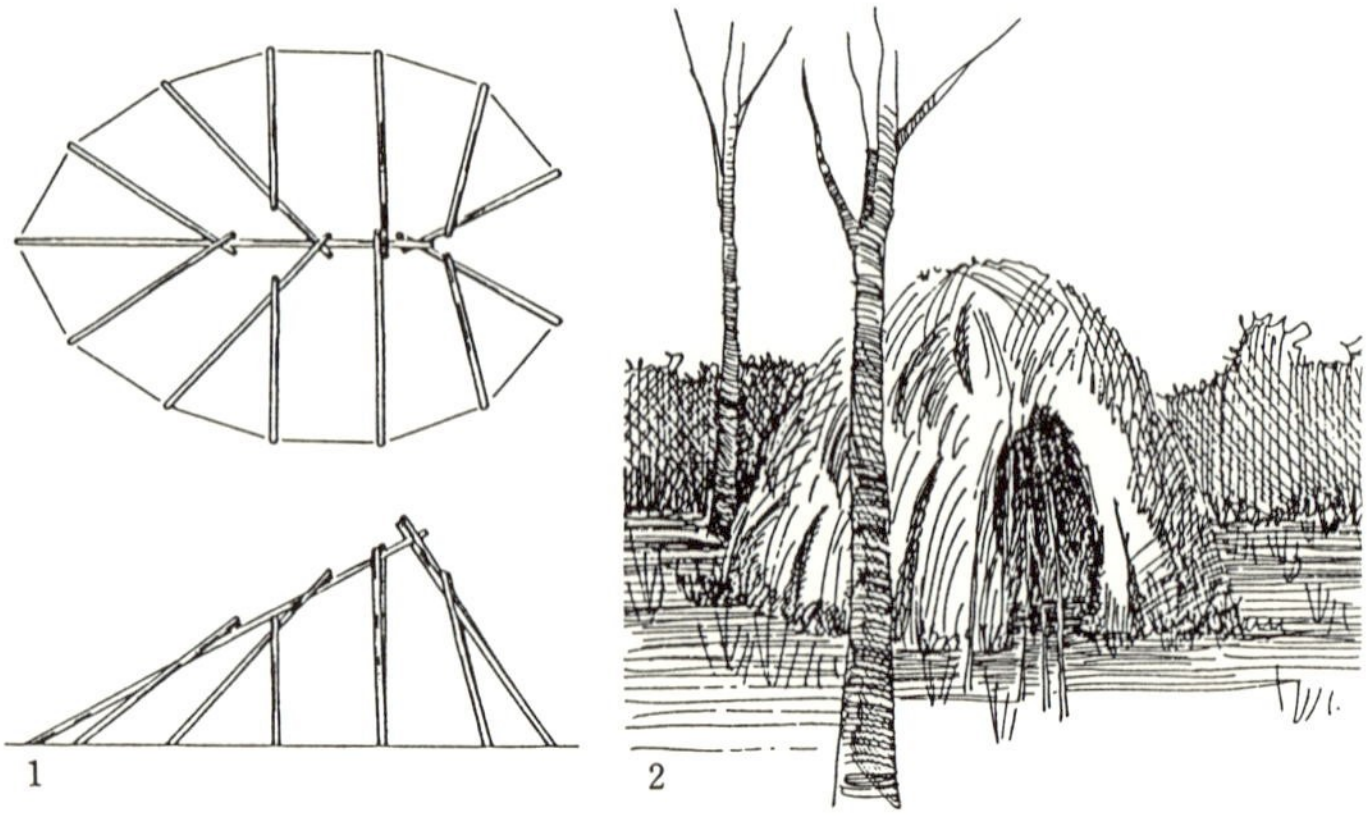

図62　日本とアフリカの一時住まい

1 大阪府はさみ山遺跡　2 ブッシュマンの一時住まい

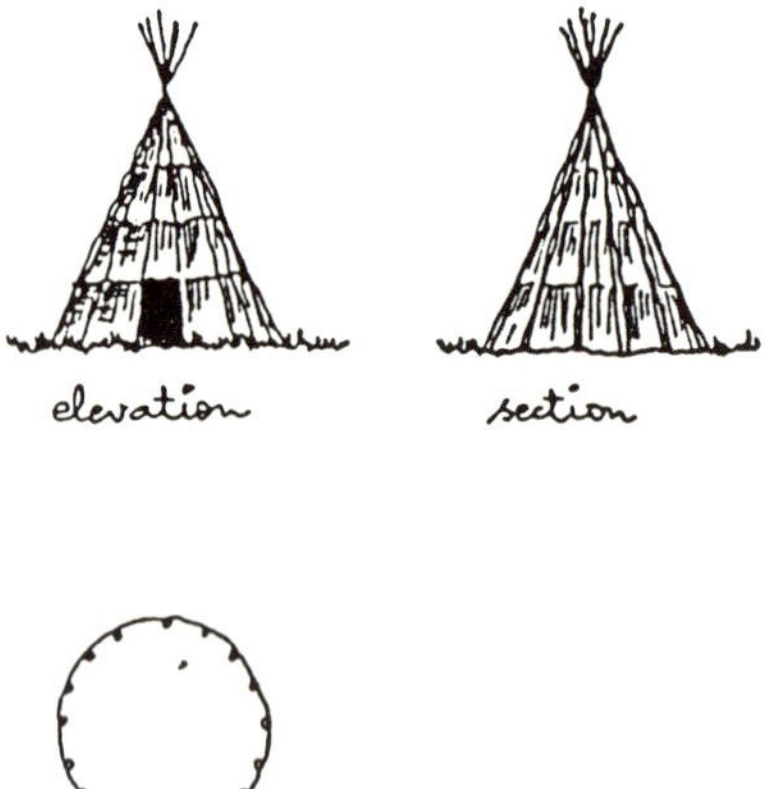

図63　東シベリア・ツングース族のテント

これがさらにはっきり区分けされて数家族が住むようになっているのが、図64の1のアメリカ先住民ワイワイ族の住まいです。これは焼畑をやっている人たちの共同住宅ですが、直径一〇メートルほどの大きな住まいの中が七つほどに区画されていて、柱と柱の間に一家族が住んでいます。本当にこんなにせまいところに住ん

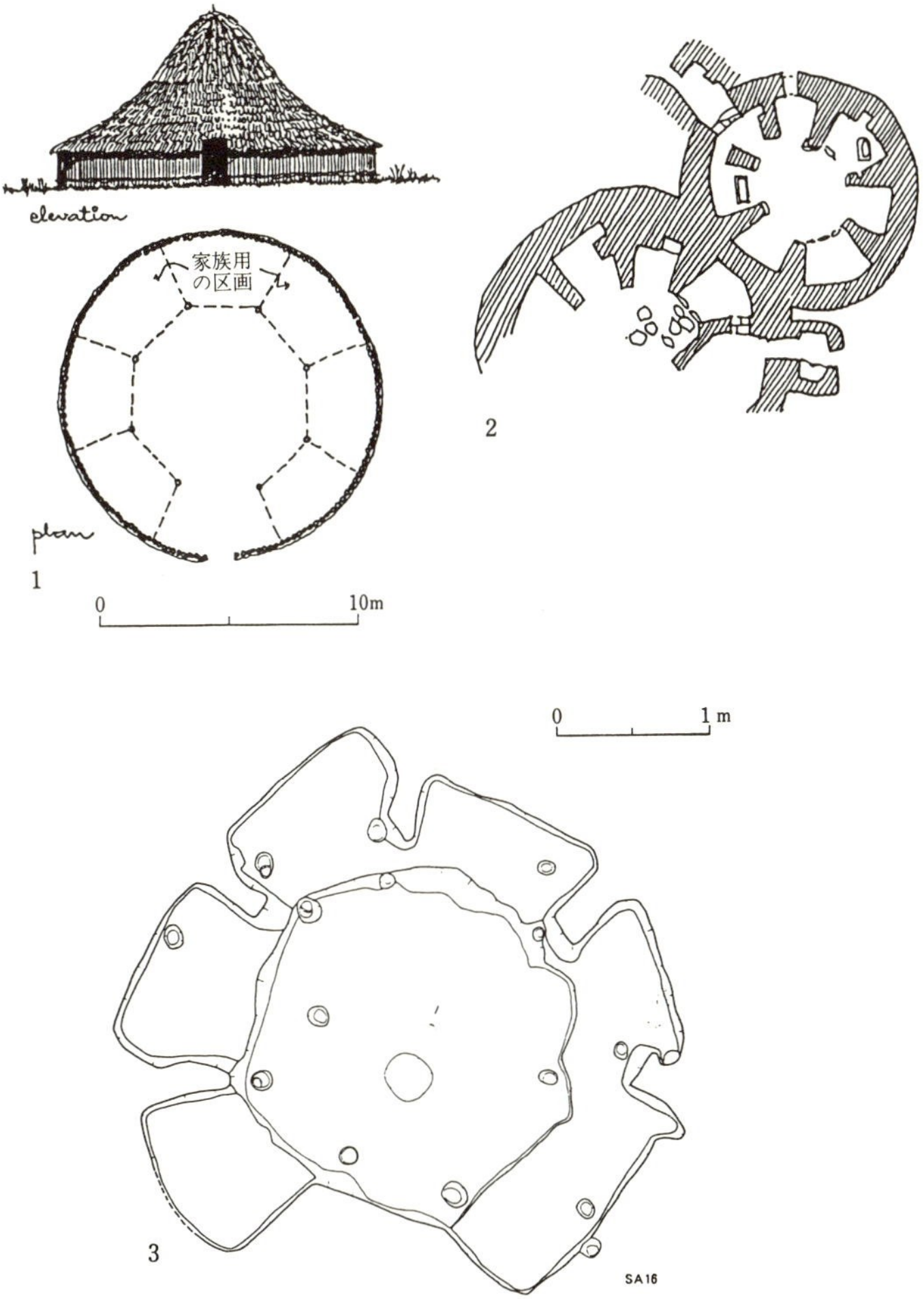

図64　世界の円形多区画住居

1　アメリカ・ワイワイ族　2　スコットランドの車輪型
3　宮崎県堂地東遺跡

でいるのか不思議なくらいです。

日本列島の中でこれと形が似ているのは図64の3です。これは宮崎市堂地東の二世紀の遺跡で、平面形は図64の2のスコットランドの車輪型と同じです。日本の車輪型に似た住居は、円形・方形にかかわらず、壁が中に出っぱってつくられています。ワイワイ族の場合にくらべ、日本の住まいは大きさが六、七㍍と小さいので壁と壁の間に一家族が住むことはできませんが、住まいの形としてはよく似ています。日本では「花びら型」などとロマンチックな名前で呼んでいます。

「花びら型」の住まいは宮崎県の南から鹿児島県までの地域に分布していますが、最近では大分・愛媛両県でも見つかっています。香川県や徳島県で入り口を特別につくった家があるといいましたが、そういうものを「花びら型」の系列の中で考えられれば海の民の構想は広がりますが、張り出しが一つしかないので別のものと考えておきましょう。こういった変わった「花びら型」や「車輪型」というタイプは日本列島の一部の地域にあり、その中の使い方については世界の他の地域の使い方が参考になるのではないかと思います。

図65の1は日本の大型住居を見る上で参考になると思います。これはアマゾンの地域にある民家で、二〇〜三〇㍍あります。マロカと呼ばれ、共同住宅で共同生活が行われています。ここの人たちは、武器以外は共同所有になっています。これとよく似た図65の2のような長径が、三、四〇㍍ある縄文時代の大型住居が、青森県から栃木県にかけて三十数ヵ所見つかっています。これは東日本で縄文時

代後期以降、約三〇〇〇年ほど前にかなり盛んにつくられた大型住居です。これまではお祭をやる場所、若者宿とかいわれてきましたが、世界各地の例から考えて、共同作業をする共同住宅と見たほう

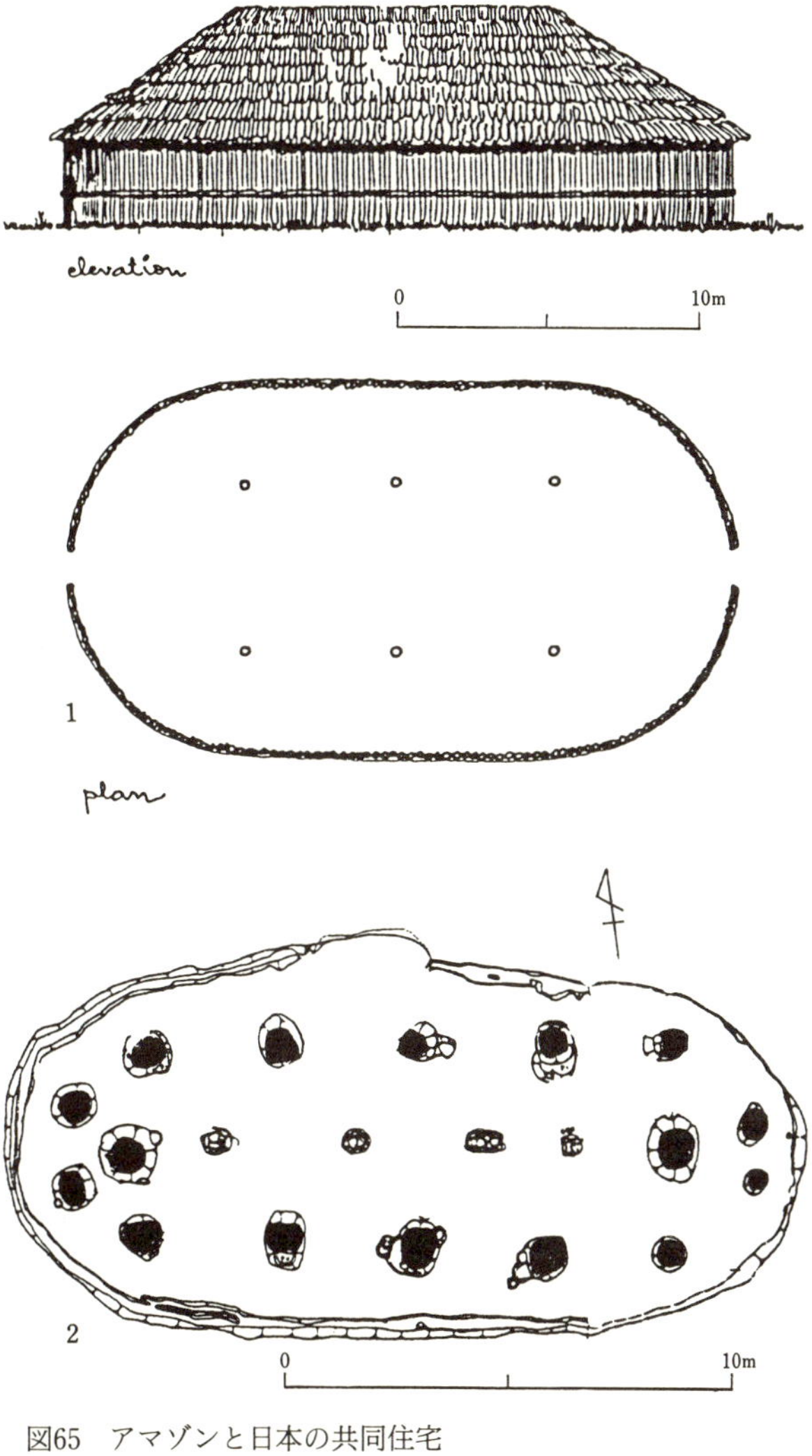

図65　アマゾンと日本の共同住宅

1　エリクバークサのマロカ　2　富山県不動堂遺跡

がいいのではないかと思います。

図66の1はケニヤのルイア族の半恒久的な住まいです。この中でおもしろいのは、家の中に炊事場

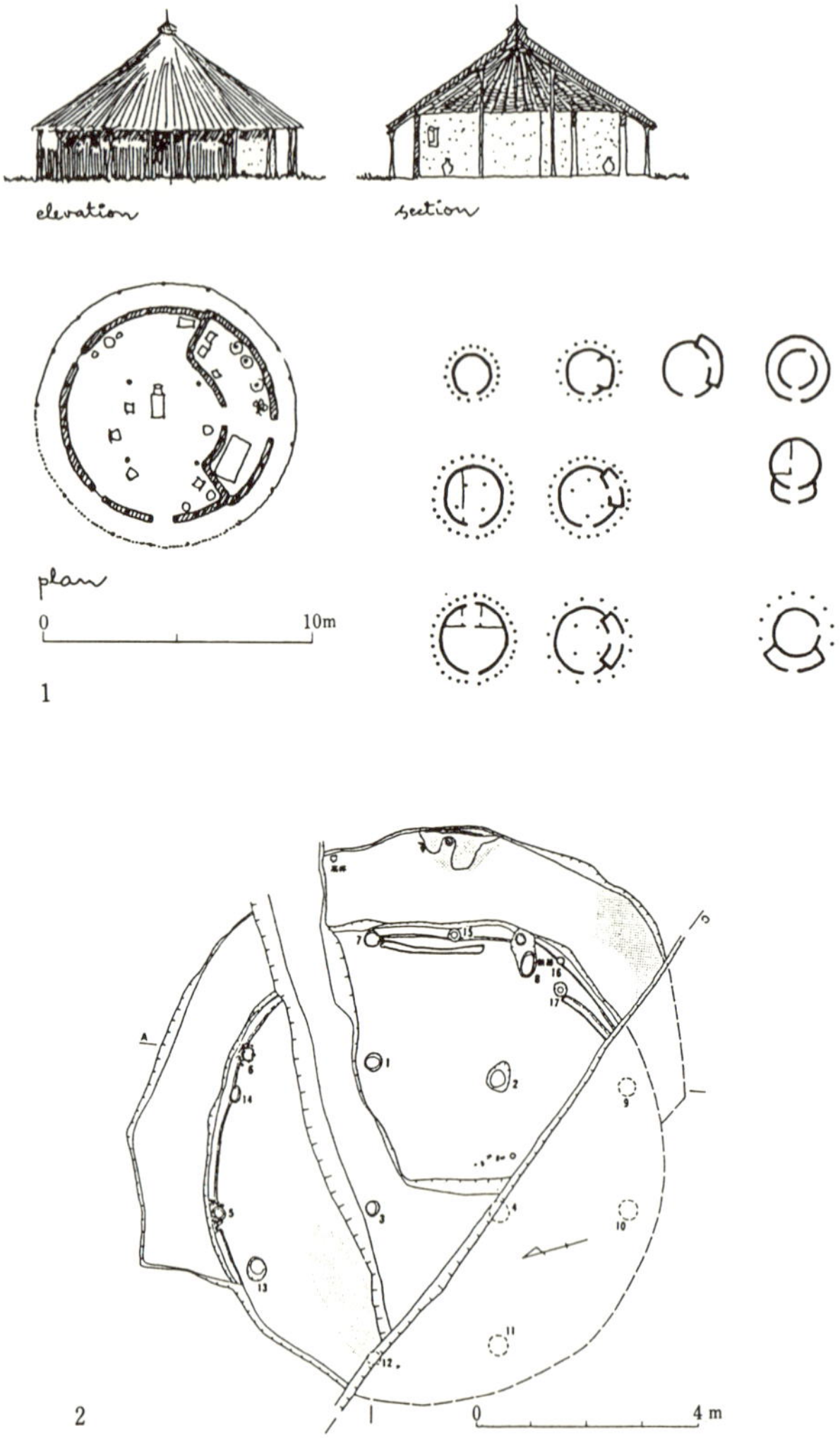

図66　炊事場を区画する円形住居

1 ケニヤ・ルイア族　2 兵庫県東溝遺跡

などを独立させた生活空間を別につくっていることです。それとよく似たのが二世紀の播磨加古川の東溝遺跡からみつかっています（図66の2）。これは日本では例のない、帽子をかぶったような特色のある住まいです。

図67の1・2はマヤとメキシコの住まいです。私は数年前にメキシコに行ったとき、村で偶然バス

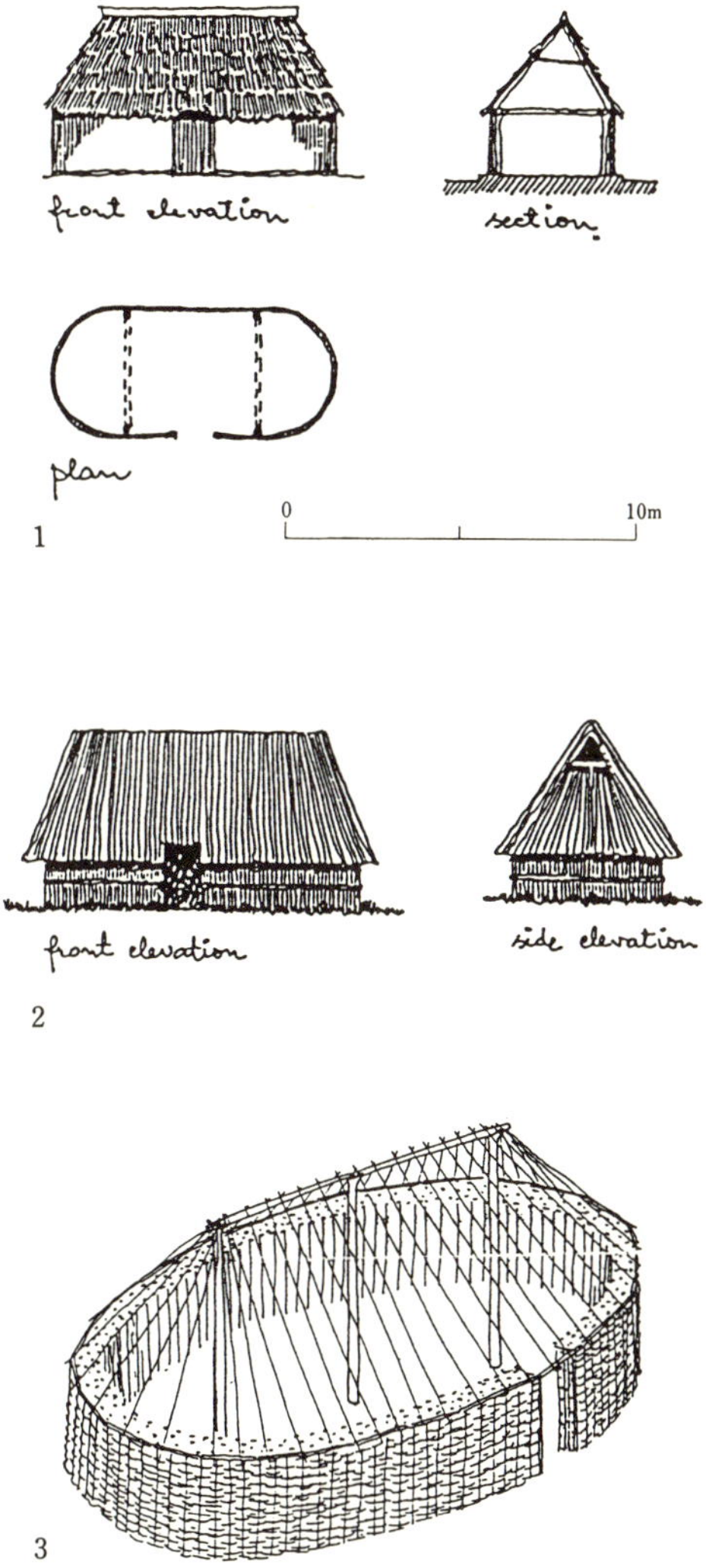

図67　長円形の草壁・草葺住居

1 マ　ヤ　2 メキシコ　3 山形県押出遺跡

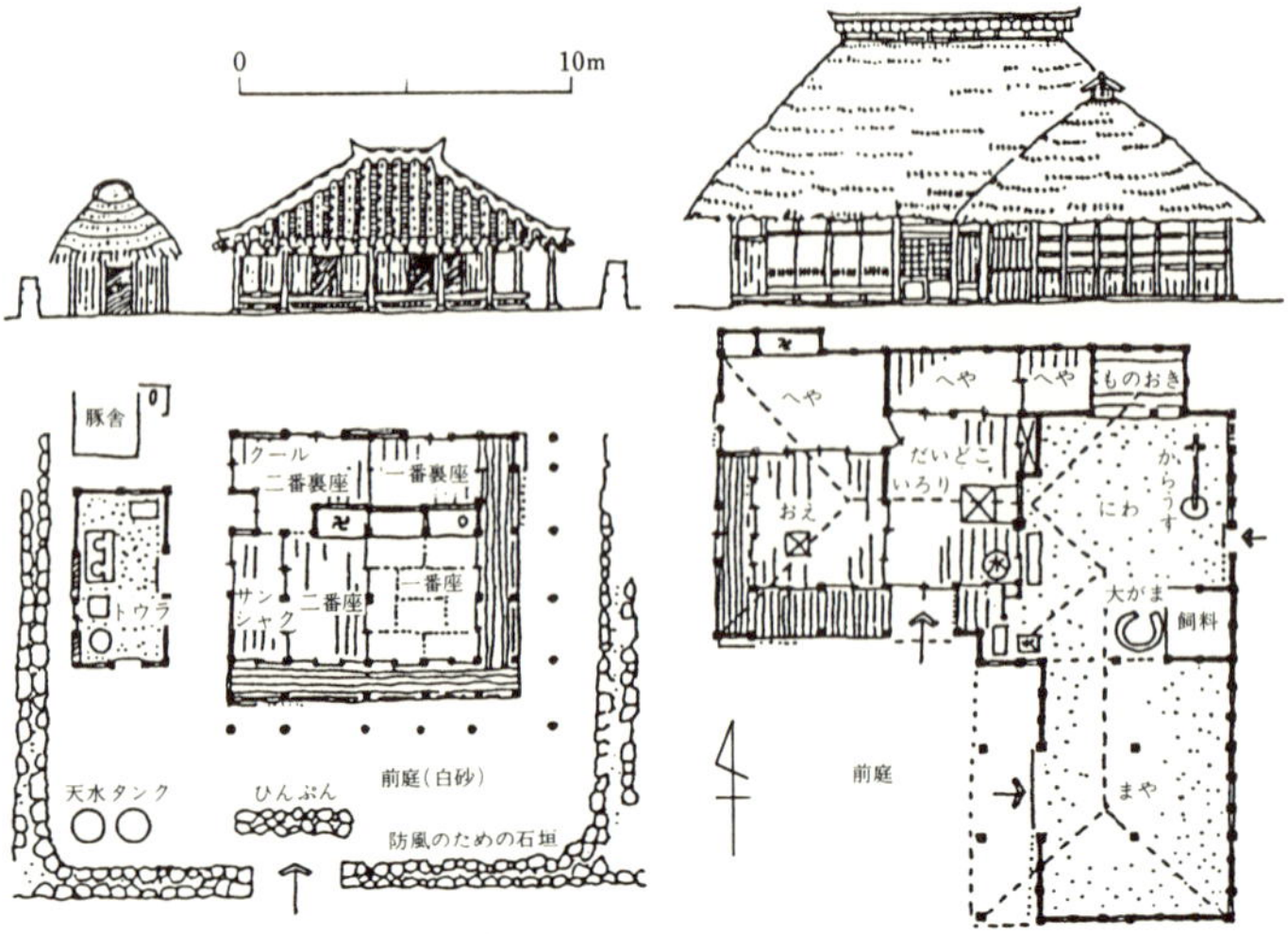

南方系2棟型住居(竹富島)　　北方系広間型住居(南部の曲り家)

図68　分棟と曲り家

が故障して半日歩き回っていたのですが、マヤの壁画にあるのとそっくりの住まいをたくさん見つけました。地元の人に悪いとは思いましたが、私は「生きている民族村」だと一人で興奮していました。長円形の草壁・草葺住居で、南の森林地域の住まいの一つのあり方といえるでしょう。それとそっくりなものが山形県押出《おんだし》遺跡（縄文前期）からみつかっています（図67下）。

図68は沖縄県と岩手県の民家の例です。九州から南西諸島にかけては、母屋と馬小屋・トイレ・台所などを切り離してつくる「分棟」が一般的です。それに対し東日本では、みんなくっつけて「曲がり家」にしてしまって同じ屋根の下に入れ込んでしまっています。そういう大きなちがいが、同じ日本においても近世以降の西日本と東日本の民家にあります。

おわりに

「冬の家と夏の家」「海の家と山の家」について、世界の先住民族の住居を参考にしながら考えてみました。

住居は環境に適応してつくられます。今回はふれることができませんでしたが、土の家・石の家・木の家といった住居の素材もまた環境の産物であり、環境に適応した文化です。それぞれの住文化を対等に比較検討することが、これからのひとつの課題です。

（「シンポジウム　歴史と環境」講演記録、徳島県、一九九四年）

あとがき

今日現在、日本列島のあらゆる場所で数千軒をこえる住居が発掘調査されているだろう。最近（一九九五年〔平成七〕三月）の驚きの一つは、群馬県大胡町中道遺跡の礎石《そせき》をもつ穴屋（竪穴住居）である。時代は九世紀＝平安時代。普通、穴屋に柱を立てる時は、地面に穴を掘り柱を埋めこんで立てる、いわゆる掘立柱で九九％以上の建物がそうである。それなのに、変わったことをしている。〝変わったこと〟が、ある人の単なる思いつきで終わっているのか、理由があっての工夫で多くの人びとがそれを真似、歴史的役割を果たしているのかは、広く類例を集めて調べてみないと分からない。

「礎石をもつ穴屋」は、歴史的背景がありそうだ。いまのところ十数例と数は少ないが、奈良・平安時代の群馬・山梨・長野・岐阜の各県に広がる。四者の共通項は、山ぐにで地域色の強い独自の文化をもつことだろう。その上、これらの各県は、海がないのに海とのつながりが強い。群馬県には日本列島に約二〇例しかない六世紀の金銅製冠が二例あり、それぞれ朝鮮半島の百済《くだら》と新羅《しらぎ》の製品と考えられている。長野県には海洋民である安曇《あづみ》氏の伝承があり、岐阜県の飛驒には大和朝廷とたたかう英雄「両面宿儺《りょうめんすくな》」の伝承がある。これからの課題ではあるが、「礎石のある穴屋」は、国際情勢に敏感な内陸部の海洋民の文化を象徴する一例になるかもしれない。

一九九二年（平成四）四月の「楼閣《ろうかく》絵画」の発見以来、古代建築の世界は新しい局面を迎えた。従来、高層建築はないと考えられていた弥生社会に「楼閣絵画」を契機として大型柱穴・大型建物の遺構がつぎつぎに出現した。弥生早期にさかのぼる福岡県粕屋町江辻遺跡をはじめとして、最大床面積の福岡市吉武高木遺跡（二〇五・五平方メートル）や最大柱穴の福岡県筑紫野市以来尺《いらいじゃく》遺跡（柱穴の長辺二・五×短辺一メートル余）をもつ北部九州の諸例と方形区画内の建物群をもつ滋賀県守山市伊勢遺跡や兵庫県川西市加茂遺跡などの近畿の一、二世紀の類例が知られている。

まさに、弥生時代は東西とも高屋（高床建物）全盛期の観があり、その傾向は古墳時代の大型建物と豪族居館に発展しているような研究動向が感じられる。

しかし、縄文時代から中世に至るまで、日本列島の住居の主流は穴屋（竪穴住居）と平屋（平地住居）である。中でも穴屋を主流とするムラは、縄文時代以来連綿と続いており、発掘調査例も最も多い。そのような中で、従来の予測をこえて、縄文時代にも弥生時代にも、高屋の果たしている役割が多いことを、ここ数年の調査事実がしめしているのであり、本書でも注目した点である。

穴屋と平屋に関する新しい研究の動きは、口絵にとりあげた群馬県の中筋遺跡と黒井峯遺跡からはじまっている。火山噴火のために瞬時にパックされた二つのムラとその周辺のムラは、ある日の生活がそのまま埋もれていると言ってよい。他の多くの集落遺跡は、引越しをして必要な道具類を持ち出した後の住居のなきがら、ムラのなきがらを調査している場合が圧倒的に多い。災害にあった住居でも片づけられた後の事例が多く、その上、その後の開発のために当時生活していた地上面が完全に削りとられ、深く掘った穴や住居や溝の底などが残っているだけである。

中筋ムラや黒井峯ムラには、五世紀と六世紀の生活面がそのまま残されていて、いまだかつて考えたこともないような集落調査が続行されている。

(1) 住居の中にうずくまる動物（あるいは人間）の遺体が、その後、腐朽して空洞のまま残っている。

(2) 住居の外や中に置いてあった木の容器の痕がある。

(3) 住居の出入口から、踏みしめられた痕をたどって隣りのイエに行ける道が分かる。

(4) 屋敷の中にある家畜小屋や納屋や畑が分かる。

(5) 立ったまま埋もれた住居の壁を掘り出し、窓の空間と窓の戸を支えていた〝つっかえ棒〟の痕も見つけ出せる、…。

渋川市教育委員会の大塚昌彦さんと子持村教育委員会の石井克己さんの話は、私にとっては五、六世紀の語り部が現代に現われたような真実味がある。一つ一つの話には、それぞれの調査事実の積み重ねがある。二人の調査方法をしっかり学ぶことによって、なきがらとなった日本列島の大多数の集落遺跡の真実が復活するに違いない。その時、日本列島の住居と集落の歴史は、まったく新しい装いを見せるだろう。そうなれば、古墳を中心に語られている古墳時代史は終わり、はじめて各地域の市民の歴史が語りつがれるだろう。

本書は、さきに刊行した『日本原始・古代住居の研究』(吉川弘文館、一九九〇年)以降に、古代住居に関してやさしく解説した文章を中心に構成した。今後の一つの課題は、人びとが生活している日常のムラとイエの復元であろう。

最後に、本書を企画された大岩由明氏と編集を担当された久我貴英氏に感謝します。

一九九五年三月吉日

石　野　博　信

『古代住居のはなし』その後

石野博信

私の古代住居に関する最初の本は、『日本原始・古代住居の研究』（吉川弘文館、一九九〇）だった。幸い一九九七年までに四刷を重ねた。しかし、その内容は専門的であるため、関心のある一般の方々に読んで頂くには堅すぎた。そこで、古代住居に関するやさしい本をということで刊行したのが本書である。

住居には人が住む。人は住居で、風雨をしのぎ、暖をとり、煮炊きをする。そのために住居には屋根があり、壁があり、台所があり、寝所がある。それらは、地域により、時代によって様々な形をみせる。

第一章「古代の家と村」では、各地の発掘住居をもとに、「住居の構造とくらし」（一〇ページ）や「イエとムラのしくみ」（九〇ページ）を求め、「住まいの中の使い分け」（一〇〇ページ）に及んだ。住居の中の「男の空間と女の空間」（一一二ページ）は、中国・雲南省の民族例を参考に日本の古代住居に類例を求めた。

ところが、一一三ページで類例としてあげた神戸市玉津田中遺跡の弥生時代中期の平屋（平地建物）には問題があった。報告書作成のために推定〝女の部屋〟の十数個の大壺を復元したら、全ての大壺の胴部下半に径一〇チセン前後の打欠き穴があった。つまり、台所に日常用具として置いていたのではない。弥生時代の墓地からは、打欠かれた土器が出土する例が多いことと、玉津田中遺跡の平屋の近くに方形周溝墓群があるので、葬儀にかかわる建物と考えた方がよさそうだ。

発掘住居を集めていて、弥生時代や古墳時代に、すでに家地（屋敷）がありそうだと気が付いた。一世紀（弥生後期）から六世紀（古墳後期）の「家地の変遷」（一五二ページ）をまとめたが、その過程で三世紀（古墳早期）の倭国の女王「卑弥呼《ひみこ》の館」（一六九ページ）を探ることとなった。その後、三世紀の居館は佐賀県吉野ケ里遺跡や大阪府尺度《しゃくど》遺跡でその一端が現われ、集落内に二つの中枢地域があり、いわゆる『魏志倭人伝』にいう卑弥呼の祭祀区画と「男弟」の政治区画が検討できるようになった（石野二〇〇一『邪馬台国の考古学』吉川弘文館、一九ページ）。

住居は、それぞれの地域の環境と生活習慣によって構造や間取りが規制される。したがって、A地域からB地域に移住した場合、移民一世の人々は先住地のスタイルで住居を建てる。このことを手掛りに、「古代建築と対外交流」（一八一ページ）を追究した。それは、「古代建築からみた渡来人の波」（一八二ページ）を求めることとなり、ひいてはシルクロードの宝物を収める「正倉院建築の源流」（一九八ページ）を訪ねることになった。

住居型による移住痕跡の追究は、列島内についても有効であろう。たとえば、明治初年に本州各地から北海道に移住した人々の初期の本格住居は、故郷の家を踏襲していた（石野一九九〇「現代における北海道入植者の住宅変容」『日本原始・古代住居の研究』吉川弘文館）。古墳早期の兵庫県播磨《はりま》大中《おおなか》遺跡には同時期の北部九州に圧倒的に多い住居型（長方形二本柱）があり、九州人の移住を考えさせる。同様の例は数多いだろう。

そして本書のまとめは、「環境と交流の住居史」となり、「冬の家と夏の家」（二一四ページ）、「海の家と山の家」（二二九ページ）など、従来、発掘住居だけでは検証困難な分野に踏み込むこととなった。それは、群馬県子持村（現渋川市）黒井峯遺跡の発掘で現われた火砕流下の被災住居がヒントを与えてくれた。六世紀の屋敷の中に家財道具（土器など）が置かれたままの平屋と何もない穴屋（竪穴住居）があって、噴火がおこったのは涼しい平屋に住んでいた夏と推定された。推定の当否に課題が残るとしても、シーズンによる建物の使い分けがあったことは確かであろう。

最後に、本書執筆段階には稀少例であった「縄文平屋」や「弥生楼閣《ろうかく》」などその後の動向と未検出であった「王と大王の居館」などについて要約しておきたい。

①壁のある縄文平屋（平地住居）

一九八五年（昭和六十）十月に山形県高畠町押出《おんだし》遺跡を訪れた。低湿地の中に径五～一〇㍍余の円形の高まりが点在し、その上に径四〜八メートルの円形に杭が打ち込まれていた。杭は地上一〇センチほどしか残っていないが、人の背丈ほどの高さに復元すると立派に家の壁になる。「縄文人は穴屋に住んでいた」という常識をくつがえす発見だった。中国・新石器時代住居との関連をたどり、本書一八五ページに紹介した。そうなると、縄文後・晩期に穴屋（竪穴住居）の検出例が減少するのは平屋が増加しているから、と考えることができる。

②弥生の楼閣

一九九二年（平成四）、奈良県田原本町唐古《からこ》・鍵《かぎ》遺跡の壺の破片に描かれていた楼閣絵画に驚かされた。弥生人には高層建築を建てる技術がない、と思われていたのに。ところが不思議なことに楼閣絵画出現直後から滋賀県栗東《りっとう》市下鈎《しもまがり》遺跡や兵庫県川西市加茂遺跡などから弥生時代の大型建物跡が次々と現われ、ついに佐賀県吉野ケ里遺跡や大阪府池上曾根遺跡に実物大の楼閣や神殿が復元されてしまった。本書では「弥生楼閣と卑弥呼の館」（一六九ページ）の項目を立てたが、今や弥生人のマチのイメージは一変し、都市化しつつある。ただし、上屋の構造は未知数であり、分かっているのは柱穴と絵画だけである。

③住居内の足跡

坂田邦洋氏（別府大学）は穴屋内の足跡を精査して年令・性別を割り出し、家族構成を復元する作業を進めておられる。私を含め多くの考古学関係者は否定的だ。足跡から年令・性別が判定できることは、スポーツ医学の平沢彌一郎さん（放送大学）も早くから手がけられており（平沢一九九六『足の裏は語る』筑摩書房）理解できるが、「足跡の付くような湿気の多いイエに住めるのか」という疑問だ。それに対し坂田氏は、タイ北部のカレン族などを訪ねて土間生活者の足底と足跡を照合し、民族学的な資料を積み重ね傍証としている（坂田邦洋ほか一九九九〜二〇〇四『足（跡）の研究』Ⅰ〜Ⅵ、別府大学）。

本書では取りあげていないが、研究方法として有効だと思う。多くの研究者が現地調査に参加し、批判的にでも検証していけば、一軒の住居にどのような人々が住んでいたのかという基本的なことが解明される可能性が見えてくるだろう。

④王と大王の居館

一九八四年（昭和五十九）、「雄略天皇の宮殿か」という報道が新聞・テレビを賑《にぎ》わせた。奈良県桜井市脇本遺跡で五世紀後半の建物跡が二棟見つかっただけで、宮殿中心部が分かったわけではなかった。飛鳥時代になると天皇と呼ばれる古墳時代の大王の居館は、日本書紀などに所在地は書かれているが、考古学的には全く不明であるため、その一部らしき建物跡だけで大騒ぎになってしまった。

二〇〇四年（平成十六）、大王家に並ぶ大豪族・葛城《かつらぎ》氏の居館の一部が奈良県御所《ごせ》市極楽寺《ごくらくじ》ヒビキ遺跡で見つかった。兵陵尾根を整地した長辺四〇㍍余の長方形柵の中に朱塗りの板柱をもつ祭殿一

図69　古代葛城氏の祭殿（奈良県極楽寺ヒビキ遺跡）復元

棟が建っていた。周辺には同様の尾根が点在しており、未調査ではあるが「大殿」や「大蔵」など様々な機能をもった建物群によって居館が構成されていたようだ。

　そう言えば、ワカタケル大王（雄略天皇）の居館には「大蔵」が独立して設けられていたことが『日本書紀』清寧《せいねい》即位前紀の「星川皇子の乱」の記事によって分かる。つまり、大和の大王家や有力豪族は、大殿や大蔵などを分離した居館構成をとっていたことが分かる。

　それに対し、最も早く豪族居館として認知された五世紀末の群馬県高崎市三ツ寺Ⅰ遺跡は、一辺八〇メートルの石垣に囲まれた方形台の内部にコンパクトに全ての機能を集中させている。

　四世紀以降、古墳時代の各地の王の居館と推定される一辺四〇～五〇メートルの方形区画内の建物群は、四世紀の大分県日田《ひた》市小《お》迫《さこ》辻原《つじばる》遺跡や、宮城県美里町山前遺跡や、六世紀の群馬県伊勢原市原ノ城遺跡など、各地で明らかにされつつある。本書では触れていないが、今後、豪族居館と大型古墳の関係、ひいては大王の居館と古墳が検討対象になってくるであろう。

それにしても、住居跡には生きた人々の姿はない。ここ十数年、私は伝統的な住居に住む人々を求めて世界各地の先住民族を訪ね歩いており、その一部をまとめたのが、『アジア民族建築見てある記』（小学館、二〇〇四年）である。一旅行者の短期間の記録であり、民族調査とも言えないが、古代日本の発掘住居に人々が生きかえってくれる一助になればと思う。

図70　エチオピアの住居（ハマル族のドンバイケ村）

二〇〇四年来のアフリカ、ケニヤ・タンザニヤのマサイ族とリビアのトアレグ族に続いて、今夏はエチオピアのバンナ地方の村々を訪ねた。

空間と時間を無視して極論すれば、縄文ムラに入った雰囲気で、豊かだ。特に建物は、本書八二ページで図示した山形県押出遺跡の縄文前期の円形平屋や中国半坡《はんぱ》遺跡の復元建物とそっくりである。もちろん、歴史的関係はないが、人類の知恵として参考にしたい。
住居の中ではお母さんが子供に乳をやり、外では女性が石皿で粉を挽《ひ》いていた。

〈二〇〇六年八月〉

索　　引

人名索引

＊図版目録の人名・遺跡名は省略した．
＊便宜上，歴史上の人物も加えた．

遺跡名索引

図版目録

I 口　　絵

口絵1　絵画土器から復元された弥生楼閣（奈良県田原本町　唐古・鍵遺跡）　田原本町教育委員会

口絵2　火災にあった竪穴住居（兵庫県神戸市　山田・中遺跡）　㈶神戸市埋蔵文化財センター

口絵3　復元された古代の村と住居（群馬県渋川市　中筋遺跡）　渋川市教育委員会

口絵4　火山灰に埋もれた家（群馬県子持村　黒井峯遺跡）　子持村教育委員会

II 本文挿図

図1　古代建築の種類(復元)　稲葉和也・中山繁信『日本人の住まい』彰国社、1983

図2　平屋(平地住居)の中（群馬県中筋遺跡）　大塚昌彦『中筋遺跡』渋川市教育委員会、1994

図3　複　式　炉（山形県小林B遺跡）　㈶山形県埋蔵文化財センター

図4　ベッド(網目)のある住居（佐賀県城ノ上遺跡）　松尾吉高『城ノ上遺跡』基山町教育委員会、1977

図5　二本柱と四本柱の住居（福岡県下稗田遺跡）　下稗田遺跡調査会、石野博信

図6　円形多主柱住居（福岡県下稗田遺跡）　同上

図7　礎　　　石（奈良県毛原廃寺）　石野博信

図8　枘差しの水路護岸（奈良県纒向遺跡）　橿原考古学研究所、石野博信

図9　扠首構造（香川県四国村の民家）　石野博信

図10　束と桝構造（大阪府美園古墳出土家形埴輪）　大阪府文化財センター

図11　寄棟造と切妻造の家（奈良県新沢千塚281号墳出土）　橿原考古学研究所付属博物館

図12　原始入母屋造の穴屋（岐阜県炉畑遺跡）　石野博信

図13　縄文の平屋（山形県押出遺跡）　産経新聞、石野博信原案、早川和子画

図14　草壁と板壁（長野県秋山郷の民家）　石野博信

図15　棧　　　壁（奈良県纒向遺跡）　桜井市教育委員会

図16　高屋と穴屋の「ベッド」（大阪府美園古墳出土家形埴輪、福岡県江藤遺跡）　大阪府文化財センター、夜須町教育委員会

図17　環濠集落の濠（京都府扇谷遺跡）　京都府教育委員会

図18　山のムラ（兵庫県会下山遺跡）　村川行弘・石野博信『会下山遺跡』芦屋市教育委員会

図19　平安時代の屋敷　石野博信『日本原始・古代住居の研究』吉川弘文館、1990

図20　焼けおちた住居（大阪府観音寺山遺跡復元住居）　寺沢薫

図21　群馬県黒井峯遺跡１単位の模式図　石井克己『黒井峯遺跡発掘調査概報』子持村教育委員会、1987

図22　甕棺出土人骨模式図（佐賀県二塚山遺跡）　間壁葭子「原始・古代にみる性差と墓制」『母性を問う』人文書院、1985

図23　最初に間仕切り溝が指摘された住居（東京都小豆沢遺跡Ａ１号住居跡）　後藤守一「上古時代の住居」『人類学先史学講座』15-17、1940

図24　花びら型住居の各種（宮崎県宮崎学園都市遺跡）　長津宗重「『日向型間仕切り住居』研究序説」『宮崎学園都市遺跡発掘調査報告書』２、宮崎県教育委員会、1985

図25　千葉県草刈遺跡住居跡と住居内利用区分の復元　渡辺修一「古墳時代竪穴住居の構造的変遷と居住空間」研究連絡紙11、千葉県文化財センター、1985

図26　住居の空間利用（カマドと土間の関係）　柿沼幹夫『下田・諏訪』埼玉県教育委員会、1979

図27　住居内の日常容器（長野県橋原遺跡の６棟分を集成）　石野、前掲書

図28　川沿いのムラ（和歌山県船岡山遺跡）　石野博信「西日本のムラの営みと変貌」『日本の古代』４、中央公論社、1986

図29　高床住居・高倉と竪穴住居（岡山県押入西遺跡）　同上

図30　弥生の「英雄」（山口県土居ヶ浜遺跡第124号人骨）　同上

図31　１世紀の家地（滋賀県出町遺跡）　岩崎直也「出町遺跡」『弥生時代の掘立柱建物』埋蔵文化財研究会、1991

図32　１世紀の平屋・高屋群（愛知県勝川遺跡）　樋上昇「勝川遺跡」同上

図33　紀元前２世紀の建物一棟を囲む溝（新潟県尾立遺跡）　駒形敏朗・寺脇裕助『埋蔵文化財調査報告—藤橋遺跡・尾立遺跡・旧富岡農学校跡遺跡』長岡市藤崎遺跡等発掘調査委員会、1977

図34　２世紀の方形家地（静岡県汐入遺跡）　鈴木隆夫「汐入遺跡」『静岡県史　資料編１・考古１』静岡県、1990

図35　２世紀のコ字状囲郭溝（石川県宿東山遺跡）　北野博司ほか『宿東山遺跡』石川県立埋蔵文化財センター、1987

図36　３世紀の穴屋の周堤（群馬県保渡田荒神前遺跡）　若狭徹『保渡田・荒神前・皿掛遺跡』群馬町教育委員会、1988

図37　4世紀の家地（静岡県小深田遺跡）　原川宏ほか『焼津市埋蔵文化財発掘調査概要II』焼津市教育委員会、1982、をもとに作成。石野博信『古墳時代史』雄山閣出版、1990
図38　4世紀の不整方形家地（静岡県土橋遺跡）　寺田義昭ほか『一般国道1号線袋井バイパス埋蔵文化財発掘調査報告　土橋遺跡』袋井市教育委員会、1985
図39　4世紀の方形家地（岡山県雄町遺跡）　正岡睦夫ほか「雄町遺跡」『埋蔵文化財調査報告』岡山県文化財保護協会、1972
図40　5世紀の豪族居館（静岡県古新田遺跡）　柴田稔『古新田I』遺構篇、静岡県浅羽町教育委員会、1992
図41　壁のある先史住居　〔中国半坡22号住居〕陝西省西安半坡博物館編『西安半坡』文物出版社、1963　〔山形県押出遺跡2号住居〕佐藤正俊「山形県押出遺跡」『日本考古学年報』38、1987
図42　中国系彩文土器（山形県押出遺跡）　同上
図43　松菊里型住居の分布　石野、前掲（図19）書
図44　家形埴輪にみる大壁づくりの家　〔千葉県殿部田古墳〕浜名徳永ほか『上総殿部田古墳・宝馬古墳』芝山はにわ博物館、1980　〔奈良県メグリ塚古墳〕石野博信「桜井メグリ塚古墳出土家形埴輪」『大和出土の国宝・重要文化財』橿原考古学研究所、1982
図45　家形埴輪にみる丸太横積建築（茨城県舟塚古墳出土）　明治大学考古学博物館
図46　高句麗(集安)の古墳壁画に描かれた校倉　조선부문사『조선건축사』(1)과학백과사전 종합출판사、1989
図47　家屋文鏡の板・丸木壁建築　若林弘子『高床式建物の源流』弘文堂、1986
図48　中国雲南省石寨山遺跡の銅鼓に描かれた校倉　雲南省博物館『雲南晋寧石寨山古墓群発掘報告』文物出版社、1959
図49　ロシア共和国アルタイ自治州アルジャン遺跡の井桁組木郭墓　M．П．ГРЯЗНОВ『АРЖАН』НАУКА、1980
図50　ヨーロッパ先史時代の丸太横積建築　川島宙次『世界の民家　住まいの創造』相模書房、1990
図51　中国河南省白営遺跡の井桁組井戸枠　張明華「中国新石器時代水井的考古発現『上海博物館集刊』5、1990
図52　『信貴山縁起絵巻』の校倉　奈良県朝護孫子寺
図53　東日本のせいろう倉分布図　冨山博「東日本におけるせいろう造り倉庫について」『日本建築学会東海支部研』1964
図54　長野県小海町のせいろう倉（千代里郷蔵）
図55　平城宮の校木　奈良国立文化財研究所編『平城京跡発掘調査報告XI』1982
図56　カナダ・エスキモーの夏の家と冬の家　ノーバート・ショウナワー〔三村浩

央監訳〕『先都市時代の住居』彰国社、1985
図57　アメリカ・ナバホ族のホーガンとラマダ　ショウナワー、前掲書
図58　2世紀の海の家（徳島県黒谷川遺跡）　菅原康夫・大西浩正『黒谷川郡頭遺跡III・IV』徳島県教育委員会、1989
図59　紀元前3世紀における日・韓の海の家　石野博信『古代大和へ、考古学の旅人』雄山閣出版、1994
図60　2、3世紀の山の家　石野、前掲（図19）書
図61　縄文の山の家（福島県田地の岡遺跡）　同上
図62　日本とアフリカの一時住まい〔大阪府はさみ山遺跡〕佐藤慎司・一瀬和夫作図（大阪府教育委員会）〔ブッシュマンの一時住まい〕ショウナワー、前掲書
図63　東シベリア・ツングース族のテント　ショウナワー、前掲書
図64　世界の円形多区画住居〔アメリカ・ワイワイ族・スコットランドの車輪型〕ショウナワー、前掲書〔宮崎県堂地東遺跡〕前掲（図24）書
図65　アマゾンと日本の共同住宅〔エリクバークサのマロカ〕ショウナワー、前掲書〔富山県不動堂遺跡〕小島俊彰『富山県朝日町不動堂遺跡第一次発掘調査概報』富山県教育委員会、1974
図66　炊事場を区画する円形住居〔ケニヤ・ルイア族〕ショウナワー、前掲書〔兵庫県東溝遺跡〕石野博信・松下勝『播磨東溝弥生遺跡』II、兵庫県教育委員会、1969
図67　長円形の草壁・草葺住居〔マヤ・メキシコ〕ショウナワー、前掲書〔山形県押出遺跡〕宮本長二郎「縄文の家と村」『古代史復元』2、講談社、1988
図68　分棟と曲り家　ショウナワー、前掲書
図69　古代葛城氏の祭殿（奈良県極楽寺ヒビキ遺跡）復元『葛城氏の実像』橿原考古学研究書附属博物館、2006
図70　エチオピアの住居（ハマル族のドンバイケ村）　石野博信

＊本書は、一九九五年（平成七）に吉川弘文館より初版第一刷を刊行したものの復刊である。

著者略歴
一九三三年　宮城県に生まれる
一九六〇年　関西大学大学院文学研究科修了
奈良県立橿原考古学研究所副所長兼附属博物館長などを経て
現在　徳島文理大学文学部教授、香芝市二上山博物館長、文学博士
〔主要編著書〕
日本原始・古代住居の研究　邪馬台国の考古学
邪馬台国と古墳　アジア民族建築見てある記
大和・纏向遺跡（編著）　古墳時代を考える

歴史文化セレクション

古代住居のはなし

二〇〇六年（平成十八）十月二十日　第一刷発行

著　者　石《いし》野《の》博《ひろ》信《のぶ》
発行者　前田求恭
発行所　株式会社　吉川弘文館
郵便番号一一三―〇〇三三
東京都文京区本郷七丁目二番八号
電話〇三―三八一三―九一五一〈代表〉
振替口座〇〇一〇〇―五―二四四
http://www.yoshikawa-k.co.jp/
印刷＝株式会社 平文社
製本＝誠製本株式会社
装幀＝清水良洋

© Hironobu Ishino 2006. Printed in Japan
ISBN4-642-06302-1

Ⓡ〈日本複写権センター委託出版物〉
本書の無断複写（コピー）は，著作権法上での例外を除き，禁じられています．
複写を希望される場合は，日本複写権センター（03-3401-2382）にご連絡下さい．

歴史文化セレクション

発刊にあたって

悠久《ゆうきゅう》に流れる人類の歴史。その数ある文化遺産のなかで、書物はいつの世においても人びとの生活に潤《うるお》いと希望、そして知と勇気をあたえてきました。この輝かしい文化としての書物は、いろいろな情報手段が混在する現代社会はもとより、さらなる未来の世界においても、特にわれわれが守り育て受け継がなければならない、大切な人類の遺産ではないでしょうか。

文化遺産としての書物。この高邁《こうまい》な理念を目標に、小社は一八五七年(安政四)の創業以来、専《もっぱ》ら日本史を中心とする歴史書の刊行に微力をつくしてまいりました。もちろん、書物はどの分野においても多種多様であり、またそれぞれの使命があります。いつでも購入できるのが望ましいことは他言を要しませんが、おびただしい書籍が濫溢《らんいつ》する現在、その全てを在庫することは容易ではなく、まことに不本意な状況が続いておりました。

このような現況を打破すべく、ここに小社は、書物は文化、良書を読者への信念のもとに、新たに『歴史文化セレクション』を発刊することにいたしました。このシリーズは主として戦後における小社の刊行書のなかから名著を精選のうえ、順次復刊いたします。そこには、偽《いつわ》りのない真実の歴史、魅力ある文化の伝統など、多彩な内容が披瀝《ひれき》されています。いま甦《よみがえ》る知の宝庫。本シリーズの一冊一冊が、現在および未来における読者の心の糧《かて》となり、永遠の古典《クラシック》となることを願ってやみません。

二〇〇六年五月

吉川弘文館

歴史文化セレクション　全13冊の構成　吉川弘文館

神話と歴史　直木孝次郎著　二四一五円

江戸ッ子　西山松之助著　一七八五円

室町戦国の社会―商業・貨幣・交通―　永原慶二著　二四一五円

国家神道と民衆宗教　村上重良著　二四一五円

王朝貴族の病状診断　服部敏良著　一九九五円

近世農民生活史　児玉幸多著　二七三〇円

古代住居のはなし　石野博信著　二三一〇円

赤穂四十六士論―幕藩制の精神構造―　田原嗣郎著（06年11月発売）

鎌倉時代―その光と影―　上横手雅敬著（06年12月発売）

王朝のみやび　目崎徳衛著（07年1月発売）

江戸の町役人　吉原健一郎著（07年2月発売）

近代天皇制への道程　田中　彰著（07年3月発売）

帰化人と古代国家　平野邦雄著（07年4月発売）

◇歴史文化セレクション

（価格は5％税込）

歴代天皇・年号事典　米田雄介編　四六判／一九九五円

日本古代中世人名辞典　平野邦雄・瀬野精一郎編　四六倍判／二一〇〇〇円

戦国人名辞典　戦国人名辞典編集委員会編　菊判／一八九〇〇円

戦国武将・合戦事典　峰岸純夫・片桐昭彦編　菊判／八四〇〇円

日本近世人名辞典　竹内　誠・深井雅海編　四六倍判／二一〇〇〇円

近世藩制・藩校大事典　大石　学編　菊判／一〇五〇〇円

事典 昭和戦前期の日本 制度と実態　伊藤　隆監修・百瀬　孝著　菊判／六五一〇円

事典 昭和戦後期の日本 占領と改革　百瀬　孝著　菊判／六五一〇円

（価格は5％税込）

吉川弘文館

日本近現代人名辞典

臼井勝美・高村直助・鳥海　靖・由井正臣編

四六倍判／二一〇〇〇円

日本交通史辞典

丸山雍成・小風秀雅・中村尚史編

四六倍判／二六二五〇円

神道史大辞典

薗田　稔・橋本政宣編

四六倍判／二九四〇〇円

日本仏教史辞典

今泉淑夫編

四六倍判／二一〇〇〇円

日本仏像事典

真鍋俊照編

四六判／二六二五円

事典 日本の名僧

今泉淑夫編

四六判／二八三五円

知っておきたい日本の名言・格言事典

大隅和雄・神田千里・季武嘉也・山本博文・義江彰夫著

A5判／二七三〇円

日本史総合年表 第二版

加藤友康・瀬野精一郎・鳥海　靖・丸山雍成編

四六倍判／一四七〇〇円

（価格は5％税込）

吉川弘文館